중산층이 사라지고 있다

THE FAILURE OF LAISSEZ FAIRE CAPITALISM AND ECONOMIC
DISSOLUTION OF THE WEST TOWARDS A NEW ECONOMICS FOR
A FULL WORLD
by PAUL CRAIG ROBERTS

First published in 2013
by Clarity Press, Inc. Ste. 469, 3277 Roswell Rd. NE
Atlanta, GA. 30305 , USA http://www.claritypress.com

폴 크레이그 로버츠

제1세계 중산층의 몰락

신경제가 약속한 일자리는 어디에 있는가

THE FAILURE OF
LAISSEZ FAIRE
CAPITALISM

초록비책공방

Contents

★★★★★★★★★★★★★★★★★★★★★★★★★★★★★★★★★★★★★★

3부. 벼랑 끝에 선 유럽의 주권국가들

★★★

서구 경제의 실패로부터
배우기를 바랍니다

20세기 미국 경제는 최상의 생활수준을 갖춘 세계 최대의 규모이자 가장 생산적인 경제로서 그 명성을 누렸습니다. 소련이 붕괴되고 레이건 대통령의 공급중심 경제정책supply-side economic polic*이 고질적인 스태그플레이션을 잡는 데 성공하자 미국 경제의 평판은 더욱 더 높아졌습니다. 이런 높은 명성 덕분에 여러 나라가 미국 경제의 리더십을 따르고 미국식 자본주의에서 자국 경제의 모델을 찾았습니다. 그리고 이런 추세는 최근까지도 계속되고 있습니다.

....

* 레이건 대통령의 경제정책인 레이거노믹스의 주된 내용이며 저자가 1980년 입안한 정책이다. 공급을 중심에 놓고 세율을 조정하여 노동과 생산 의욕을 활성화시키려는 것을 골자로 한다. – 옮긴이

그러나 여러분이 여기서 간과한 사실이 있습니다. 미국 경제가 성공하게 된 주된 요인은 2차 세계대전 당시 미국의 산업경제만이 온전했기 때문이라는 것입니다. 그때 유럽 제국주의 나라들은 전쟁으로 파괴되었고 중국과 같은 그 밖의 경제권들은 제3세계 저개발 경제 상태에 있었습니다.

미국 경제의 성공에 있어 간과된 또 하나의 중요한 사실은 영국의 파운드화가 가지고 있던 세계기축통화(혹은 세계준비통화)로서의 위치를 미국 달러화가 차지함으로써 미국 경제가 크게 신장되었다는 점입니다. 세계기축통화가 된다는 것은 돈을 인쇄하거나 신규 채권을 발행하면 무엇이든 자국의 통화로 지불할 수 있다는 것을 의미합니다.

여기에 더해 간과된 한 가지가 더 있습니다. 미국은 세계기축통화를 발행함으로써 전 세계에 걸친 금융패권을 가지게 되었고, 이에 따라 금융제국의 위치에 오르게 되었다는 점입니다. 채무국들의 경제정책을 조종할 수 있는 권한을 가진 국제통화기금IMF(이하 IMF)이나 세계은행World Bank은 미국의 금융기관과 기업들로 하여금 저개발 국가들의 부를 약탈하도록 길을 터 주었습니다.

다시 말하자면, 미국의 자본주의는 2차 세계대전으로부터 유일하게 온전한 경제였다는 점, 세계기축통화의 지위를 누리게 되었다는 점, 그리고 금융패권을 이용하여 은행들이 과도한 대출로 꾀어낸 나라들을 약탈, 즉 보조금을 얻어냄으로써 성공을 거두게 된 것입니다.

그러나 지금까지 이런 요인들은 무시되어왔습니다. 반면 미국의 성공에 자유시장이 기여한 부분은 심하게 과장되었습니다. 자본주의 제도만으로는 미국이 누린 성공을 온전하게 설명할 수 없는 데도 말입니다.

미국 경제학자들은 지금 내가 제기한 세 가지 간과된 요인들이 미국 경제를 성공으로 이끌었다는 사실을 무시했습니다. 게다가 소련의 붕괴와 중국과 인도의 경제적 태도 변화는 미국의 경제정책 수립자들에게 규제 없는 자유시장에 대한 더욱 큰 확신을 불러 일으켰습니다. 그리고 '시장은 자동으로 조절된다'는 과장된 확신이 결국 재난을 일으키게 된 금융규제철폐를 낳았습니다. 은행과 투자회사를 분리하는 글래스—스티걸법*이 클린턴 대통령의 두 번째 임기에 들어와 폐지되었고, 조지 W. 부시 대통령의 첫 임기 동안 경제정책 수립자들은 시장에서 금융 파생상품을 규제하려는 시도를 막았습니다. 게다가 부시 정부는 금융기관들의 자산기반에 대한 극단적인 부채 확대를 눈감아 주었습니다. 그러자 어떤 결과가 생겨났나요? 결국 2008년에 일어난 금융위기로 경제가 붕괴되고 말았습니다. 그리고 미국 경제는 여전히 회복되지 않은 상태입니다.

글로벌리즘Globalism은 이데올로기가 되었습니다. 세계화를 내건 미국 기업들은 부가가치와 생산성이 높은 일자리를 해외로 이전시켜 offshoring 미국 노동자들의 일자리에 대한 권리를 박탈했습니다. 해외

---

* 대공황 직후인 1933년에 제정된 글래스—스티걸법Glass-Steagall Act은 일반은행을 투자은행으로부터 보호하는 기능을 가지고 있었다. 1999년에 폐지되었다. – 옮긴이

의 저렴한 인건비는 기업 이윤을 높여 주주의 자본이득과 경영자들의 성과급으로 그 결과가 나타났습니다. 그러나 미국 중위가계의 실질소득은 증가가 아닌 감소로 접어들었고 그 결과 내수시장의 기반이 허물어지게 되었습니다. 그러자 정책수립자들은 어떻게 행동했나요? 그들은 소비자의 소득을 증가시키는 정책이 아닌 은행 부채를 늘리는 방법으로 성장을 지속시켜 나갔습니다. 그러나 소득증가 없이 빚만 늘리는 정책은 한계가 있을 수밖에 없습니다. 결국 소비자의 씀씀이를 활성화시킬 그 어떤 방안도 남아 있지 않게 되었습니다.

이 책은 크게 세 가지를 말하고 있습니다.

1. 자유방임 자본주의laissez-faire capitalism와 금융규제철폐, 그리고 일자리의 역외이전job offshoring은 미국 경제를 파괴시켰다.
2. 경제성장은 생태적 한계를 갖지 않는다는 생산원가의 계산 오류가 서구 경제이론을 실패로 만든 원인이다.
3. 미국의 금융제국주의를 위한 장치로서의 글로벌리즘, 즉 세계화는 노동력과 자연자본을 약탈하고 있다.

한국 경제가 번창해온 것은 한국인들의 근면함 덕분이지만, 다른 한편으로는 한국이 미국의 대외정책을 지지해준 대가로 워싱턴이 제공한 경제적 편익 때문입니다. 따라서 한국의 성공이 치르는 비용에는 한국의 대외정책이 독립성을 상실했다는 점과 이에 따라 북한과의 통일을 달성할 수 없다는 점이 포함되어 있습니다.

　나는 한국 독자들이 이 책을 통하여 서구 경제이론이 왜 실패할 수밖에 없었는지 파악하길 바랍니다. 정책적 실수가 쌓이고 쌓여 마침내 서구뿐 아니라 광범위한 세계의 경제 안정과 정치 안정이 위협받는 사태가 오기 전에, 정책적 잘못을 초래하는 경제이론의 실패를 한국 독자들이 알아차리는 데 부디 도움이 되기를 희망합니다.

폴 크레이그 로버츠

★★

글로벌리즘으로
세계는 점점 더 가난해진다

1991년 소비에트연방의 해체와 인터넷의 대두는 결과적으로 서구의 경제와 정치가 파국을 맞게 된 원인이다. 소위 '역사의 종언The End of History'*은 사회주의 국가인 인도와 공산주의 국가인 중국으로 하여금 승기를 잡은 쪽과 합세하도록 만들어, 이 나라들의 경제와 개발되지 않은 노동력을 서구의 기술과 자본에 개방시켰다. 월 스트리트뿐만 아니라 월마트 같은 대형 유통업체들에게 떠밀린 미국 기업들은 국내 시장이 소비하는 상품과 서비스를 역외, 즉 해외에서 생산하기 시작

---

* 1990년 초, 미국의 정치학자 프란시스 후쿠야마Francis Yoshihiro Fukuyama는 자신의 저서 《역사의 종언》에서 소비에트 경제블록의 사회주의나 공산주의가 자유시장경제 앞에 굴복한 오늘날이야말로 역사의 종언이라는 결론을 내렸다. – 옮긴이

하였다. 기업의 경영진들은 주주의 이익과 자신들의 실적상여금을 최대화하기 위해 미국의 노동력을 임금이 싼 해외 노동력으로 대체하였다. 그러자 미국인들은 자신들이 소비하는 상품을 만드는 곳에서 더 이상 일할 수 없게 되었다. 미국 내의 소프트웨어 엔지니어링이나 정보통신 같은 수많은 전문 기술 직업들도 내리막길에 접어들었다. 이 분야 역시 기업들이 해외로 업무를 이전했거나 국내에 남아 있던 일자리에 더 낮은 임금을 받는 외국인들을 데려와 앉혔기 때문이다. 디자인이나 연구 분야의 일자리도 해외로 이전된 제조공장을 따라 나갔다. 그러자 전문직에 취업을 하는 중산층의 수는 더 이상 늘어나지 않게 되었다. 국내시장을 위한 상품을 해외에서 생산하도록 지휘하고 있는 미국 기업들은 유럽도 똑같은 방식을 받아들이도록 이끌었다. 그리하여 제1세계의 일자리는 종말을 맞았다. 제3세계 농촌 공동사회 역시 대규모의 단일경작monoculture이 그 자리를 차지해 버렸다. 이것이 바로 우리가 세계화 혹은 글로벌리즘이라고 부르는 실상이다.

지난 20년 동안 대다수 미국인들의 소득은 정체 상태에 놓여 있거나 줄어들고 있다. 일자리가 해외로 빠져나감에 따라 미국인들이 잃게 된 임금과 급여소득 대부분이 주식의 시세차익 같은 자본이득과 실적 보너스 형태로 경영진과 주주들에게 흘러 들어갔다. 저렴한 해외 인건비 덕분에 기업의 이윤이 늘어난 덕분이다. 이렇게 초부유층mega-rich이 이익을 독차지하며 소득분배가 급격하게 악화되고 있는 동안, 중산층의 사회·경제적인 상층이동 사다리는 무너지고 말았다. 대학졸업자들은 직장을 구하지 못해 다시 집으로 돌아가 그들의 부모와 함께 살고 있다.

소비자의 실질소득 상승이 사라지자, 미국의 중앙은행 역할을 하는 연방준비제도Federal Reserve는 신용거래를 확대시킴으로써 소비자 수요를 계속 키워나갔다. 그 결과 소비자의 채무는 소비자가 누렸어야 할 소득증가분만큼 늘어났다. 한편 연방준비제도는 초저금리 정책으로 부동산 활황에 연료를 공급해 주었다. 이에 따라 주택가격은 폭등했고 주택소유자들은 은행으로부터 자산의 가격 상승분만큼을 또다시 대출 받아 소비를 위한 현금을 확보할 수 있었다.

소비자들은 부동산 가격이 오르자 담보대출을 더 받아서 주택가격 상승분을 소비하고 신용카드의 빚도 쌓아갔다. 이런 식으로 소비자들은 경제를 유지해 나갔고, 그 과정에서 폭발적으로 증가한 부채는 다시 증권화가 되어 사기나 다름없는 투자적격 신용등급을 받아 낌새를 눈치채지 못한 국내와 외국인 투자자들에게 팔려 나갔다.

클린턴 정부 시절에 시작되어 조지 W. 부시 정권 아래에서 약진한 금융규제철폐는 탐욕을 부추기며 자본대비 부채비율을 치솟게 만든 원인이다. 상품선물거래위원회CFTC 브룩슬리 본* 위원장이 물러나기

---

* 금융전문 변호사였던 브룩슬리 본Brooksley Born은 1996~1999년 상품선물거래위원회 위원장으로서 금융 파생상품이 가지는 사기성 위험을 간파하고 규제철폐를 옹호하는 경제 관료들과 심하게 충돌했다. 그린스펀이 의회에서 본 위원장의 시장 규제 시도를 어서 저지하라고 촉구하는 동안 아시아 시장에서 큰 수익을 올리고도 러시아 금융위기로 인해 파산한 롱텀캐피털투자회사(LTCM) 사건이 1998년도에 터졌다. 그러나 의회는 파생상품을 규제하라는 본 위원장을 여전히 외면했다. 그녀는 1999년 자리에서 물러나야 했고 본 위원장이 사임한 후 월가는 규제완화의 전성기를 맞이하게 된다. – 옮긴이

전까지 신용부도스와프CDS(이하 CDS) 같은 장외파생상품*을 규제하려 했던 시도는 연방준비제도 의장, 재무부 장관, 그리고 증권거래위원회 위원장에 의하여 저지되고 말았다. 이리하여 세계 금융 안정은 바보 삼총사의 '시장은 자동으로 조절된다'는 이데올로기에 희생되어 버렸다. 보험회사는 준비자금도 없이 CDS 같은 금융보험상품을 팔았고, 금융기관은 자기자본 1달러당 30배의 비율에 달하는 부채 레버리지leverage를 걸었다.

거품이 꺼지자 미국 재무부를 장악하고 있던 금융기관 출신 관료들은 지난날 자신들이 수장으로 있었던 은행들이 저지른 무책임한 도박에 납세자를 희생시켜 대대적인 구제를 해주었다. 연방준비제도 역시 은행구조 작전에 가세했다. 2011년 7월에 공개된 연방준비제도 회계감사 결과, 연준은 16조 달러라는 천문학적인 돈을 미국과 해외 은행 구제를 위해 비밀리에 대출하여 주었다는 사실이 드러났다. 이것은 미국의 국내총생산GDP(이하 GDP)이나 국가부채보다 더 큰 액수이다. 그러나 연방준비제도는 수백만 가정이 차압을 당해 그들의 집에

----

* **파생상품**derivative이란 주식, 채권, 통화 같은 금융상품이나 부동산, 농산물 혹은 자원같이 경제적 가치의 산출과 평가가 가능한 상품들을 자산으로 결합한 금융상품을 말한다. 파생상품의 가치는 미래의 가격변동을 예측하여 판단된다.
장외파생상품Over The Counter Derivatives이란 거래소의 표준에 따르지 않고 쌍방 간의 협정에 의해 거래되는 파생상품을 말한다.
신용부도스와프Credit Default Swap(CDS)란 대출이나 채권원리금을 채권자가 회수하지 못할 리스크에 대비하여 보험회사가 판매하는 금융보험상품으로 장외파생상품에 속한다.
– 옮긴이

서 쫓겨나고 있을 때는 아무런 도움도 주지 않았다. 초부유층의 탐욕으로 인하여 금융위기가 양산되었음에도 모든 공적 부조가 금융위기의 원인인 이들 당사자들에게만 제공됨으로써 정치적 책임은 실종되어 버린 것이다.

금융갱단Banksters † 이 처한 곤경과 파급될 위기가 무대의 중심을 차지해 버렸다. 그들로 인해 수백만 가정이 입게 된 손해와 위기는 관심의 대상이 아니었다. 사태의 원인은 소득증가가 결핍된 상태에서 금융규제가 철폐되고 보니 빚이 점점 늘어나게 된 데 있었지만 이러한 인식은 금지당했다.

미국 역사상 최대 규모의 통화팽창정책이 실업률을 줄이는 데 성공하지 못하는 이유는 바로 수백만 개의 일자리가 해외로 이전되었다는 사실 때문이다.

그럼에도 지난 몇 년간 공식 통계상의 실업률이 떨어지고 있는 이유는 직업을 찾지 못한 미국인들이 노동시장으로부터 아예 떨어져 나가 더 이상 통계수치에 잡히지 않기 때문이다. 2차 세계대전 이후의 20세기 경기불황에서는 통화와 재정의 팽창정책이 소비자 수요를 촉진시켜 정리해고를 당한 노동자들을 작업장으로 복귀시킬 수 있었다. 그러나 21세기형 실업은 사정이 다르다. 해외로 넘어간 일자리는

---

† 금융갱단이란 Bank + Gangsters의 합성어로 부정한 방법으로 영업을 하다 세금으로 구제금융을 받는 비윤리적이고 비양심적인 은행업자들을 말한다. - 옮긴이

더 이상 국내에 존재하지 않는다. 노동자들이 복귀해야 할 공장과 전문 분야 직장들은 해외로 넘어가 버려 더 이상 국내에 남아 있지 않게 된 것이다.

경제학자들은 일자리의 역외이전(해외이전)이 여러 경제 분야뿐만 아니라 경제학 이론 그 자체를 위협하고 있다는 것을 인지하지 못하고 있다. 그것은 경제학자들이 역외이전을 '자유무역free trade'으로 착각하고 있기 때문인데, 그들은 자유무역이 쌍방 간에 이익이 된다고 믿고 있다. 나는 생산과 일자리를 해외로 이전하는 것이 자유무역과는 상반되는 것이며, 자유무역에 관한 주장 그 자체가 최근의 무역이론 연구에 의해 부당한 것으로 밝혀졌다는 사실을 보여주고자 한다. 우리가 지금의 경제학을 포기하고 새로운 경제학으로 진로를 바꾼다면, 이제껏 신봉해 왔던 가설과 안도감을 주는 이론상의 결론들이 얼마나 잘못된 것이었는지 드러나게 될 것이다.

이 책은 세 부분으로 구성되었다.

1부에서는 기존 경제이론의 성공과 실패에 관한 내용이다. 또한 글로벌리즘이라 알려진 세계화가 주권국가들의 경제정책을 어떻게 무효화시키고 있는지 설명하고자 한다. 글로벌리즘과 금융집중은 시장자본주의의 정당성을 파괴하고 있다. 소위 '파산시키기에는 너무 큰too big to fail' 기업들이 공적 보조금으로 유지되면서 자원을 효과적으로 분배하라는 자본주의의 당연한 요구를 짓밟고 있는 것이다. 실업자를 만들고 자국인의 생활수준을 저하시킴으로써 얻어지는 이윤은 더 이상 사회복리를 측정하는 기준이 될 수 없다.

2부에서는 글로벌리즘이라 불리는 일자리의 역외이전과 금융규제 철폐가 어떻게 미국의 경제를 붕괴시켰는지에 관한 내용이다. 여기서 나는 높은 실업률과 빈곤 그리고 상위 극소수층에게만 심하게 편중된 소득과 부의 분포에 관한 현실을 말하고자 한다. 이러한 심각한 문제들은 글로벌리즘의 체제 안에서는 바로 잡혀질 수가 없다.

3부는 유럽 국가들의 재정위기와 관련한 내용이다. 여기서는 재정위기가 어떻게 주권국가들의 권한을 침탈하고 유럽연합EU 회원국 시민들에게 긴축을 강요하는지를 설명한다. 구제금융에 들어가는 비용을 마련하기 위해 강요되는 긴축은 결국 은행가들의 손실을 보전하기 위한 수단일 뿐이다.

나는 독일은 유럽연합을 떠나 마르크화를 부활시키고 러시아와 경제동반자가 되어야 한다고 제안하는 바이다. 독일의 산업과 기술, 그리고 경제와 금융상의 정직함이 러시아의 에너지 및 원자재와 결합된다면, 모든 동유럽은 이 새로운 경제동맹에 이끌리게 될 것이다. 이때 각각의 나라들은 자국의 통화를 유지하고 예산과 세금에 관한 권한을 행사할 수 있어야 한다. 만약 그렇게 된다면 이 새로운 경제동맹은 세계를 억압하는 기관으로 변질되었으며 유럽인들에게 미 제국의 부담을 떠맡도록 강요하는 북대서양조약기구NATO(이하 NATO) 체제를 와해시킬 수 있을 것이다.

2차 세계대전이 끝난 후 70여 년, 독일이 통일되고 소비에트연방이 붕괴된 지 사반세기가 되는 지금까지도 미군은 독일에 주둔하고 있다. 과연 유럽은 붕괴하고 있는 제국의 꼭두각시 국가가 되기를 바라는 것일까? 아니면 독자적이며 더 유망한 미래를 원하는 것일까?

1부

초부유층은
어떻게
경제학을
이용했는가

영미적 관점에서 경제이론은 18세기 애덤 스미스로부터 시작되었다. 19세기 초 영국의 데이비드 리카도는 비교우위를 바탕으로 나라와 나라 간 자유무역이 가지는 당위성을 주장하였다.

19세기 후반 또 한 명의 영국인 알프레드 마셜은 가격이 어떻게 형성되는지에 관한 설명을 하였고, 1930년대 존 메이너드 케인스는 우리에게 거시경제학을 선사해 주었다. 20년이 지나 미국의 경제학자인 밀턴 프리드먼은 경제학 이론에 통화주의*를 제공하였다.

물론 독일인, 오스트리아인, 이탈리아인, 그리고 프랑스인들도 경제학에 기여해 왔지만, 스미스―리카도―마셜―케인스―프리드먼으로 이어지는 경제학의 흐름은 자유무역과 가격형성, 그리고 고용과 가격안정을 아우르는 주류경제학을 형성하였다.

2차 세계대전 이후 20세기 후반의 대중들에게 가장 크게 작용했던 경제학은 거시경제학이다. 거시경제학에서 실업과 인플레이션은 서로 부딪히는 두 개의 중요한 문제다.

....

* 통화주의monetarism란 경제정책의 중심을 금리조정이나 통화량 조정으로 보는 견해를 말한다. – 옮긴이

지금부터 이야기할 내용은 성공적인 출발을 한 전후의 경제학이 어떻게 공급자 측면에서 바라본 경제학을 간과하고 자본과 기술 그리고 일자리의 역외이전을 무비판적으로 승인하여 결국 문제의 구렁텅이에 빠지게 되었는지에 관한 간단한 설명이다.

　　자본, 기술, 그리고 일자리를 해외로 이전하는 것은 지금껏 무역 당사자 간에 상호 이익이 되는 자유무역이라고 알려져 왔다. 하지만 이러한 역외이전은 자유무역과는 관계가 없다. 오히려 자유무역과 상반되는 절대우위를 추구하면서 부의 흐름을 한쪽으로만 쏠리게 만든 원인이 되었을 뿐이다.

제대로
작동하지
않는
경제학

가격과 이윤을 설명해 주는 미시경제학

경제학은 가격시스템에 의한 자원의 효율적인 배치와 수익성에 따른 투자의 배분을 훌륭하게 설명해 줄 수 있다. 그런데 이렇게 설명이 가능하게 된 것은 비교적 최근의 일이다. 가격 형성을 설명한 사람은 19세기 후반의 경제학자 알프레드 마셜이었다. 마셜 이전의 경제학자들은 가격이 생산비에 의해 결정되는지, 아니면 소비자가 기꺼이 지불하려는 소비수요에 의해 결정되는지에 관해 각자 엇갈린 의견을 가지고 있었다. 마셜은 수요와 공급은 가위의 양날과도 같다는 점을 지적하면서 가격 논쟁을 종식시켰다. 가격은 수요와 공급이라는 양날이 만나는 지점에서 정해진다는 것이다.

이윤이란 자본을 투자하여 얻는 수익이다. 정상이윤normal profit은 사업을 계속해서 유지할 수 있도록 유인해 주는 최소한의 경제성을 말하는 것으로 시간과 환경에 의해 결정된다. 만약 사업 활동에서 정상이윤을 얻지 못한다면 사업가는 더 이상 그 일에 자본을 투입하지 않을 것이다. 가치가 적은 활동에 자본을 낭비하지 않기 위해서이다. 투입자본의 수익이 정상이윤보다 높으면 그 자본은 높은 가치로 이용되고 있다는 신호이다. 그러므로 어떤 사업 활동에 있어 초과이윤이 생기게 되면 수익이 점차 줄어들어 정상이윤에 도달할 때까지 투자확대가 이어지게 된다.

이와 같은 가격과 이윤의 신호가 없다면 최대가치를 지닌 산출물을 생산하기 위하여 어떻게 자원을 효과적으로 이용해야 하는지에 관하여 알 수 없게 된다. 예를 들어 소비에트 경제에서 시스템의 총산출지표는 소비에트 경제의 관리와 계획의 성공을 나타내는 주요 신호였다. 그러나 이 지표만으로는 자원을 투입하여 얻어낸 산출가치가 투입된 자원보다 더 높은지 낮은지를 분간할 수 없었고, 결국 이로 인하여 소비에트 경제는 실패하고 말았다.

가격시스템을 연구하는 경제학을 미시경제학이라고 한다. 미시경제학은 가장 합리적인 경제학이다. 여기서의 자유가격free price이란 상품의 수요와 공급에 따라 가격이 변할 수 있는 가격의 자유로움을 말한다. 그렇다고 자유가격이 '자유방임' 혹은 규칙이나 규제가 없는 것을 의미하지는 않는다. 자유시장이란 조건에 따라 가격이 달라질 수 있는 자유로움을 말한다.

미국 경제의 회생을 위한 경제학

경제학자들은 대공황(1929~1939)의 경험으로부터 가격시스템의 작용이 완전고용을 보장하는 게 아니라는 결론을 내리기에 이르렀다.* 이결론은 거시경제학이 등장하는 계기가 되었는데, 거시경제학은 물가와 고용의 전반적인 수준을 결정하는 요인들을 연구하는 경제학이라할 수 있다.

존 메이너드 케인스는 1936년 자신의 저서《고용, 이자, 그리고 화폐에 관한 일반이론The General Theory of Employment, Interest and Money》으로 최초의 거시경제학자라는 지위에 올랐다. 그의 저서는 폴 새뮤얼슨Paul A. Samuelson을 필두로 한 케인스주의 경제학을 탄생시켰으며, 케인스주의 거시경제학자들은 고용과 물가 수준이 전체 지출의 수준에 달려 있다고 보았다. 만약 소비자들이 투자자의 투자보다 더 많이 저축을 한다면, 이것은 지출 흐름의 누수로써 총수요aggregate demand(민간소비나 기업투자를 하기 위한 재화의 총합, 즉 화폐의 총량)가 부족하게 된다. 다시 말해 지출이나 투자를 하는 대신 저축을 하게 되면은행에 돈이 고여 생긴 소비부족이 물가하락과 고용축소를 야기하게된다는 의미이다.

---

* 완전고용full employment은 일하고자 하는 노동력이 물가 수준에 따른 실질임금을 받고 대부분 고용되어 있는 상태를 말한다. 그런데 노동의 공급과잉, 즉 비자발적 실업이 존재함에도 불구하고 균형임금이 성립하고 있었다.- 옮긴이

이와는 반대로 만약 소비자의 과잉 지출이 일어나게 되면, 자원에 대한 수요가 늘어나 물가가 상승하고 경제는 인플레이션을 겪게 된다.

거시경제학자들은 정부가 경제를 운영해 나가는 길은 수요를 관리하는 데 있다고 결론을 내렸다. 만약 완전고용을 유지하는 데 있어 소비가 충분하지 못하다면 정부는 적자예산을 감수하더라도 그 틈을 메워줘야 한다. 즉 세금으로 거두어들인 것보다 더 많은 지출을 함으로써 총수요를 늘려주는 것이다(소비자의 소비 + 기업의 투자 + 정부의 지출).

반대로 소비가 너무 늘어나면 정부는 흑자예산을 운영하여 총수요를 줄여나가야 한다. 즉 정부는 지출보다 세금을 더 거두어들여 소비 흐름을 축소시켜 나가는 것이다.

케인스주의자들은 이와 같은 총수요의 중요성을 이해했다. 하지만 사실 이것을 제대로 간파한 경제학자는 마이클 폴라니Michael Polanyi였다(그는 원래 물리화학자였다). 그는 1945년 《완전고용과 자유무역*Full Employment and Free Trade*》이라는 저술을 통해 밀턴 프리드먼을 비롯한 미국 통화주의자들의 등장을 예견하였다. 폴라니는 케인스 이론을 '실업이 확산되어 시중자금의 부족 현상이 발생되면 정부가 유통되는 통화량을 늘려줘야 한다'고 해석했다. 그는 이에 대한 해결책으로 정부는 화폐를 찍어내 통화량을 늘려 적자를 메워주기만 하면 된다고 지적했다.

폴라니는 케인스주의자들이 도출해낸 것보다 더 중요한 발상을 한 것이다. 그에 의하면 정부가 재정적자를 충당하기 위해 돈을 차입하고 그에 대한 이자를 지불하는 것은 비경제적일 뿐 아니라 쓸데없는 비용지출이다. 정부는 돈을 찍어냄으로써 재정적자를 메우고 상실된 구매력을 쉽게 회복시킬 수 있다. 즉 폴라니는 중앙은행이 돈을 빌려주고 빌리는 일에 곤란을 겪거나 장애가 생겨 시중에 자금공급을 늘려주지 못하게 되었을 때 통화량을 늘려주는 수단이 바로 케인스 재정정책의 핵심임을 간파한 것이다.

그러나 폴라니가 1945년에 도달한 이 결론은 당시의 경제학자들에게는 너무 앞선 개념이었다. 그로부터 20년이 지난 1960년대에 접어들어, 밀턴 프리드먼과 안나 슈워츠Anna Schwartz는 1930년대 세계 대공황의 원인이 바로 연방준비제도의 잘못된 통화정책이었다는 것을 밝혀냈다. 당시 연방준비제도는 시중 통화 공급량의 3분의 1을 축소시키는 긴축정책을 취했는데, 이렇게 통화량을 지나치게 줄인 결과 그렇지 않아도 불황기였던 미국 경제가 더욱 악화되어 결국 대공황이라는 재난으로 이어지게 되었다는 것이다. 또한 1차 세계대전 이후 영국에 닥친 불황도 영국 정부가 금 대비 영국 파운드화를 전쟁 전의 가격에 맞춰 금본위제로 돌아가도록 한 결정 때문이라고 보았다. 전쟁이 끝난 후 영국의 통화량은 엄청나게 늘어나 영국 파운드화의 가치가 전쟁 전에 비하여 매우 낮아져 있었다. 이에 영국 정부는 금 대비 파운드화의 가치를 회복시키기 위하여 유통되는 통화량을 삭감시켜 버렸다. 이로 인하여 물가 붕괴와 대량 실업사태가 발생하게 된 것이다.*

    케인스주의자들은 경기불황을 타개하기 위한 올바른 해결책을 제시했지만, 처음에는 완전고용이 통화적인 현상monetary phenomenon임을 이해하지 못하는 실수를 저질렀다. 만약 정부가 재정 부족분을 메우기 위하여 돈을 빌린다면, 이러한 자금의 차입은 세금을 거두어 들이는 징세의 효과와 마찬가지로 소비와 투자에 대한 지출을 줄이는 결과를 가져온다. 중앙은행이 재정적자를 통화확대로 수용해 주어야 소비자 수요를 부양시킬 수 있는데 말이다.

    케인스주의자들의 두 번째 실수는 재정정책이 공급에 미치는 효과를 제대로 이해하지 못한 데서 비롯되었다. 케인스주의자들은 완전고용을 지속시키기 위하여 통화팽창에 의존한다. 즉 케인스주의의 수요관리는 경제성장을 위한 충분한 소비가 일어나도록 하기 위하여 신용대출을 완화해 주고 시중자금을 풍부하게 유지시켜 주는 것이다. 반면 인플레이션을 억제하기 위해서는 세율을 높여 그간의 금융완화정책으로 늘어난 대중들의 지출능력을 끌어내린다. 케인스주의 경제학자들은 세금을 올려 소비수요를 감소시키면 인플레이션을 잡을 수

* 1925년 영국 정부가 은행가들의 주장을 받아들여 금본위제로 돌아가기로 한 당시의 재무장관은 윈스턴 처칠이었다. 영국 정부가 금본위제로 돌아가기 위해 인위적인 통화감축을 단행해 파운드화를 강세로 만들자 영국 산업의 가격 경쟁력이 떨어져 공장은 문을 닫고 실업자들은 거리로 쏟아져 나왔으며, 임금이 깎인 노동자들의 파업사태도 계속되었다. 영국 정부는 무리하게 밀어붙인 금본위제를 1931년 포기했지만, 영국발 불황은 1930년대 미국으로 옮겨가 대공황이 본격적으로 시작된다. – 옮긴이

있다고 믿었다. 그러나 높은 세율은 노동력을 비롯해 상품과 서비스의 공급을 줄이는 결과를 낳았다. 공급이 저하된 상태에서 시중에 풀려 있는 저금리 자금이 소비수요를 계속 증가시키자 인플레이션은 더욱 극심해지고 말았다.

위와 같은 케인스주의의 수요관리 정책은 1970년대 후반 지미 카터Jimmy Carter 행정부 시기에 이르러 무너져 내리다가 종래에는 파탄의 지경에 이르고야 말았다. 거시경제학자들은 악화되기만 하는 인플레이션과 실업의 상충 현상에 대하여 물가와 임금을 통제하려는 것 이외에는 어떠한 정책적인 대안도 내놓지 못했다. 고쳐 말하면 그 시기의 거시경제는 가격시스템이 자원을 적절하게 배치되지 못하도록 방해를 함으로써 실패에 이르도록 한 것이다. 물가상승의 원인을 바로잡지 못한 케인스주의자들은 임금과 물가상승을 막기 위하여 정부가 강제력을 동원해 시장에 개입해줄 것을 제안하였다.

그러나 미국 의회에서는 이 제안을 반기지 않았다. 의회는 바로 그 얼마 전에 석유 가격을 고정시킨 적이 있었는데, 그로 인해 재난에 필적하는 고초를 겪었던 것이다.* 의회는 모든 재화의 물가를 정해줄 분

---

* 1980년 미국의 지원을 받은 이라크의 사담 후세인은 팔레비 왕정이 무너지고 회교정권이 들어선 이란을 침공했다. 이란—이라크 전쟁이 시작된 것이다. 그러자 국제유가가 치솟았다. 미국은 1973년 1차 오일쇼크 후부터 그 당시까지 기름 값을 낮게 통제하고 있었다. 예를 들어 당시 국제유가는 배럴당 30달러였으나 미국 내 가격은 6달러에 불과했다. 석유 가격이 규제를 받아 주유소와 석유회사들이 판매를 꺼리게 되자 소비자들은 연료 구입에 제한을 받게 된다. 시민들은 기름을 파는 주유소를 찾아 긴 줄을 서느라 오히려 기름 값이 더 든다고 원성을 높였다. 설상가상으로 '기분 나쁜 연설'이라 불리는 카터 대통령의 꾸중

위기가 아니었다. 그 대신 의회는 새로운 목소리를 듣고 싶어 했는데 그것이 바로 '공급중심 경제학자supply-side economists'들의 목소리였다(이는 케인스주의의 '수요중심 경제학자들'과 대조되는 이름이다).

공급중심 경제학자들은 새로운 거시경제학자들이었다. 이들은 수요와 공급이라는 가위의 양날에 대한 정책을 가지고 있었다. 공급중심 경제학자들은 (세율과 정부지출을 조절하는) 케인스주의적 거시경제의 재정정책은 단지 총수요에만 영향을 미칠 뿐이라고 지적했다. 즉 세금을 늘리면 소비자의 구매력이 감소하므로 총수요가 줄어든다. 반대로 세금을 줄이면 소비자의 구매력이 증가하므로 총수요가 올라간다. 그런데 공급중심 경제학자들은 이에 대하여 한계세율marginal tax rate †을 조정해 주는 것이 공급자들의 투자의욕을 높여 사실상 총공급을 변화시킬 수 있다고 주장했다.

공급중심 경제학은 케인스주의 수요관리를 수정한 경제학이다. 이것은 '낙수경제‡ 혹은 감세는 그만큼의 효과가 있다'는 주장과 아무런

에 가까운 에너지 절약과 도덕 권장 TV 연설이 카터 행정부의 경제정책에 관한 미 국민의 여론을 더욱 악화시켰다. 여기에 인플레이션 문제는 갈수록 심각해졌다. 가령 1978년 소비자 물가는 9퍼센트가 올랐고 1979년에는 13퍼센트 이상 치솟았다. 이것이 1970년대 후반에서 1981년 초까지 미국 내 경제상황이었다. – 옮긴이

† 한계세율이란 초과되는 소득구간별로 적용되는 누진적 세율을 말한다. – 옮긴이

‡ 낙수경제rickle-down economics란 물이 위에서 아래로 넘쳐흐르듯 대기업과 부유층의 돈은 결국 서민층으로 흘러간다는 논리를 말한다. – 옮긴이

관계가 없다. 공급중심 경제학은 재정정책이 총수요곡선뿐 아니라 총공급곡선도 바꿔야 한다고 말한다. 만약 한계세율이 올라가게 되면, 총공급은 감소할 것이며 이에 따라 모든 가격대에 걸쳐 공급되는 상품과 서비스가 줄어들 것이다. 반대로 한계세율을 내리게 되면 총공급은 증가할 것이며 이에 따라 모든 가격대에 공급되는 상품과 서비스가 더 많아지게 된다.

오늘날에는 이런 결론이 더 이상 논쟁거리가 되지 않지만, 1970년대만 하더라도 이것은 매우 새로운 생각이었다. 처음에 케인스주의자들은 공급중심 경제학을 거부하였다. 그러나 폴 새뮤얼슨이 자신의《경제학*Economics*》교과서 12번째 개정판에서 이를 받아들였고 재정정책에 의한 상대적 가격효과relative price effects를 원칙적으로 인정하게 되었다.

개별행동에 영향을 주는 상대적 가격 개념을 거시경제학에 도입함으로써 미시경제학을 거시경제학에 융화시킨 공급중심 경제학자들의 이론은 경제학이 그때까지 달성하지 못했던 오랜 과제를 해결하였다. 공급중심 경제학자들은 한계세율의 조정이 상품과 서비스의 상대적 가격을 변화시켜 투자를 더 할지 소비를 더 할지, 일을 더 할지 여가를 더 많이 즐길지와 같은 개인의 결정에 영향을 미친다는 것을 보여주었다. 수입에 대한 저축이나 투자와 소비의 배분 그리고 일과 여

가시간의 할당은 경제성장률에 영향을 미치는 요소이다.[*]

이렇게 생각해 보자. 현재의 소비비용이란 가지고 있는 돈을 저축이나 투자를 통해 장차 얻을 수 있는 미래의 소득을 포기하는 것을 말한다. 소득에는 세금이 붙게 된다. 그러므로 소득에 대한 세율이 높을수록 미래의 수입을 포기하고 차라리 지금 소비를 해버리려는 정도가 강해진다. 즉 미래에 얻을 수 있는 수입을 포기하고 지금 소비를 해버려도 상대적인 손해가 적다는 말이다. 그러나 세율이 낮아지면 이와 반대로 투자를 하지 않고 소비를 함으로써 잃게 되는 미래의 소득이 더 커지게 된다.

예를 들어 투자소득에 대한 세율이 98퍼센트라고 해 보자. 이 세율은 영국 마가렛 대처 수상 이전에 부과된 투자소득에 대한 세율이었다.[†] 누군가에게 10만 파운드가 있다고 하자. 그는 그 돈으로 투자를 해야 할까? 아니면 롤스로이스를 사버려야 할까? 만약 그가 투자액의 연 10퍼센트 수익이 돌아오는 곳에 투자를 했다고 치자. 그는 세전 수익으로 1만 파운드를 받겠지만 세금을 공제하고 나면 수입이 200파운드로 줄어들게 된다. 따라서 그가 투자를 하지 않고 롤스로이스를 구

---

[*] Paul Craig Roberts, 《The Supply-Side Revolution》, Harvard University Press, 1984

[†] 대처 수상이 취임하기(1979) 전인 1976년 영국은 최초로 IMF가 요구하는 구조조정을 받아들이고 구제금융을 받는 나라가 되었다. - 옮긴이

입하더라도 포기하게 되는 기회비용은 단지 1년에 200파운드에 불과하다. 이처럼 투자수익에 대한 높은 세율은 현재의 소비에 따른 미래의 소득을 포기하는 비용을 극도로 낮게 만들어 버린다.

이번에는 투자소득에 대한 세율이 15퍼센트라고 하자. 이 경우 미래의 수익을 포기하고 롤스로이스를 구입하는 데 드는 기회비용은 연간 8500파운드가 된다. 200파운드보다 42.5배나 많아지는 것이다. 투자수익에 대한 98퍼센트의 세율은 롤스로이스를 사실상 거저나 다름없게 만들어 버렸다. 반면 15퍼센트의 세율은 자동차를 구입하는 기회비용을 매우 비싸게 만들었다.

마찬가지로 여가활동에 대한 기회비용은 일하지 않아서 포기하게 되는 수입만큼의 비용을 말한다. 소득세율이 높을수록 일을 포기하고 여가활동을 하더라도 잃게 되는 비용이 적다. 그러나 소득세율이 낮아지면 일해서 얻는 수입이 더 많아지므로 그 시간에 여가활동을 하는 데 들어가는 대가(비용)가 더 비싸지는 것이다.

이러한 공급중심 경제학은 자본이론상의 오류를 수정하였다. 이전의 경제학자들은 이자율이 자본비용을 결정한다고 가르쳤다. 이자율이 높으면 자본비용이 올라가고 투자는 줄어들게 된다. 반대로 이자율이 낮아지면 자본비용이 내려가 투자가 활성화된다는 것이다. 한때 이런 이론이 이치에 맞던 시절이 있었는데, 그것은 소득세가 존재하기 전이었다. 자본이론은 소득세가 생겨나기 전에 만들어진 것이다. 그런데 소득세가 나타나자 이자나 이윤 같은 자본수익은 세금을 제하고 남은 금액을 가리키는 말이 되었다. 즉 세율이 높으면 자본비용이 올라가 투자가 줄어들게 되므로 경제성장에 저해가 될 수밖에 없는데, 공급중심 경제학자들이 등장하기 전까지는 자본비용에 가해지는 조세충격의 영향을 조절해 주는 장치란 없었다.*

공급중심 경제학자들은 그동안 수요측면을 중시하던 거시경제학의 가위에 공급이라는 날을 더해 주었다. 1970년대의 거시경제학은 과거 마셜 이전의 경제학적 상황과 흡사했다. 카터 대통령의 임기를 망친 스태그플레이션은 잘못된 정책과 연관이 있다. 수요측면만을 바라보는 케인스주의자들은 금리완화 같은 통화량 증가로 소비자들의 수요를 부양시키면서 다른 한편으로는 높은 세율로 산출을 제한하고 있었던 것이다. 물론 이에 대한 결과는 스태그플레이션이다.

사실을 직시하는 데 익숙하지 못한 사람들은 당시 연방준비제도 의장이었던 폴 볼커Paul Volcker의 통화긴축정책이 스태그플레이션을 해결한 것이라고 주장한다. 그러나 이것은 로널드 레이건Ronald Reagan 행정부의 공급중심 정책이 나오기 전에 실행되었던 통화긴축정책이 스태그플레이션 해결에 효과가 없었다는 사실을 무시하는 주장이다. 볼커 의장의 긴축정책이 이룩한 성과라고는 단기운용 금융상품인 머니마켓펀드MMF(이하 MMF)의 이자율을 17퍼센트까지 올림으로써 고율의 배당금을 받는 소비자들의 지출능력을 키워준 것뿐이다. 이에 따라

------

* Paul Craig Roberts, Aldona Robbins, Gary Robbins, "The Relative Impact of Taxation and Interest Rates on the Cost of Capital," in 《Technology and Economic Policy》, edited by Ralph Landau and Dale Jorgenson, 1986

인플레이션은 계속해서 기승을 부렸으며 그러는 한편에는 세율이 여전히 높아 투자가 위축되고 있었다. 당시 MMF에 10만 달러를 맡겨둔 사람은 세전 소득으로 연간 1만 7000달러를 벌어들였다.*

오늘날 케인스주의 경제학은 통화주의와 공급중심 경제학을 조화시킴으로써 거시경제학을 하나의 논리적 전체로 조성하였다. 그러나 이와 함께 거시경제정책은 새로운 도전에 직면해 있다. 21세기에 접어든 미국 경제는 소비자들의 실질소득 증가가 아닌, 부채의 증가로 버텨왔다. 그러다 소비자들은 한계에 다다른 신용카드 빚과 담보대출에 짓눌려 더 이상 소비를 늘리기 위해 부채를 증가시킬 수 없는 상황까지 와버렸다. 금리는 바닥이며 정부의 재정적자 또한 엄청난 규모이다. 그럼에도 실업률은 여전히 높다.

미국의 일자리가 해외로 옮겨감에 따라 발생된 실업문제는 정부의 통화정책이나 재정정책에 의한 노력만으로는 해결될 수가 없다. 생산 기지를 해외에 내보낸 상태에서 수요를 자극하는 정책은 중국이나 해외공장의 생산활동만을 촉진시킬 뿐이다. 생산성이 높은 일자리조차도 해외로 이전되어 버렸기 때문에 슈퍼리치를 제외한 미국인의 소득 성장은 멈춰 버렸다. 통화 확대 조치로 돈을 찍어 사람들에게 현금을

---

* 1970년대 초에 등장한 단기금융상품인 MMF는 정부채권 같은 비교적 안전한 증권에 투자하도록 되어 있어 투자손실의 위험이 적은 데다 입출금의 유동성도 있어 개인투자자들에게 안전하고 편리한 금융상품이었다. MMF는 배당금 수익에 대한 과세와 비과세 상품으로 나뉘어지는데, 비과세 상품을 이용한 투자자들은 누진소득세를 피할 수 있었다. – 옮긴이

지급해 주던가 세금을 환급하여 나눠주지 않는 한, 소비진작을 위한 그 어떤 방법도 효과가 없는 것이다.

사회주의 국가들이 붕괴되고 초고속 인터넷이 등장하기 전만 해도 일자리의 역외이전이나 내수시장을 위한 상품의 역외생산 문제는 이 정도로 심각하지 않았다. 그 시절 미국인들의 소득은 생산성과 함께 상승해 나갔다. 만약 고용에 문제가 발생하면 수요중심 혹은 공급중심의 팽창정책이 고용과 GDP를 진작할 수 있었다. 그러나 오늘날 일자리들은 해외로 옮겨가 버렸다. 미국인들을 다시 일하도록 만드는 팽창정책에 부응할 직장이 더 이상 미국에 존재하지 않는 것이다.

무역적자란 GDP가 줄어들고 고용성장이 둔화되더라도 소비자들이 해외에서 생산된 물품에 더 많은 돈을 쓰는 것을 의미한다. 경제학자 피터 모리치Peter Morici는 〈카운터펀치www.counterpunch.org〉 웹사이트에 올린 글(2008년 12월 11일)에서 미국은 지난 10년간 누적된 기록적인 무역적자로 말미암아 GDP가 1조 5000억 달러 정도 줄었다고 말하고 있다.

1조 5000억 달러는 엄청난 액수이다. 이 정도의 GDP 손실이 없었더라면 미국 인구 3억 명은 매년 5000달러의 추가소득이 생겼을 것이다. 4인 가족이라면 가구당 연 2만 달러의 소득을 지금보다 더 얻을 수 있었을 것이다.

생산능력과 GDP를 내주고 해외 채권자들에게 의지하여 재정적자와 무역적자 대금을 조달하려는 나라는 통화정책과 재정정책만으로는 해결할 수 없는 문제를 안고 있다. 어떤 나라도 무한정으로 돈을 빌릴 수는 없을 것이기 때문이다. 미국은 무역적자와 예산적자를 보충하기 위하여 해외 채권자들에게 미국의 기존자산과 소득원의 소유권을 넘기고 있을 뿐만 아니라, 신규로 발행하는 미 재무부 채권을 매입하도록 하여 그들이 대미 무역흑자로 벌어들인 달러를 다시 미국으로 들여오도록 만들고 있다. 해외 채권자에 대한 이 같은 높은 의존도는 미국의 통화정책과 재정정책을 제한시킨다.

이들 채권자들은 그들의 예금 대부분을 달러화로 매겨진 자산 형태로 보유하고 있다. 따라서 불황에 대한 거시경제의 전통적인 대응책인 저금리와 대규모 재정적자를 계속해서 펼친다면, 이들은 달러 보유분을 더 이상 늘리려고 하지 않을 것이다. 이제 미국은 거액의 부채를 계속해서 감당할 수 있을지, 세계준비통화로서 달러화의 역할을 계속 유지해 나갈 수 있을지에 관한 불안이 생기게 되었다. 만약 미국 달러화가 세계준비통화의 권좌에서 내려오게 된다면 미국은 더 이상 자국의 통화로 국제거래 대금을 결제할 수 없을 것이며, 만약 그런 변동이 일어나게 된다면 미국의 재정 부족은 심각한 상황으로 치달을 것이다. 미국은 에너지뿐 아니라 공산품과 첨단기술 제품을 해외 수입에 의존하고 있기 때문이다.

미국은 자신이 생산한 것보다 더 많이 소비하고 자신이 저축한 돈보다 더 많이 빌릴 수 있었다. 그것은 미국의 달러화가 세계준비통화였기에 가능한 일이었다. 만약 다른 나라가 미국과 같은 상황이었다면 파산 상태가 되어 신용거래가 막혔거나 IMF의 긴축 프로그램을 받아들여 소비를 줄이고 부채를 갚아 나가야만 했을 것이다. IMF의 긴축 프로그램은 미국인들의 생활수준을 큰 폭으로 떨어뜨린다는 것을 의미한다.

이제 무엇을 해야 할 것인가? 만약 미국이 준비통화국으로서의 지위를 잃게 된다면 어떻게 될까? 아마 지금의 상황을 제대로 수습할 수 없을 것이다. 따라서 미국 정부는 준비통화의 지위를 보존하기 위한 즉각적인 행동에 나서야만 한다. 그러나 준비통화로서 달러의 위상을 유지하려면 무역적자와 재정적자를 큰 폭으로 줄여나가야만 하는데 위기대응에 약한 국가가 되어 버린 미국 경제가 이러한 요구를 실행하기란 참으로 힘겨운 일일 것이다.

그렇지만 미국이 다음과 같은 일들을 해낸다면 수천억 달러에 달하는 재정적자를 줄일 수 있다.

첫째, 헛된 짓이며 불법적인 전쟁들을 끝내야 한다. 수백 개의 해외 군사기지를 폐쇄하고, 과식 상태에 있는 군 예산을 삭감해야 한다. 하지만 이러한 것들은 미국이 세계 패권에 대한 의지를 포기하도록 요구하는 것이다. 미국의 채권자들은 미국의 호전성을 목격해 오고 있다. 그런데 이 호전성이 러시아와 중국으로 향하고 있다. 이것을 보고 있는 채권자들이 과연 미국의 군사주의에 계속해서 자금을 대주고 싶을까? 연간 1조 달러가 넘는 예산적자*를 충당할 외국자본의 투자가

---

* 매년 1조 달러가 훨씬 넘던 미국의 재정적자는 2013년 작동된 예산통제법Sequester 등의 예산삭감 노력으로 2014년 이후에는 약 5000억 달러까지 줄인 상태이다. – 옮긴이

사라진다면 중앙은행 역할을 하는 연방준비제도는 돈을 찍어내 정부가 발행한 채권을 사주는 재정적자의 화폐화로 재정 부족분을 조달할 수밖에 없다. 이러한 대규모의 부채 화폐화는 중앙은행에 의한 통화 증가를 일으켜 인플레이션이 천정부지로 치달을 것이다.

그러나 불행히도 연방준비제도가 양적완화정책으로 택한 것은 부채의 화폐화이다. 이미 지난 수년 동안 연방준비제도는 정부의 재정 적자를 메우기 위해, 그리고 파산 지경에 놓인 은행들의 채무 관련 파생상품들의 가격을 높게 유지시켜주기 위해 연간 1조 달러에 달하는 정부와 은행의 채권을 매입해 왔다. 이렇게 새로 발행한 돈은 아직까지는 은행 시스템 내에서만 맴돌며 시중 경제에 유입되고 있진 않으나 만약 이 돈이 시장에 유입된다면 인플레이션은 심각해질 것이다. 또한 이러한 양적완화는 미 달러화의 교환가치에 압박을 줄 것이다. 이를 아는 워싱턴은 양적완화로부터 달러화의 가치를 지키기 위하여 다른 나라들 또한 통화팽창을 하도록 종용함으로써 찍어내는 돈이 달러화에만 국한되지 않도록 만들고 있다. 나의 웹사이트*www.paulcraigroberts.org*를 통해 그동안 지적해온 것처럼, 연방준비제도는 금과 은의 가격을 내리기 위하여 실제로 금이나 은을 가지고 있지 않으면서도 '무차입 공매도'*를 하여 금은 시장을 조작하고 있다. 즉 금

---

*공매도short-selling는 소유하지 않은 상품을 파는 것이다. 주식이나 채권을 빌려서 판매한 후 나중에 빌린 물건을 되갚는 것을 차입 공매도covered short selling라고 하며, 사전 차입 없이 먼저 판매하는 것을 무차입 공매도naked short-selling라고 한다. 무차입 공매도는 원칙상 불법거래이다. – 옮긴이

과 은의 가격을 끌어내려 달러화만이 유일하게 안전한 피난처로 보이도록 하는 것이다.

전통적인 경제학에 따르면 국내 실업률이 올라가서 소비자의 지출 여력이 감소되면 해외수입이 줄어들어 무역적자 역시 줄어들게 된다. 그러나 미국은 이것보다 할 일이 훨씬 많다. 미국 제조업의 쇠퇴가 어느 정도인가 하면 채권자들이 미국의 적자를 계속해서 묵인해준다는 가정 하에 미국의 무역적자와 GDP에서 제조업의 산출량이 차지하는 몫이 같아지게 되는 날이 멀지 않았을 정도이다.

둘째, 해외로 빠져나간 생산을 국내로 돌려야만 한다. 기업들이 미국 시장을 겨냥해 해외생산을 하게 되면 그 기업들은 미국의 GDP를 감소시키고 감소시킨 만큼의 무역적자가 에누리 없이 늘어나게 된다.

만약 미국 정부가 기업 소득세를 폐지하고 그 대신 상품의 부가가치를 국내에서 만드는지 혹은 해외에서 만드는지에 따라 기업에게 세금을 물린다면 해외로 빠져나간 역외 생산기지들을 국내로 불러들일 수 있을 것이다. 즉 미국 내에서 상품을 생산하는 기업들은 낮은 세율을 적용 받고, 해외에서 생산하는 기업들은 높은 세율을 적용받도록 하는 것이다.

생산지에 따른 차등세율 같은 변화가 효과를 나타내기까지는 시간이 걸릴 수 있다. 단기적으로는 미국 시장을 위한 제품을 생산하며 고용과 소득을 올리고 있는 중국 같은 채권국들을 화나게 할 수도 있다. 그러나 역외생산을 국내로 돌리는 정책이 믿을 수 있다고 여겨지게 되면, 세계는 준비통화로서의 미국 달러화에 대한 일신된 전망을 가지게 될 것이다.

셋째, 도움이 될 만한 또 다른 개선책으로 단기적인 수익률에 따라 지급되는 경영진의 성과급을 없애 버리는 것이다. 분기별 결산보고와 실적과 관계없는 기본급여 액수의 상한선 설정은 미국 기업의 경영자들로 하여금 해외 경쟁업체들에 비해 매우 단기적인 시야만을 갖게 만들었다.

이 제안들이 실현 가능해지려면 기득권을 차지하고 있는 막강한 이익집단들을 극복해야만 한다. 그러나 미국 엘리트들의 오만함은 미국 경제의 회생을 위해 남아 있는 기회의 창을 그냥 지나치도록 할 수 있을 만큼 높기만 하다.

도그마가
되어버린
자유무역

최근까지 경제학자들은 자유무역의 당위성에 이론의 여지가 없다고
믿었다. 지금도 대부분의 경제학자들은 그것을 지당한 말씀으로 여긴
다. 그러나 데이비드 리카도가 200년 전에 성립시킨 무역이론은 두 가
지 배경조건을 필요로 하는데, 이 조건들이 지금의 세계에서는 더 이
상 존재하지 않는다. 그뿐 아니라 무역이론에 관한 최신의 연구 성과
인 랄프 고모리와 윌리엄 보멀의 저작《세계무역과 충돌하는 국가 간
의 이해》*에서 증명되었듯 자유무역 이론은 그 시작부터 타당성이 결
여되어 있는 이론이다.

....

* Ralph E. Gomory, William J. Baumol 《Global Trade and Conflicting National
Interests〉, MIT Press, 2000

자유무역 이론을 위한 원래의 사례부터 시작해 보자. 자유무역은 비교우위의 원칙을 바탕으로 한다. 비교우위의 원칙은 비록 한 나라가 다른 나라에 비해 모든 재화를 더 낮은 비용으로 생산할 수 있다고 하더라도, 각 나라마다 한 가지 재화를 전문화시켜 서로 무역을 하는 것이 모든 나라에게 전체적으로 더 많은 부를 누리게 한다는 이론이다. 비교우위는 교역재* 생산에 들어가는 '기회비용'이 나라마다 서로 다르기 때문에 생긴다. 한 재화에 대한 기회비용이란 같은 자원과 시간으로 다른 재화를 생산했을 때 얻을 수 있는 잠재적 이익을 말한다.

리카도는 와인과 모직물을 예로 들었다. 포르투갈은 와인과 모직물을 영국보다 더 낮은 가격에 생산할 수 있다. 그러나 포르투갈이 1야드의 모직물을 생산하기 위해 포기해야 하는 와인의 양은, 영국이 같은 길이의 모직물을 생산하느라 포기한 와인의 양보다 더 많다. 이런 경우 포르투갈은 와인 생산에 비교우위가 있고 영국은 모직물 생산에 비교우위가 있다. 만약 각 나라가 비교우위를 가지는 상품을 전담하여 생산한다면, 두 나라가 생산한 와인과 모직물의 총생산량은 각자가 두 가지 품목을 자급 생산해냈을 때보다 많아질 것이다. 이처럼 '무역을 통한 이익'이란 전문화시켜 집중 생산함으로써 더 늘어난 총생산량을 상호 교역을 통해 얻는 것을 말한다. 각 나라가 비교우위에 있는 재화를 집중적으로 생산하여 교역하게 되면 자체 생산하여 충당

---

*교역재와 교역가능 서비스란 수출할 수 있거나 수입으로 대체될 수 있는 상품이나 서비스를 말한다. – 옮긴이

하는 것보다 더 많은 소비가 가능해진다는 뜻이다.

한 재화에 대한 또 다른 재화(가령 모직물 대신 와인을 생산하는 것)의 기회비용이 다르다는 것은 무역 당사자들이 한 교역상품을 생산하기 위해 지불하는 상대적 가격비가 다르다는 것을 의미한다. 바로 이 차이가 비교우위를 발생시킨다. 리카도가 살던 시대에는 나라마다의 독특한 국민성이라든가, 기후와 지리적 여건 등이 재화에 들어가는 비용의 상대적 가격을 결정하는 주요 변수였다. 그러나 오늘날의 산출물 대부분은 습득된 지식을 바탕으로 투입요소들이 결합되어 만들어진다. 즉 상대적인 가격비율이 나라마다 같아지게 된 것이다. 예를 들면 컴퓨터는 습득된 지식을 바탕으로 하여 만들어진 프로그램과 조립으로 생산된다. 인건비 이외에는 각 나라마다 독특한 차이가 없다. 국경선을 넘어가도 기회비용의 차이가 없다면 비교우위를 따질 근거가 없어지는 것이다.

리카도의 비교우위 원칙에는 또 하나의 필요조건이 있는데, 그것은 한 나라의 자본이 국내에서 비교우위를 찾아야 하며, 자본을 더 잘 활용하기 위해 생산성이 높은 해외로 나가려 하지 말아야 한다는 점이다. 리카도 역시 영국 자본이 더 낮은 생산비용을 찾아 포르투갈로 옮겨갈 수 있고 그로 인해 영국인들이 직장을 잃거나 그보다 못한 일을 해야 할 가능성에 직면할 수 있음을 알고 있었다. 그러나 그가 보기에 자본은 "한 나라에서 다른 나라로 옮기는 데 어려움"이 있는데다가 그 속성상 "소유자의 직접적인 통제 하에 있지 않게 되면" 불안해지기 때문에 비교우위의 토대를 훼손시키는 자본의 해외이전 가능성은 무시할 수 있었다.

"(자본을 외국으로 옮기게 되면) 심리적 혹은 현실적인 위험이 생기게 될 뿐
아니라, 사람은 자기가 태어나고 자란 곳의 모든 익숙한 습관과 관계를
포기하고 재산을 외국으로 이전시켜 낯선 정부 아래 새로운 규칙에 따
라 살기를 원치 않는 경향이 있기 때문에 자본의 해외이전은 저지된다.
재산가들의 부가 이국 땅으로 옮겨가지 못하도록 만드는 이런 거부감
이 약해진다면 나는 유감스러울 것이다. 바로 이런 정서 때문에 대부분
의 자산가들이 낯설고 불안한 이국 땅에서 자신들의 재산을 더 유리한
조건에서 활용하여 부를 쌓기보다는 차라리 이익을 덜 챙기더라도 자
기 나라에서 그대로 만족하며 살게 되는 것이다."*

그러나 유감스럽게도 오늘날 이런 정서는 희미해져 버렸다. 그것은
사람이 아니라 기업이 자산의 소유주가 되었기 때문이다. 엄청나게
공급되는 아시아의 노동력에 미국 기업들은 쉽게 접근할 수 있다. 의
회는 최고경영자의 '성과에 대한' 수당이 아니라 기본급에 대한 소득
세 환급을 제한했다. 월 스트리트가 더 높은 주식 배당금을 내놓으라
고 기업들에게 압박을 가하고, 월마트는 납품업자들에게 '중국 가격
Chinese Price'대로 맞추라고 명령을 내린다. 그리고 적대적 인수합병이

---

* 리카도《Critical Assessment》V.4

해외생산으로 인한 주주들의 배당금 증가로 정당화되어 버리자 자본과 일자리는 결국 이 나라를 떠나게 된 것이다.

이제 자본은 무역상품과 마찬가지로 이동하고 있다. 비행기나 배에 싣고 옮겨야 하는 상품에 비해 자본은 빛의 속도로 이동한다. 경제학자들은 미국 자본이 국내 50개주에서 비교우위를 찾아 생산시설을 옮기려 한 사례를 찾아내는 데는 곤란을 겪을지 모르지만, 미국 자본의 해외 탈출은 쉽게 보여줄 수 있다. 중국에서 미국으로 들어오는 수입 상품의 약 절반이 미국 법인들이 자국시장을 겨냥해 생산한 역외생산 제품이라는 사실에서 볼 수 있듯 말이다.

내가 '생각 없는 경제학자들no-think economists'이라고 부르는 대부분의 경제학자들은 '자유무역에 의문을 제기하는 것은 곧 보호무역주의자protectionist가 되는 것'이라고 배운 사람들이다. 이들은 보호무역주의자라는 지칭이 장차 자신의 경력에 해를 끼치게 될 것이라고 생각한다. 그리고 나는 자유무역의 근간을 이루는 이론과 그 이론의 수많은 문제점들에 관하여 제대로 이해하지도 못하면서 오로지 자유무역주의자가 되는 것 말고는 그 어떠한 것도 끔찍한 일로만 여기는 경제학자들을 많이 봐왔다.

대다수 경제학자들에게 자유무역은 마치 부시 정권 시절, 사담 후세인이 '대량살상무기'를 가지고 있다고 판정한 것과 같은 선언이다. 8년간 치러진 3조 달러(약 3000조 원)짜리 전쟁이 헛된 일인 것처럼 자유무역을 지향하는 미국의 탈산업화는 아무런 장점이 없다.

도그마가 되어 버린 자유무역에 이의를 제기하는 경제학자가 비단 나 혼자만은 아니다. 다수의 유능한 경제학자들 역시 자유무역 이론을 비판하고 있다. 예를 들어 허먼 데일리* 교수와 존 B. 코브John B. Cobb 교수는 그들의 공저《공동 선을 위하여For the Common Good》(1989)에서 자유무역 이론의 불합리성을 보여주고 있다. 제임스 K. 갤브레이스James K. Galbraith 교수는《약탈 국가The Predator State》(2008)에서 자유무역 이론을 아예 잠재워 버렸다. 로버트 프라슈 교수는 1996년 〈정치경제 평론〉 지에 기고한 논문†에서 자유무역 이론의 근본적인 문제점을 보여주었다.

드폴 대학의 론 바이먼Ron Baiman 교수는 리카도의 이론이 "수학적으로 과잉 결정된 것이며 따라서 일반적으로 실현이 가능하지 않다."고 주장한다. 마이클 허드슨 교수는 자신의 저서《무역, 개발 그리고 외채Trade, Development and Foreign Debt》(2009)와《보호무역과 미국의 도약 1815~1914America's Protectionist Takeoff 1815-1914》(2010)에서 자유

....

* 허먼 데일리Herman E. Daly는 세계은행 수석경제학자였으며 현재 메릴랜드 대학 교수이다.《정상경제를 향하여Toward a steady state economy》(1973),《성장을 넘어서Beyond Growth》(1996), 그리고《생태경제학Ecological economics》(2004, 공저)을 펴낸 생태경제학의 선구자이다. 그는 '지속 가능경제복지지수Index for Sustainable Economic Welfare (ISEW)'라는 국가 회계시스템을 통해서 물질적 가치만이 아니라 삶의 질을 결정하는 비경제적 조건을 포괄적으로 측정할 것을 제안했다. 많은 나라들이 한계가 있는 GDP의 대안으로 ISEW를 도입하고 있다. - 옮긴이

† Robert E. Prasch "Reassessing the Theory of Comparative Advantage" 〈Review of Political Economy〉 Vol.8, Issue1, 1996

무역 독트린을 아예 해체시켜 버렸다.†

　미국의 가장 유명한 경제학자인 폴 새뮤얼슨 교수는 2004년 그의 논문에서 한 나라의 생산성이 향상되면 다른 나라의 생활수준은 저하될 수 있다는 결론을 내렸다.§ 한 기업이 자사의 기술을 해외로 이전시켜 현지 생산능력과 결합시키면 그것은 결과적으로 그 기업이 속한 나라의 생활수준을 저하시킨다는 것이다.

　이들의 주장하는 내용은 우리로 하여금 앞에서 말한 고모리와 보멀의 저서《세계무역과 충돌하는 국가 간의 이해》에 주의를 기울이게 한다. 새뮤얼슨의 2004년 논문은 이들 두 저자의 무역이론에 관한 새롭고 강력한 연구결과를 옹호하는 것이다. 미국의 가장 저명한 수학자 중 한 명인 고모리와 미국 경제학회 회장을 지낸 보멀은 "자유무역이 적용되는 현대 세계와 자유무역 이론의 모델이 만들어진 역사적 배경 사이에는 커다란 차이가 있기 때문에 자유무역 이론에는 문제점이 많다."고 말한다. 고모리와 보멀은 국내시장을 겨냥한 역외생산이 이익을 가져다준다는 주장을 일축하고 있다.

....

† 마이클 허드슨Michael Hudson 교수에 의하면 수출과 수입에 의존적인 나라가 될수록 외채는 쌓이고 대중들의 수준은 내려간다. 따라서 되도록이면 자족하는 경제를 추구해야 한다. 자유무역의 당위성을 세계에 강요하는 미국은 과거 영국의 자유무역 요구를 극복하고 보호무역으로 성장해온 나라이다. - 옮긴이

§ Paul A. Samuelson "Where Ricardo and Mill Rebut and Confirm Arguments of Mainstream Economists Supporting Globalization" 〈Journal of Economic Perspectives〉 Summer, 2004 - 옮긴이

"거의 모든 경우 경제적 혜택은 가치가 더해진 장소에 생기게 된다. 이 윤은 일반적으로 경제활동으로 부가된 가치의 작은 부분에 불과하다. 부가된 가치의 대부분은 임금처럼 생산지에 남겨지게 된다. 회사의 소유자가 누구든 그 회사의 경제활동이 일어나는 나라가 되는 것이 더 중요하다." *

고모리와 보멀의 정교한 수학적 자료는 리카도의 단순 산술적 샘플로 도출된 자유무역의 윈—윈 결과와는 사뭇 다른 양상을 나타낸다. 즉 대부분의 경우 "한 나라가 (무역으로부터) 최상의 결과를 얻게 되면 이것이 다른 쪽 나라에게는 좋지 않은 결과로 나타나게 된다."는 것이다. 고모리와 보멀은 무역의 이익이론을 재수립하였는데, 그것은 바로 무역의 윈—윈 상황이란 제한적으로만 나타나는 특수한 경우라는 것이다. 그들은 다음과 같은 결론을 내린다.

"국가 간의 자유무역은 언제나 자동적으로 이로운 것이 아니다. 그것은 여러 안정균형stable equilibria †을 낳게 되는데 어떤 나라의 경우 안정균형에 고착되어 있는 상황이 국가 간 무역으로부터 고립되는 것보다 그

---

* 출처 : Global Trade and Conflicting National Interests

† 균형 상태란 모든 경제주체가 그 상태에 머무르려 하며 일탈하려는 유인이 없는 상태를 말한다. 만일 외부의 교란 때문에 균형 상태에서 일탈해도 다시 원래의 균형점으로 복귀하려는 힘을 가질 때, 그 균형을 안정균형이라고 한다. – 옮긴이

나라의 형편을 더 어렵게 만든다."[†]

경제전문가들이 이 같은 새로운 연구결과를 받아들이기까지는 많은 시간이 걸릴 것이다. 미국의 경제적 성공이 자유무역에 기반한다는 신화에서 벗어나기란 힘든 일일 테니 말이다.

R.W. 톰슨은 자신의 저서《보호관세법의 역사*History of Protective Tariff Laws*》(1888)에서 보호무역주의야말로 경제발전의 아버지임을 보여주었다. 자유무역은 하나의 이데올로기가 되었다. 그것은 한때 리카도가 살던 시대를 배경으로 했으나 이제 그 시대는 더 이상 현실 세계에 존재하지 않는다. 오늘날 미국에서 '자유무역'은 탐욕을 보호하는 방패이다. 경영진과 주주를 위한 단기이익이 이 나라의 노동력과 경제적 후생을 희생시키며 극대화되고 있다. 일자리의 역외이전이 미국을 기회의 나라로 만들었던 상층이동 사다리를 철거한 것이다.

[†] 고모리와 보멀의 저서《세계무역과 충돌하는 국가 간의 이해》에 관하여 경제 저널리스트인 윌리엄 그레이더는 〈네이션*The nation*〉 지에 다음과 같은 서평을 썼다.

"무오류라는 미국의 허세정치가 군림해온 세계 자유무역의 '교회'에 마침내 마틴 루터가 나타났다. 이 예상 밖의 이단자는 깨달음을 가지고 세계화의 전면적 개혁을 주장하고 나섰다. 그는 다국적 기업의 존경받는 베테랑이기에 세계무역의 시스템을 내부로부터 알고 있다. 그의 생각은 폭발적인 메시지를 담고 있다. 그 메시지란 세계무역에 관한 제도권 당국의 가르침은 한마디로 틀려먹은 것이며 그것은 미국에게 치명적으로 잘못된 일이라는 것이다."(윌리엄 그레이더, "A Challenger to the Church of Free Trade" 중 일부, 2007. 4) ─ 옮긴이

역외이전은
무역이
아니다

생산의 역외이전을 찬성하는 사람들은 그것을 옹호하는 근거로 '역외이전은 자유무역인데, 이 자유무역은 무역당사국들에게 혜택을 준다'라는 주장을 펼치고 있다. 하지만 앞에서 우리는 자유무역이 대부분의 경우에 있어 무역당사자 모두에게 유익한 것은 아니라는 사실을 알게 되었다. 이제 '역외이전이 과연 무역인가'라는 질문에 관하여 답해 보겠다.

고전적인 리카도의 자유무역 모델에서 무역이란 어떤 생산활동에 비교우위가 있는 나라가 그 분야를 전문화하여 다른 생산에 비교우위를 가진 나라들과 교역을 하는 것을 말한다. 앞서 설명했듯 리카도가 예를 든 한 가지를 말해 보자면 영국은 모직물이 전문이고 포르투갈은 와인이 전문이다.

리카도의 모델에서 무역은 경쟁적인 것이 아니다. 영국의 모직물은 포르투갈 모직물과 경쟁하지 않고, 포르투갈의 와인은 영국의 와인과 경쟁하지 않는다.

그런데 어느 시기부터인지 자유무역은 같은 물건을 만드는 나라들끼리의 경쟁과 같은 의미가 되어 버렸다. 미국산 TV 대 일본산 TV, 미국산 자동차 대 일본산 자동차 같은 식으로 말이다. 이런 의미의 자유무역은 비교우위를 기반으로 하는 리카도적인 무역과는 다른 것이며, 해외경쟁력 확보를 위해 추진하는 디자인 개발과 성능 개선 그리고 혁신을 가리키는 의미가 되어 버린 지 오래다. 자유무역은 자유무역독트린의 근거지로 삼을 새로운 이론적 기반도 마련하지 못하고 비교우위 원칙과 갈라서 버린 것이다.

리카도의 무역이론으로는 동일한 상품과 서비스를 두고 대결하는 나라들 간의 경쟁을 설명하지 못한다. 자본과 생산의 역외이전은 리카도의 이론 혹은 자유무역의 경쟁논리에도 들어맞지 않는다. 사실 역외이전은 무역이라고 할 수가 없다.

역외이전이란 국내시장에서 판매하기 위한 제품의 생산과 서비스를 해외에서 재배치하는 기업의 행태를 말한다. 한 미국 회사가 제품 생산을 해외에서 아웃소싱하게 되면 그렇게 생산된 제품의 총액만큼 미국의 GDP는 줄어들고 생산이 옮겨간 나라의 GDP는 늘어난다. 즉 미국의 고용과 소비자의 소득은 줄고 해외 생산지의 고용과 소득은 늘어나는 것이다. 이것은 결국 미국의 조세기반을 약화시켜 공공서비스를 삭감하거나 세금을 더 올리거나 그것도 여의치 않으면 세금 대신 국채나 지방채로 자금을 조달하여 이자 같은 부채비용이 더 늘어나도록 만드는 것이다.

역외에서 생산된 상품이 미국 시장에 돌아오면 그 금액만큼 미국의 무역적자는 더 늘어나게 된다. 무역적자를 메우기 위해 미국의 자산과 그 자산이 제공하는 미래 소득원은 외국인에게 넘어간다. 이윤, 배당금, 이자뿐 아니라 시세차익 같은 자본이득과 임대료, 민자도로 통행료 같은 수입원이 미국인 주머니에서 외국인 주머니로 흘러감으로써 경상수지 적자는 갈수록 악화된다.

그렇다면 미국인들이 입은 이와 같은 소득 손실로부터 이득을 보는 이는 누구일까? 그것은 바로 생산현장이 옮겨간 나라일 것이다. 또 다른 주요 수혜자는 생산기지를 해외로 옮긴 회사의 주주들과 임원들일 것이다. 더 낮은 인건비가 회사의 이윤, 주가, 그리고 회사 경영진의 '성과 보너스'를 올려주기 때문이다.

역외이전을 옹호하는 사람들은 일자리가 사라져 노동자들이 소득을 잃더라도 전체 소비자들이 더 낮은 가격에 물품을 살 수 있으므로 이에 대한 상쇄효과가 있다고 주장한다. 그러나 소위 저렴한 물가로 일반 소비자들이 얻게 되는 혜택보다 직장을 잃은 사람들이 입은 손해가 더 크다는 것이 일반적인 인식이다. 이에 대해 역외이전 옹호자들은 그들의 주장을 뒷받침할 만한 그 어떤 연구 자료도 제시하지 않고 있다. 그들은 역외이전은 자유무역이며 따라서 서로에게 이로운 것이라는 검토되지 않은 가설에 근거한 주장만을 되뇌고 있을 뿐이다.

또한 역외이전을 찬성하는 사람들은 실직자가 되어 버린 미국인들이 곧 그와 동등하거나 혹은 더 나은 일자리를 찾게 될 것이라고 주장한다. 이런 주장은 노동력은 그 수요에 따라 결과적으로 완전고용을 보장하게 된다는 추정에 기초한 것으로 일자리가 해외로 이전되는 바람에 직장이 없어진 사람들은 장차 이전의 일과 동등하거나 더 나은 새 직업을 위한 훈련을 받아 일자리를 갖게 될 것이라고 말한다.

그러나 이런 주장은 완전히 잘못되었다. 왜냐하면 역외이전은 교역재와 교역이 가능한 서비스 전 분야에 걸쳐 영향을 미치고 있기 때문이다. 미국 노동통계국BLS이 수집한 비농업 취업통계자료nonfarm pay-roll data를 보면 21세기 미국의 신규 일자리 창출은 국내의 비교역 서비스 분야에서만 일어나고 있다. 이런 종류의 일자리는 부가가치가 높은 제조업이나 엔지니어 같은 전문 서비스직에 비하여 임금이 낮다. 더군다나 교사나 간호사같이 역외 조달이 불가능한 국내 서비스직조차 취업비자로 들어온 외국인들에게 개방된 실정이다.

점점 더 많은 미국인들이 해직당하거나 일자리를 찾지 못해 좌절하고 있다. 이들 실직자들이 겪고 있는 현실은 역외이전 회사에 의해 일자리를 잃은 당사자들뿐 아니라 이들에게 실업수당과 복지수당을 지불해야 하는 납세자들, 그리고 미국 정치경제 시스템의 유지에 부과되는 외부비용external cost에까지 그 영향이 미치고 있다. 경제와 납세자 그리고 일자리를 잃은 노동자들에게 외부비용이 끼치는 부정적인 효과는 소수의 기업 임원들과 주주가 누리는 혜택을 훨씬 능가한다.

극소수자들이 누리는 이익을 위해 외부비용이 사회 전체에 부과되고 있다는 것이 바로 자유방임 자본주의, 즉 글로벌리즘의 실패를 가리키는 강력한 징후라 할 것이다.

또한 역외이전의 옹호론자 중에는 역외 아웃소싱이 인소싱insourcing 으로 상쇄될 수 있다고 말하는 이들이 있다. 예를 들어 일본 자동차 회사가 미국에 자동차 생산공장을 세우지 않았느냐는 것이다. 그러나 이것은 잘못된 비교 사례이다. 미국에 설립된 일본의 자동차 공장은 외국인 직접투자이다. 일본 회사는 미국 시장에 팔기 위하여 미국에서 자동차를 생산한다. 그 공장은 레이건 대통령 시절 일본산 자동차에 대한 수입쿼터와 높은 운송비에 대한 대응책으로 설립된 것이다. 다시 말해 일본 자동차 회사는 자국으로 차를 다시 들여다 팔기 위해 미국에서 자동차를 생산하는 것이 아니다. 그들은 저렴한 미국의 인건비를 이용하여 일본 내수시장을 위한 자동차를 생산하지 않는다. 적어도 아직까지는 말이다.

하지만 역외생산과 취업비자로 들어온 외국인들로 말미암아 미국의 임금수준이 하락하고 노동력 공급과잉의 시대로 접어들게 되면, 미국 노동자들은 생산물 산출에 자신들의 노동이 기여하는 가치보다 더 적은 임금을 받고도 일을 할 수밖에 없을 것이고, 그렇게 되면 일본 같은 나라들이 제3세계가 된 미국으로 생산기지를 역외이전하여 결국 자기네 나라의 경제를 망치기 시작할지도 모르겠다.

또 다른 옹호론자들은 전문직 취업비자H-1B 및 기타 취업비자가 인소싱, 즉 내부조달 방식이지 않느냐고 말한다. 그들 주장에 의하면 미국 기업들이 외국인들을 데려와 이른바 미국의 인력난을 해소할 수 있기 때문에 회사가 외국으로 나가지 않고 계속 미국 내에서 일을 할 수 있다는 것이다. 이런 잘못된 주장은 〈워싱턴 포스트*Washington Post*〉 지의 2009년 3월 2일자 사설에 나와 있는데, 이에 대하여 상원 의원 찰스 그래슬리Charles Grassley와 버니 샌더스Bernie Sanders 의원은 다음과 같이 반박했다.

"금융서비스직 출신의 실업자들이 셀 수 없이 넘쳐나고 있는데 은행은 이들 중에서 자기네 회사의 업무를 제대로 수행할 만한 일류 미국인 노동자를 못 찾겠다고 주장하다니 어처구니가 없다."

그래슬리 의원과 샌더스 의원은 더 강하게 반박을 했어야 한다. 취업비자 프로그램은 미국에서 공급 부족이라고 추정되는 전문 인력과 첨단 기술인력 확보를 위하여 마련된 것이다. 그러나 취업비자를 주고 미국으로 데려온 절대 다수의 외국인 노동자들은 미국인 노동자들의 저임금 대체인력일 뿐이다. 미국인 노동자들은 외국에서 온 대체인력을 연수시켜 주어야만 하고 그 일을 끝내면 회사를 관둬야 한다.

미국인 피고용자를 취업비자로 들어온 외국인으로 대체하는 관행은 국가적인 차원보다는 지방이나 주 단위에서 더 많이 보고되고 있다. 예를 들어 WSOC 방송의 2009년 3월 30일 보도를 보면, 와코비아 은행(지금은 웰스파고Wells Fargo 은행으로 넘어감)은 미국인 피고용인들을 외국인으로 대체하여 인건비를 줄이고 있다.

미국 의회는 구제금융을 받는 은행이 자국의 피고용인을 외국인으로 대체하여 채용하는 것을 금하고 있다. 하지만 전문직 취업비자 로비는 관련 법안에 손을 뻗쳐 법률상에 작은 허점을 심어놓았다. 즉 구제금융을 받는 은행이 외국인을 직접 고용하는 것은 금지시켰지만 인력 하청업자를 통해 '계약직 인력'을 공급받는 것은 가능하게 해놓은 것이다. 은행은 하청업자에게 돈을 지불하고 하청업자는 노동자에게 임금을 주는 방식이다.

〈컴퓨터월드Computerworld〉지의 2009년 2월 24일 보도에 의하면, 전문직 취업비자는 타타Tata, 인포시스Infosys, 위프로Wipro, 사티암Satyam 같은 인도의 계약직 인력업체들의 사업권이 되고 있다. 이 업체들은 미국의 고용주들과 계약하여 미국인 노동 인력들을 대체할 저임금 계약직 인력을 해외로부터 데려와 공급해 주고 있다.

생산의 역외이전과 외국인 취업비자의 결합은 새로운 종류의 실업 현상을 만들어 내고 있다. 이런 상황에서는 정부가 아무리 소비자 수요를 부양해봐야 미국인들의 실업이 줄어들 수가 없다. 〈비즈니스위크〉지의 2009년 3월 9일 기사에 의하면, JP모건체이스 투자은행은 인도에서의 인력 아웃소싱을 25퍼센트 늘린다고 했다. 〈컴퓨터월드〉지의 2009년 2월 24일 기사를 보면, TV 시청자와 소비자 트랜드를 조사하는 닐슨컴퍼니Nielsen Company와 타타가 10년간 12억 달러 상당의 글로벌 아웃소싱 계약을 발표한 후 플로리다 업무시설의 인력을 구조조정하고 있다. 〈컴퓨터월드〉지는 시의회 제니스 밀러Janice Miller 의원의 말을 다음과 같이 인용하고 있다.

"저들은 지금도 인도에서 인력을 데려오고 있지만 이 지역 주민의 상당 수는 일자리가 없습니다."

〈뉴욕타임스〉는 2009년 3월 6일 IBM이 사전 해고 통보에 관한 법 규정을 피하기 위하여 개별적으로 인력을 해고하고 있다고 보도했다. 〈뉴욕타임스〉에 따르면, "전 세계 IBM 정기급여 인력 중 미국인이 차 지하는 비율은 꾸준히 하향세를 보여 29퍼센트에 이르렀다."

미국인들은 자신이 소비하는 상품과 서비스로부터 분리되었다. 자 국의 노동력이 생산하지 않는 상품과 서비스에 의존하여 살아야 한다 는 것은 제3세계 나라가 겪는 곤경이다. 실직 상태에 처해 있거나 저 임금의 내수서비스 직종에서 일하는 미국인들이 어떻게 자신들을 대 상으로 해외에서 만든 상품과 서비스를 구입할 수가 있다는 말인가? 이것은 아무도 묻지 않는 질문이다.

뉴스보도가 정확하다면, 심지어 미국의 최하위 일자리조차도 아웃 소싱의 대상이다. 일례로 패스트푸드 체인 맥도널드는 드라이브 쓰 루drive-thru 주문을 인도를 경유하는 무료 인터넷 전화 서비스를 통해 전달받도록 하는 방식을 시험 중에 있다. 이 주문 방식은 인도에 있 는 접수원이 손님의 주문을 받아 주방에 전달하고 계산원에게 청구 서를 전송해 주는 방식이다. 만약 이 방식이 맥도널드에서 무리 없이 작동된다면 해고당한 소프트웨어 엔지니어나 IT 종사자, 그리고 전직 은행원들은 이제 패스트푸드점에서조차 일자리를 얻는 것이 불가능 해질지 모른다.

사실 미국인들은 '인소싱' 때문에 이미 식당 일도 찾기가 어렵다는 현실을 피부로 느끼고 있다. 외국에서 젊은 사람들이 용역회사에 의해 임시비자로 들어와 알선 받은 식당에서 음식을 주문 받고 준비하는 일은 흔히 볼 수 있는 풍경이다. 약국에서는 보조원으로, 슈퍼마켓에서는 계산대 점원으로 고용된다. 멕시코인들은 건설 현장이나 농업의 큰 부분을 차지하고 있다. 미국인들은 자신이 종사했던 직업들이 하나씩 닫히고 있는 것을 발견하고 있다.

　보이는 바대로 미국은 경제문제에 대처할 능력이 없다. 막강한 이해집단들이 문제를 지속시킴으로써 혜택을 입고 있기 때문이다. 배타적이고 사적인 이해집단들이 자유무역은 전체의 복리를 증진시켜준다며 자신들의 이기심을 은폐하는 한, 미국 경제의 상대적이고 절대적인 하락은 지속될 것이며 미국의 납세자들은 일자리를 잃은 사람들에게 들어가는 비용을 계속해서 부담해야만 할 것이다.

지금껏
간과된
외부비용
문제

가격이 자원을 효과적으로 배분하는 역할을 하려면, 생산에 들어간 모든 비용이 가격에 반영되어 있어야만 한다. 외부비용이란 생산자가 직접 가한 것은 아니지만 생산자의 행위로 인하여 제삼자 측에게 부과되는 비용을 말한다. 경제학자들은 외부비용을 논문 등의 저작물에서 이론적이고 포괄적으로 다룬다. 하지만 현실 세계에서의 외부비용은 우리 주변에서 광범위하게 증가되는 구체적인 문제이다.

경제학자와 사업가들이 '최저비용으로 생산'한다고 묘사했다면, 이는 많은 경우 제삼자에게 매우 큰 비용을 부담시키는 생산이라고 보면 된다. 그 비용은 상품가격에 반영되어 있지 않다. 이처럼 어떤 생산의 '외부' 혹은 '사회적' 비용이란 사업자들이 사회에 떠넘기는 비용을 가리킨다.

규제는 외부비용을 다루는 한 가지 대응책이다. 그러나 경제학자 조지 스티글러George Stigler가 수십 년 전에 지적했듯이, 감독기관이라는 곳들은 자신들이 감독해야 할 산업에 점유당한 상태이다. 스티글러는 산업체들로부터 자금을 지원받는 대학과 연구기관들 역시 사정은 마찬가지라는 점을 덧붙였어야 한다. 오늘날 규제나 영향 평가는 외부비용을 제어하기에 결함 있는 도구가 되어 버렸다.

최근 GMO(유전자변형 생물체)에 관한 사실들이 드러나고 있다. 예를 들어 잡초를 쉽게 제거하기 위하여 제초제 저항성 유전자로 조작된 작물종자를 재배하면, 제초제 남용으로 인한 막대한 외부비용이 발생하게 된다. 식물병리학자이자 토양미생물학자인 퍼듀 대학의 돈 휴버 Don Huber 교수는 2011년 미국 농림부에 GMO 작물의 예기치 않은 악영향을 보고하는 서신을 보냈다. 그 내용은 중요한 미량영양소, 지력地力, 그리고 음식의 영양가치를 훼손시키는 GMO 작물의 문제점을 지적한 것이다. GMO와 관련 있는 작물대사장애 때문에 동물과 인간의 간 기능과 면역 반응에 필수적으로 필요한 철분, 망간, 아연 등과 같은 미네랄을 농작물이 흡수하거나 저장하지 못한다는 것이다.

토양 내의 미생물에 미치는 독성 효과는 자연의 균형을 교란시킨다. 식물병해가 가파르게 증가하는 것은 그 결과 중 하나이다. 보툴리누스 중독에 의한 가축 폐사도 그렇고, 이와 관련해 동물의 번식력과 관한 문제들도 급격하게 늘어나고 있다. 동물의 조로早老 현상도 마찬가지이다. 사람들의 식단이 GMO 작물과 옥수수, 콩, 자주개자리alfalfa

같은 GMO 사료로 키워진 육류로 바뀌면서 인간들의 불임 현상 역시 빠르게 늘고 있다.

휴버 교수는 한 인터뷰에서 몬산토 사와 기업농 회사들의 권력이 눈 가리고 비행을 하는 것처럼, 인류를 멸종시킬지 모르는 GMO에 관한 조사를 거의 불가능하게 만들고 있다고 규탄한다. 공정해야 할 규제감독 기관이 해당 산업 분야의 자체적인 연구결과에 의존하고 있으며 규제 결정의 근거가 될 독립적이고 객관적인 과학은 실종되어 버렸다는 것이다.[*]

줄어든 영양성분, 늘어난 식물 병해와 동물의 질병, 인간과 동물에게 생기는 불임 문제, 그리고 우리가 아직 알아차리지 못한 다른 문제들까지 GMO로 인한 외부비용을 모두 더한다면, 더 낮은 생산비로 얻는 제초제 내성작물의 이익보다 그로 인한 외부비용이 훨씬 더 크다는 것이 명백해 보인다.

제초제 내성작물은 또 다른 문제가 있는데, 그것은 바로 GMO 작물

---

[*] 돈 휴버 교수의 인터뷰
http://healthimpactnews.com/2011/food-democracry-now-interviews-dr-don-huber-on-gmos-and-new-organism-that-threatens-u-s-agriculture/

돈 휴버 교수는 2011년 1월 미국 농림부에 편지를 썼고, 같은 해 3월 유럽연합과 영국에 좀 더 자세한 정보를 담은 편지를 보내 GMO 작물에 사용되는 제초제 성분의 위험성에 관한 객관적 연구를 촉구하였다.
http://www.fooddemocracynow.org/blog/2011/apr/6/don-hubers-cover-letter-euuk-commissions/

에 살포되는 몬산토 사의 제초제 라운드업Roundup의 주요 성분인 글리포세이트glyphosate에 관한 것이다. 미 환경보호청USEPA에 의하면 글리포세이트 30그램은 성인 치사량이다.

온라인 뉴스사이트 〈OpEdNews〉는 2011년 12월 22일 화학학술지 〈분석화학과 생 분석화학*Analytical and Bioanalytical Chemistry*〉에 실린 새로운 연구를 인용하여 보도하였는데, 스페인의 카탈로니아 지방에서 채취한 140개의 지하수 샘플 중 41퍼센트에서 글리포세이트 성분이 예상치 못한 높은 수준으로 검출되었다는 것이다. 이것은 글리포세이트 성분이 분해되지 않고 환경에 축적되고 있다는 신호이다.[*]

미 지질연구소US Geological Survey는 글리포세이트 성분이 "빗물과 미시시피 강 유역의 하천에서 일반적으로 발견된다."고 보고하고 있다.[†] 글리포세이트의 독성을 고려해 보면 GMO 작물의 외부비용은 전례 없는 규모가 될 것이다.

에너지 생산은 대규모로 발생되는 외부비용의 원천이다. 예를 들어 영국의 다국적 에너지기업 BP 사의 멕시코만 원유유출 사태로 그 일대 어장은 파괴되었고 해안은 오염되어 엄청난 수의 사람들이 소득

---

[*] 〈OpEdNews〉의 글리포세이트 기사 http://www.opednews.com/articles/How-Did-This-Weedkiller-En-by-Sayer-Ji-111219-801.html

[†] 글리포세이트에 관한 미 지질연구소 발표 http://www.usgs.gov/newsroom/article.asp?ID=2909#.UxcFs_l_uNm

원을 잃었다. 원유유출 사태로 소득원을 잃은 피해자들은 약간의 금전적 보상을 받았지만 자연환경은 오염된 채로 남아 있다. 자연은 대표자가 없다. 그래서 이윤을 추구하는 기업들의 쓰레기 야적장으로 변해가고 있다.

탄광에서 유출되는 미처리 산성폐수로 인하여 수많은 하천 생명이 사라지고 있는 것도 또 하나의 외부비용이다. 에너지를 추출하기 위해 시행되는 수압파쇄공법fracking 으로 인한 오염문제는 심각한 수준이다. 수압파쇄공법이란 화학물질을 첨가한 막대한 양의 용수를 땅속 깊이 고압으로 분사하여 암반을 파쇄하고 원유나 천연가스를 뽑아내는 새로운 에너지추출 공법을 말한다. 이런 에너지 채취방식은 광산 폐수와 함께 하천의 염분 농도를 높여 황갈조류를 번성하게 한다. 문제는 이 조류가 모든 수중생물을 말살시켜 버린다는 점이다. 그러므로 오염된 하천과 말살된 수중생물은 바로 기업에 의해 외부로 떠넘겨진 비용이라 할 것이다.[＊]

수압파쇄공법의 또 다른 외부비용은 이 공법을 실행할 때 다량의 용수를 끌어들여야 하므로 하천 수위가 떨어진다는 점이다. 물 흐름이 줄어드는 하천은 다른 오염원으로부터 살아남을 가능성이 적다. 그런데 더 큰 문제는 이와 같은 에너지 생산으로 발생한 오염이 미

[＊] 수압파쇄공법과 관련된 웨스트버지니아 주의 생태계 재앙에 관한 기사
http://www.alternet.org/story/153449/the_mysterious_death_of_dunkard_creek%3A_is_fracking_to_blame_for_one_of_the_worst_ecological_disasters_in_the_east

국에만 국한된 문제가 아니라는 것이다. 이는 전 세계적인 현상이다. 국제사면위원회Amnesty International는 나이지리아의 니제르 삼각주 지역에 900만에서 1300만 배럴에 이르는 원유가 다국적 석유회사들에 의해 유출되고 있다고 보고했다(2011년 가을/겨울호). 고기잡이와 농사가 주업인 공동체에 재앙이 닥친 것이다. 나이지리아 정부는 이미 다국적 기업으로부터 대가나 보상이란 이름으로 매수당한 터라 원유유출 사태를 일으킨 이들 기업에게 제대로 책임을 묻지도 못하고 있다.[*]

이 밖에 다음의 사례들은 외부비용의 본질을 보여주는 데 도움이 되는 것들이다.

반세기 전에 마틴 앤더슨Martin Anderson은 자신의 저서 《연방 불도저*The federal Bulldozer*》에서 도시재개발이란 자유주의자들이 원주민 거주지와 빈민을 위한 주택공급을 희생시키고 연방정부의 돈으로 자기네 도시를 고급화하려는 수단이라고 지적했다. 앤더슨의 말은 옳았다. 그러나 이런 불편한 사실들은 연방정부의 지출 프로그램이라는 정당해 보이는 명목으로 가려져 왔다. 오늘날 타인에게 비용을 전가

---

[*] 나이지리아의 니제르 델타 지역의 원유유출 사태는 지난 50여 년간 계속해서 이어지고 있는 환경오염 문제로 다국적 석유회사들이 송유관을 제대로 관리하지 않은 것이 주된 원인이다. 지난 2008년 니제르 델타, 보도 지역에서 발생한 두 건의 대형 원유유출 사태에 대하여 국제사면위원회는 지역주민들과 함께 쉘 정유회사를 상대로 2011년부터 소송을 제기하여 2015년 1월 마침내 피해주민들과 해당 지역이 보상을 받을 수 있도록 도왔다. 그러나 오염된 하천과 늪지대 그리고 빈곤과 질병에 시달리는 주민들의 고통은 지금도 계속되고 있다. http://amnesty.or.kr/10376/ 국제앰네스타 한국지부자료 참조. – 옮긴이

함으로써 이윤을 얻는 개발업자의 권리는 사실상 권리장전보다 더 강력한 신성불가침이 되어 버린 것이다.

2009년 조지아 주 도슨 카운티†의 한 개발업자는 도슨빌 시의회를 움직여 150에이커에 달하는 농촌 주거지를 상업·산업용 토지로 용도변경하는 데 성공했다. 그 개발업자는 말 사육장과 야생생물 보호지역, 그리고 저밀도 주거지역의 한가운데에 자동차 경주장을 지으려는 계획을 가지고 있었다. 도슨빌은 해당 토지를 합병하는 술책을 시작으로 카운티 차원에서 이제껏 그 지역의 고요한 생활방식에 비용을 치러온 기존 부동산 소유자들의 권리가 보호받지 못하도록 방해하였다. 개발업자와 그들의 말을 잘 듣는 도슨빌 시의회가 이 지역의 고요한 생활방식을 파괴하기 위해 공모한 것이다.

개발업자가 거두는 이윤과 소도시 도슨빌에 약속된 조세수입에는 자연의 아름다움과 평화로움에 재산가치가 달려 있는 그곳 주민들이 부담해야 할 막대한 비용은 반영되지 않았을 것이다.

소위 전문가 용어로 말하자면 개발업자는 자신의 프로젝트를 가치평가함에 있어 가치측정에 고려되지 않은 외부비용을 발생시킨다. 이 비용은 다른 사람들에게 부과되므로 개발계획상의 외부 문제가 된다. 개발 프로젝트는 그로 인해 파괴되는 삶의 질에는 가치를 부여하지 않는다.

---

† 우리나라 군 단위에 해당되는 카운티는 미국 전역에 3077개 정도가 있다고 한다. – 옮긴이

공정한 생각을 하는 사람이라면 개발이 무너트린 평온함과 훼손된 재산가치가 개발업자로부터 정당한 보상을 받기 전까지는 해당 프로젝트가 진행되어서는 안 된다고 말할 것이다. 그러나 이런 식의 보상은 개발 프로젝트 비용을 증가시키므로 프로젝트의 채산성이 거의 없어지게 된다. 이런 경우 다수의 경제학자들, 특히 자유시장 신봉자들은 만약 주민들이 개발을 원하지 않는다면 그 일이 진행되지 않도록 개발업자의 예상되는 이윤을 현재가치로 환산하여 개발업자에게 지불해 주어야 한다고 말한다.

하지만 개발업자의 개발권을 매수해 주는 방식으로 개발을 포기시키는 정책은 더 큰 금액으로 협박하는 터무니없는 개발 프로젝트를 반드시 불러오게 되어 있다.

과거로부터 자유시장주의 경제학자들free market economists은 개발업자의 재산권을 신성불가침으로 여겨온 경향이 있다. 이 경우 고요함, 저밀도, 트인 전망, 그리고 깨끗한 공기 속에서 가치를 느끼는 기존 소유자들의 재산권은 대체 가능한 소모품 정도로 취급되어 버리곤 한다.

토지 용도지정은 부동산 가치를 훼손시킬 수 있는 지목변경을 금지하여 기존 부동산 투자자의 재산을 사회가 보호해 주는 제도이다. 그러나 이 같은 토지 용도지정은 부동산 개발업자들이 지역사회의 압도적 지위를 차지해 버린 현실에서 이미 불확실한 제도가 되어 버렸다. 앞의 경우만 해도 도슨빌 주민들은 그 동안 규정을 준수해 왔고 그 지역은 원래 지목된 용도에 따라 개발되어 왔는데 도슨빌 시의회가 법을 바꾸어 버린 것이다. 지목변경은 만에 하나 허가가 났더라도 3분의 2 혹은 4분의 3에 달하는 주민투표를 얻지 못하면 불법이 되어야 한다. 왜냐하면 정치인들은 뇌물로 매수당하거나 세수입을 올려준다는 업자들의 약속에 휘둘리기가 쉬워서 결과적으로 공공의 이익보다 특수한 이해관계를 더 자주 우선시하게 되기 때문이다.

자유시장 신봉자들은 토지 용도지정에 의한 규제를 반대한다. 왜냐하면 용도지정 제도는 후발 진입자의 권리를 제한해서 기존의 규정을 보호하기 때문이다. 자유시장 신봉자들은 누구나 주거지 한가운데 돼지농장을 짓거나 교회 옆에 포르노 가게를 운영할 권리가 있다고 믿는다. 초등학교 옆에 약물 중독자 사회복귀 시설이 들어올 권리가 있다고도 믿는다. 이런 것들을 규제한다면 이는 국가가 개인의 재산권을 침해하는 것으로 본다. 그들에게 그것은 개발이윤에 입각하여 가장 높은 가치를 얻을 수 있는 용도로 토지가 쓰이지 못한다는 것을 의미한다. 그러나 이렇게 해서 얻어지는 개발이윤이 그 개발로 인해 다른 사람들에게 부과되는 비용을 상쇄시켜 줄까? 결코 그렇지는 않을 것이다.

개발업자들은 개발로 발생한 외부비용을 납세자에게 부담시키기로 악명이 높다. 물론 어떤 주정부는 개발업자에게 도로 경계석이나 보도, 상하수도를 설치하라고 요구하기도 한다. 그렇지만 개발계획에 소요되는 수많은 종류의 비용들은 여전히 납세자들에게 떠넘겨지고 있다.

플로리다 팬 핸들 지역의 월튼 카운티의 경우를 생각해 보자. 연방 준비제도 앨런 그린스펀Alan Greenspan 의장이 비현실적인 저리 융자를 지원한 데다 환경문제에 관한 민원이 잦아지자 세인트 조St. Joe 사는 제지사업에서 손을 떼고 자사 소유의 광대한 토지를 개발하기 시작했다. 이 회사는 멕시코만의 해안선을 따라 수 마일에 걸친 미개척지를 소유하고 있었고 내륙에도 수십만 에이커의 땅이 있었다. 그러나 제지공장에 펄프용 목재를 제공하고 야생동물들의 서식지가 되었던 이 드넓은 지역은 개발이란 명분으로 별장과 쇼핑센터로 변했다.

그 후 10년도 채 안 되어 허리케인이 닥쳐오면 도로를 통해 대피할 수 없을 정도로 이 지역의 인구밀도가 높아졌다. 결국 70마일 밖 Interstate-10까지 2차선 도로와 다리를 4차선으로 확장해야만 했는데, 그 비용은 납세자들에게 떠넘겨졌다. 비록 확장 비용을 세인트 조 사에게 부담시켰다 할지라도 2차선을 따라 늘어선 집과 가게 그리고 작은 마을들은 영원히 사라진 것이다. 삶의 한 방식이 영원히 끝나 버렸다. 그러나 누구도 이것을 보상받지 못했다.

국가적 차원으로는 재계 관계자들과 군사안보 복합체, 그리고 미국—이스라엘 공공정책위원회AIPAC*가 지배하고 있다. 주정부와 지방

---

* 미국—이스라엘 공공정책 위원회American Israeli Public Affairs Committee(AIPAC)는 1951년 2차 세계대전 후 양국 간 동맹강화를 모토로 설립되었는데, 사실상 이스라엘의 국익을 추구하는 미국 최대 로비단체 중 하나이다. 이 조직의 목적은 미국 정치권이 친이스라엘 정책을 펼치도록 하는 데 있다. AIPAC은 435개 연방 하원의원 선거구 전역에 조직을 갖추고 매년 총회에서 하원의원 전원을 이스라엘에 대한 기여도로 점수를 매겨 1등에서 435

단체는 부동산 개발업자가 지배를 하고 있다. 플로리다 주도 여기에 해당되는데 정치기부금이 일종의 보험금 같은 역할을 하여 시와 카운티 자치단체로 하여금 자연환경과 지역공동체를 파괴하는 개발계획을 승인하도록 만들고 있다.

부동산 개발업자들에 의해 플로리다의 환경파괴가 극심해지자 주민들이 들고 일어났다. 이들은 '플로리다 홈타운 데모크라시Florida Hometown Democracy'라는 주민발의 법안을 2010년 11월 중간선거†에서 통과시키기 위하여 캠페인을 전개했다. 발의된 법안은 플로리다 주의 발전계획에 있어 일체의 변경사항을 그 개발이 미치는 영향권 내의 지역주민들이 찬반투표로 결정하자는 것이었다. 이에 대해 부동산 로비스트들은 재력을 동원하여 역정보 캠페인을 지원함으로써 주민발의를 무산시켜 버렸다. 결국 부동산 개발업자들은 자신들이 초래한 비용을 계속해서 외부로 전가시킬 수 있게 되었다.

경제학자들은 플로리다 홈타운 데모크라시 운동에 반대했다. 왜냐하면 그 법안이 토지자원을 '가장 생산적인 용도'로 사용하려는 개인의 재산권을 침해한다는 것이다. 플로리다 사람들은 경제학자들이 이

등까지 공개 발표한다. 상위 등수에 오른 의원들에게는 유대인들의 기부금이 주어지며 지지를 받는다. 반면 하위 등수를 기록한 의원들에 대해서는 낙선운동에 들어간다. - 옮긴이

† 미국은 2년마다 중간선거를 통해 하원의원 전체와 상원의원 3분의 1을 물갈이하고, 주에 따라 주지사를 뽑기도 하며, 각종 중대 법안에 대한 주민투표를 실시하기도 한다. 이때 건강보험, 환경 등 다양한 문제에 대한 주민발의안을 두고 찬반투표가 벌어진다. - 옮긴이

윤이라는 면에서 '가장 생산적인 용도'라고 평가를 할 때, 사실 그 이윤이란 해당 개발로 인해 고통 받는 사람들에게 떠넘겨지는 비용이라는 것을 새겨둘 필요가 있다. 만약 개발로 파생되는 외부비용이 개발 계획 비용에 포함된다면 착수될 계획은 아마 훨씬 더 적어질 것이다.

부동산 개발업자들은 자기네들이 파괴한 풍경을 개발지 이름에 갖다 붙이기로 악명이 높다. 가령 참나무 숲을 다 파괴한 후 숲이 있던 언덕의 분양지를 '오크 힐Oak Hill'이라고 명명한다. '월넛 밀 런Walnut Mill Run'은 신축된 집들의 뒷마당에 아연도금 파이프를 묻어 시냇물을 끌어넣은 후 공사로 사라지기 전 빠르게 흘러가던 물줄기를 추모해 붙인 이름이다.

부동산 개발업자들이 자연 서식지를 파괴하는 데 있어 악명이 자자한 것은 사실이지만, 외부비용을 발생시키는 데 있어서만큼은 그들이 최악이라고 할 수는 없다. 사실 나는 어떤 영리추구 집단에게 이 최악의 왕관을 씌워야 할지 모르겠다. 군이 고르라면 고밀도 공장식 축산으로 고기와 계란을 생산하느라 발생되는 외부비용이 인간에게 가장 위험한 것은 아닐까 하는 생각이다.

공장식 축산은 돼지독감이라 불리는 '신종플루 독감바이러스H1N1' 같은 위험한 바이러스들을 낳았다. 이 독감 바이러스가 처음 등장한 곳은 1980년대 후반 노스캐롤라이나의 고밀도 공장식 돼지 축산농장이다. 최근 전 세계를 위협한 이 유행병은 스미스필드 푸드Smithfield food 사의 멕시코 양돈농장에서 유래된 것으로 알려져 있다. 우리는 돼지고기를 생산하는 데 드는 '저비용' 속에 죽음이나 질병 치료에 들어가는 비용, 소득상실, 그리고 가족들이 겪어야 할 비극 따위는 포함되지 않았음을 알아야 한다.*

미국인들이 먹는 고기는 인간이 상상해낼 수 있는 가장 잔혹한 조건에서 사육된 것이다. 어떤 공상과학 소설가도 그런 고기의 생산과정을 제대로 그려내지는 못할 것이다. 동물들은 위험한 세균 웅덩이 속에 놓여 있다. 이 끔찍한 환경 속에서 동물들을 사육하려면 항생제를 쏟아 부어야 한다. 내가 아는 이들 중에는 참혹한 저비용의 생산환경 탓에 채식주의자는 아니지만 육류섭취를 거부하는 이들이 적지 않다.

가금류와 계란 생산도 마찬가지이다. 저비용 단백질을 생산하는 잔혹한 생육조건이 조류 인플루엔자를 야기했음은 의심할 여지가 없다.

불행하게도 미국 경제학자들은 저비용 생산만이 소비자 만족을 위한 전부라고 믿는 듯하다. 그러나 저비용 생산이라는 전문용어는 단지 사회와 환경에 부과되는 막대한 외부비용을 의미할 뿐이다. 이것을 경제학자들이나 이 사회 대다수 사람들이 깨달을 때까지 고삐 풀린 시장경제는 지구 생명파괴를 향한 진격을 계속할 것이다.

---

* 미국 질병통제센터CDC가 2012년 발표한 2009년 4월부터 12개월 동안의 신종플루 사망자는 전 세계적으로 약 28만 4500명이었다고 한다. – 옮긴이

누락된
경제학,
자연자본

앞에서 우리는 기존 패러다임 내의 경제학을 살펴보았다. 이번에는 기존 패러다임에서 누락된 경제학을 다루려고 한다. 누락된 경제학은 너무나 중요해서 누락되었다는 것 자체가 새로운 경제 패러다임이 필요하다는 반증이라 할 수 있다.

앞서 보았듯이, 근본 문제는 경제학이 모든 비용을 포함시켜 평가하지 않는다는 점에 있다. 평가에 빠진 비용은 아마도 가장 중대한 비용일 것이다. 경제학이 모든 비용을 계산에 집어넣지 않았기 때문에 사실상 경제학자들은 '성장'이 경제적인 것인지 아닌지를 판단할 수가 없다. 예를 들어 경제학자 허먼 데일리는 "성장의 생태적 비용과 사회적 비용이 생산 증가로 얻은 가치보다 갈수록 더 커지고 있지 않는가?"라는 질문을 던지고 있다.

GDP를 산정할 때도 석유, 광물자원, 그리고 어장과 같은 자연자원의 고갈과 대기, 물, 토양의 오염 같은 비용들은 누락되고 있다.

경제학자들은 시대의 흐름과 더불어 나타난 변화에 경제이론을 제대로 반영하지 못하고 있다. 이것은 마치 자본이 국경을 넘어 이동하지 않던 시절, 즉 기후와 지식의 차이를 바탕으로 교역재가 생산되던 시절에 기원을 둔 자유무역 이론을 오늘날의 세계무역에 적용하려는 것과 같으며, 소득세 출현 이전에 만들어진 자본이론을 소득세가 부과되는 오늘날의 자본비용 산정에 적용하려는 것과 같다. 경제학자들은 과거 '비어있는 세계empty world'에 살던 관점에서 조금도 벗어나지 못하고 있다. 이 세계가 유한한 생태계라는 사실을 무시하고 있는 것이다. 생태계는 유한하다. 생태계는 성장하는 것이 아니라 물질적으로 폐쇄성을 가지며 무질서의 엔트로피만이 증가하는 것이다.

'비어있는 세계'에서 인공적인 자본은 희소성이 있고 자연자본은 사방에 널려 있는 것으로 간주된다. 즉 어획량은 남아 있는 물고기의 개체 수가 아니라 고깃배가 몇 척이 되느냐에 따라 제한되고, 석유에너지 채굴은 지질학적 매장량이 아닌 석유시추 능력에 따라 제한된다. '비어있는 세계'의 경제학이란 자연자본natural capital이 아닌 인공자본man-made capital의 지속여부에 초점을 맞춘다. 자연자본은 공짜로 취급되기 때문에 자연자원을 탕진하는 것은 자원 손실 비용이 아닌 산출 증대로 여겨진다.

지금의 경제이론은 '비어있는 세계'의 경제학을 바탕으로 하고 있다. 그러나 오늘날의 세계는 사실 가득 차 있다. '가득 찬 세계full world'

에서 어획량을 제한하는 것은 아직 남아 있는 물고기의 개체 수이지, 사람이 만들어 공급 초과된 어선의 숫자가 아니다. 석유에너지 역시 인공자본에 의한 유정 시추와 원유 채굴이 문제가 아니라 지질학적 매장량의 한계가 문제이다. 국민소득을 계산할 때 인공자본을 사용하면 사용한 만큼 감가상각이 일어나 소득손실로 처리되지만, 자연자본을 이용할 때는 채취비용 이외에는 비용으로 산정하지 않기 때문에 자연자본을 소진시킨 결과는 언제나 경제성장으로 나타난다. 예를 더 들어보자.

경작지에 살포된 화학비료의 유출로 바닷속 산소고갈 지대가 되어버린 멕시코만의 데드존dead zone 문제는 화학농법으로 농업 생산물을 증대시킨 것에 대한 비용에는 포함되지 않았다. 아시아의 넓은 지역에 걸쳐 태양빛을 흐리게 만드는 갈색구름 층은 석탄에서 에너지를 생산하는 데 들어가는 비용에 들어가지 않았다. 지금도 경제학자들은 성장의 유일한 제약은 노동력과 인공자본 그리고 소비자 수요라고 가정한다. 사실 가장 결정적인 제약은 생태적인 것에 있는데 말이다.

자연자본은 여벌을 만들거나 재생성시킬 수 있는 인공자본과는 다르다. 지금의 경제성장 이론은 자연자원의 현실적 한계를 무시하거나 부정하고 있다.

현대 경제학은 두 명의 노벨상 수상자인 로버트 솔로Robert Solow와 조셉 스티글리츠Joseph Stiglitz의 '생산함수' 이론에 기반을 두고 있다. 생산함수는 생산요소의 투입과 산출량과의 관계를 설명한 것이다. 이를 '솔로—스티글리츠의 생산함수Solow-Stiglitz production function'라고

하는데, 이에 따르면 인공자본은 자연자본을 대체한다고 추정한다. 따라서 인공자본을 계속 생산할 수 있는 한 성장의 한계란 없는 셈이다. 이를 두고 또 한 명의 노벨상 수상자인 경제학자 제임스 토빈James Tobin과 윌리엄 노드하우스William Nordhaus는 1972년 "현대 경제학은 반복생산이 가능한 (인공)자본이 토지나 기타 고갈되는 자원의 거의 완벽한 대체물이라는 암묵적 가정을 하고 있다."고 말했다.

세계에서 가장 뛰어난 수리경제학자 중 한 사람인 니콜라스 조지스쿠—로젠*은 솔로—스티글리츠 생산함수를 '속임수 마술conjuring trick'이라고 일축했다. 그러나 경제학자들은 여전히 솔로—스티글리츠의 생산함수 이론에 기대고 있다. 왜냐하면 그 이론이 경제성장에 있어 생태적 한계를 배제하기 때문이다.†

자유무역이 이념화된 것처럼, 현대 경제학은 경제성장을 하나의 이념으로 만들었다. 솔로—스티글리츠의 생산함수 이론은 투입이 산출로 나오는 과정에 관한 기만적인 설명이다. 이와는 대조적으로 조지스쿠—로젠은 생산이란 자원을 '유용한 산물'과 '쓸모없는 부산물'로 변환시키는 것임을 확실히 밝혔다. 즉 노동력과 인공자본은 변환을

---

* 니콜라스 조지스쿠—로젠Nicholas Georgescu-Roegen은 루마니아 출신 수리경제학자로 1960년대부터 물리학의 엔트로피 개념을 경제학에 도입하여 주류 경제학을 비판하고 '생명경제학bioeconomics'이라는 대안을 제시했으나 대부분 무시당했다. 그는 생태경제학자 허먼 데일리의 지도교수였다. - 옮긴이

† Herman Daly 〈Ecological Economics and Sustainable Development〉 U.K Edward Elgar Publishing, 2007

일으키도록 만드는 작용제일 뿐이고 유용한 생산물과 쓰레기 부산물로 변환되는 것은 바로 자연자본이라는 것이다. 인공자본과 자연자본은 대체되는 것이 아닌 서로 보완하는 관계에 있다. 양자는 서로를 대신할 수 없다. 현대 경제학의 토대인 솔로―스티글리츠의 생산함수는 환상일 뿐이다.

우리가 따져야 할 진짜 문제는 세계에 남아 있는 자연자원과 폐기물 '하수통'이 이제껏 우리가 당연히 여기던 경제성장을 계속 견인해 나가면서 저개발 국가로도 확대될 만큼 충분한가에 관한 것이다. 이 해집단들은 신기술을 가지고 무한한 자원공급의 시대를 열어주겠다고 약속한다. 지금 수압파쇄공법을 옹호하는 사람들은 미국인들에게 100년간의 에너지 독립을 장담하고 있다. 그러나 이런 주장은 물이 오염되어도 어쩔 수 없다는 생각을 갖게 만드는 선전일 뿐이며 수압파쇄 기업들이 단기간에 이윤을 뽑아내기 위해 부리는 꾐일 뿐이다.

2013년 3월 13일 〈글로벌리서치Global Research〉에 올라온 윌리엄 엥달William Engdahl의 글은 수압파쇄공법에 관한 주장이 "이미 바람이 빠지고 있는 엄청나게 부풀려진 헛소리"일 뿐이라는 것을 보여주고 있다. 스티브 혼Steve Horn은 2013년 2월 20일 〈카운터펀치〉에서 암반층을 파쇄하여 뽑아낼 수 있는 셰일가스는 "월 스트리트가 휘저어 키워놓은 광란의 거품일 뿐"이라고 말했다. 우리는 거짓된 주장이 조장하는 헛된 희망 때문에 경제성장은 자연자본에 의해 제한을 받는다는 진실을 외면하고 있다.

환경보호론자들과 생태경제학자들은 오늘날 성장을 제한하는 것들 중에 자연환경이 포함되어 있다는 것을 알고 있다. 그래서 생태경제학자들은 미래에도 지속 가능한 생활방식에 초점을 두는 '정상경제학定常經濟學, steady state economics'을 역설하고 있다. 자연자본을 무자비하게 착취하는 것은 불과 수 세대 동안의 소비량을 높이기 위하여 인간 삶의 장기적인 지속 가능성을 희생시키는 것이다. 자연자원의 고갈과 공기, 물, 그리고 토양의 오염은 결국 재앙으로 돌아올 것이며 우리가 살고 있는 이 지구의 생명 유지능력을 붕괴시킬 것이다.

정상경제학은 성장을 중단하자는 논리가 아닌 과학과 기술의 발전 그리고 더 나은 농사방법에 의한 성장을 제시하는 학문이다. 이러한 성장은 자연자원 고갈과 지구오염에 의존하는 성장에 비하면 억제된 것이지만 지속 가능한 성장을 추구하기에 의미가 있다.

서구 세계 인구의 대부분은 정상경제학으로의 변화 필요성을 느끼지 못하고 있으나, 사실 경제성장이라는 종래의 개념은 더 이상 대다수 인구에게 해당되지 않는 말이다. 가령 지난 수십 년 동안 미국 인구의 절대 다수에게 실질소득의 증가란 없었다. 각 가정은 아내와 남편이 모두 일을 함으로써 '정체 상태'의 수입을 유지하고 있을 뿐이다. 과거에는 한 사람에 의해 가능했던 실질소득이 이제는 두 사람이 일해야 마련될 수 있는 것이다. 종래의 경제성장모델이라는 것은 더 이상 작동하고 있지 않다. 오늘날 서구 세계의 성장모델은 상위 1퍼센트에게나 해당될 뿐이다.

그런데 중국과 인도에서는 이러한 전통적 성장모델이 아직 유효하다. 그 이유는 제1세계의 경제활동이 바로 이들 나라로 재배치되고 있기 때문이다. 이 과정에서 중국의 소득은 늘어나고 미국의 소득은 줄어들고 있다. 그러나 동시에 비서구 세계의 지속 가능한 경제수명*은 파괴될 것이며 단일작물재배 경제로 바뀔 것이다. 결과적으로 지속 가능한 삶을 살던 사람들은 식량을 수입해와야 생존이 가능해지는 삶으로 바뀌게 되는 것이다.

역사를 돌이켜보면 미국의 전반적 경제성장은 사람들로 하여금 불평등한 소득격차를 받아들이도록 했다. 케네디 대통령이 말했듯 "물이 차오르면 모든 배가 뜬다. *a tide that lifts all boats.*" 그러나 생태계의 한계가 드러나는 가운데 눈앞의 실질적인 소득증가에만 근간을 두는 사회는 장차 어떤 운명에 처해질 것인가? 이익을 능가하는 비용을 언제까지 불문에 부쳐둘 수 있을 것인가?

생태계의 고갈과 더불어 자본의 역외이전 같이 잘못된 정책은 종래의 결과물을 파괴하고 말 것이다. 이런 상황에서 부모보다는 자식 세대가 경제적으로 더 잘살아야 한다는 믿음으로 다져진 사회가 과연 존속해 나갈 수 있을 것인가?

생산에 소요되는 전체 비용을 제대로 계산하지 못함으로써 사회적 비용을 만들어 내는 오늘날의 실패한 경제학처럼 세계 모든 나라들을 통합하려는 '글로벌 경제'는 그로 인해 발생되는 비용을 각 나라들에게 지불하도록 요구하고 있다. 다시 말해 수많은 나라들이 세계화된

---

* 경제수명economic life이란 어떤 자원이나 자본의 경제적 기여가 가능한 기간을 말한다. – 옮긴이

경제체제로 흡수되어가면서 자기네 사회를 스스로 제어하는 주권을 잃어 버리고 있다. 글로벌리즘은 개별적인 나라들이 가진 다양성을 포기하도록 강요하며, 지역 주민들이 필요하거나 원하는 바와는 상관없이 하나의 통합된 시장경제체제로 세계를 바꾸려고 한다. 또한 글로벌리즘은 나라별로 상품들을 특화 생산하도록 요구하는데, 이 과정에서 모든 직업의 종류와 삶의 방식이 파괴당하게 된다.

경제적 글로벌리즘은 글로벌화된 정부보다 훨씬 더 앞서고 있다. 허먼 데일리가 말했듯 글로벌리즘이란 개별 정부의 규제를 피하려는 '초국적 기업들이 탈출해 나가는 공간'이다. 국경을 넘은 기업을 규제하는 글로벌화된 정부가 없는 상태에서 개별 정부는 초국적 기업들이 책임을 회피하고 빠져 나가는 것을 방관할 수밖에 없다.

이는 기업들이 자신을 제외한 나머지 세계에 비용을 부과하고 책임은 회피할 수 있다는 것을 의미한다. 이렇게 '외부로 돌린' 비용이 생산비에 포함된다면 어떻게 될까? 아마 생산을 담당하는 직원보다 300배, 400배, 혹은 500배를 받아가는 최고경영자는 어디에도 발을 붙일 수 없을 것이다.

만약 생태계가 성장을 제한한다면 한 사회의 상층이동 사다리는 작동을 멈출 것이다. 그럴 경우 그 사회는 소득분배를 어떻게 해야 사회적 평화를 유지할 수 있을까? 새로운 소득분배는 지금과 같은 소득과 부의 거대한 불평등을 끝내도록 요구해야 한다. 그렇지 않다면 타고난 운과 더불어 초인적인 능력을 발휘하지 못하는 사람들에게 계층상승이란 불가능한 일이 되지 않겠는가?

경제학이라는 학문이 처음 생겨났을 때 애덤 스미스와 알프레드 마셜은 현실을 설명하기 위하여 최선을 다했다. 그들은 현실을 바탕으로 정책이 수립되어 인간상황이 개선되기를 희망했다. 그 시도가 성공이었든 실패로 끝났든 그 여부를 떠나 그들은 진실했다. 그러나 오늘날의 경제학자들은 여러 가지 가정과 수많은 방정식으로 인위적인 현실을 창조해 내고 있다. 스미스와 마셜은 진실에 관심이 있었고 이를 발견하기 위해 애썼다. 그러나 오늘날의 경제학자들은 금전에만 관심이 있으며 자기네 대학 학과에 보조금을 지급해 주는 초국적 기업들에게 '글로벌리즘'에 관한 변명거리나 제공하고 있다. 이제 경제학적 진실을 말하는 사람은 외부 찬조금에 의존하는 대학의 경제학과에서 더 이상 자신의 장래를 내다볼 수 없는 형편이다.

만약 경제학이 인류에 봉사하는 학문이라면 자연자원이 부과하는 한계를 반드시 인정해야 한다. '비어있는 세계'에서는 외부로 돌려진 비용이 대수로운 것이 아니었으나 '가득 찬 세계'에서 이를 무시한다는 것은 산출을 증가시켜 얻은 가치를 무효로 만들어 버리는 것과 같다. 마지막 개체수가 사라져 멸종된 생물을 무엇으로 대신할 수 있단 말인가? 고갈된 천연자원은 무슨 수로 채워지며, 달라진 기후는 어떻게 환원이 될 수 있겠는가? 수백만 년에 걸쳐 생성된 천연자원을 채굴비용을 제외하고는 공짜로 취급하는 경제학은 터무니없는 경제학이다. 만약 경제학이 인류에게 조금이라도 도움이 되고자 한다면 경제학의 이런 어리석음은 중단되어야만 한다.

가득
찬
세계에
필요한
경제학

만약 인간이 고갈되는 자연자본에 효과적으로 대처하고자 한다면 계획이 필요할 것이다. 허먼 데일리와 조슈아 팔리J. Farley는 공저 《생태경제학Ecological Economics: Principles and Applications》에서 20세기의 소비에트 연방과 미국은 경제성장을 최우선 목표로 두었다고 지적한다. 소련은 마르크스의 '새로운 사회주의 인간형'이 결핍의 소멸과 함께 등장하리라고 보았다. 그래서 산출을 최대한 증대시킬 필요가 있었다. 미국은 고도성장으로 분배할 파이를 키우는 것이 계급 간 갈등을 피하는 최선의 방법으로 여겼다.

두 나라는 경쟁적으로 자신의 이론을 수학적으로 풀어냈으나 그럼에도 불구하고 유한한 세계에서 무한한 성장은 가능하지 않다는 사실은 알아채지 못했다. 먼저 소련 경제가 무너졌다. 그것은 소련의 총투입 대비 산출 가치를 알려주는 지표가 서구에서 쓰이는 가격과 이윤 지표보다 효과 면에서 떨어진다는 것을 의미한다.

소련이 무너진 것을 본 서구사회는 이것이 시장자본주의의 우월성을 증명한다고 보았다. 이 결론은 어느 지점까지는 타당하다. 하지만 '역사의 종언'에 도취된 서구사회는 환경자본의 고갈 속에 내포된 진정한 역사의 종언을 도외시해 버렸다. 조직화된 인간사회가 자원고갈의 영향에서 살아남으려면 반드시 계획이 필요하다. 그러나 계획경제를 하다가 망한 소련을 목격한 서구사회는 사회 계획을 더 이상 신용하지 않고 있다.

다행히도 우리에게 필요한 계획은 이데올로기적 기원을 가진 소비에트식 계획경제와는 다르다. 나의 책《소외와 소비에트 경제*Alienation and the Soviet Economy*》(1971, 1990)에서 언급했듯, 소비에트 계획경제의 목표는 '시장'과 시장이 의지하는 '가격'과 '이윤' 신호를 제거하고 자체소비를 위한 생산으로 자급자족하는 농장 같은 체제로 전체 경제를 조직하려는 데 있었다. 그러나 투입과 산출이 거대한 숫자로 표시되는 현대 경제에서 이것은 절대로 불가능한 일이다. 마르크스주의 중앙집권식 계획경제는 한마디로 달성될 수가 없는 경제체제였던 것이다. 그러므로 이것은 자원고갈로 인한 사회붕괴를 막는 데 필요한 계획의 범주에 들어가지 않는다.

그러나 총산출 성과지표제의 비효율성에도 불구하고 소비에트 경제시스템은 경제파탄이 생겼을 때 어느 정도 시민들을 보호해 주는 특성이 있다. 미국 경제를 재조직함에 있어 이런 점들은 겸비할 만한 가치가 있다. 소련에서 태어나 어린 시절을 그곳에서 보낸 작가 드미트리 오를로프Dmitry Orlov는 2006년 자신의 글에서 소련 경제의 붕괴와 미래에 있을 미국 경제의 붕괴를 비교하여 이러한 특성 가운데 일부를 선별하였다. 그 결과 소비에트 시민들이 경제 혼란으로부터 살아남는 데 더 유리한 위치에 있다는 결론을 내렸다.

미국과 소련을 비교해볼 때 한 가지 큰 차이점은 고갈되는 물과 에너지 자원에 대한 의존성이다. 미국은 자급하지 못하는 석유에너지에 대한 의존도가 특히 높다. 이와는 대조적으로 소련은 에너지를 자급하고 있었으며, 오늘날 러시아는 에너지 수출국이기도 하다.

에너지를 자급하고 있음에도 소련은 자동차 경제에 의존적이지 않았다. 소련 사람들은 일터에 나가거나 물건을 사러 갈 때 대중교통을 이용할 수 있었으며, 비록 형편없긴 했으나 국가소유의 집에서 살던 시민들은 경제가 붕괴된 후에도 그 집에서 그대로 살 수 있었다. 저당으로 압류당해 자기 집에서 쫓겨나 노숙을 해야 되는 처지는 아니었던 것이다.

소련 시민들은 고난에 단련되어 있었고 필요한 것은 물물교환으로 구하는 데 익숙해 있었다. 또한 소련의 가족들은 같은 장소에 살면서 서로에게 지탱이 되어 주는 편이었다. 반면 미국의 가족들은 광범위하게 흩어져 사느라 서로에게 별로 도움을 주지 못하고 있다.

소련의 가전도구들은 고쳐 쓸 수 있었다. 반면 미국 제품은 쓰고 버리는 물건이다. 따라서 물건 수입이 중단된다면 미국은 소련과는 다른 양상이 펼쳐질 가능성이 높다. 가령 소련 시민들은 소비에트 농업의 악명 높은 실패에도 불구하고 기본적인 식량(양배추, 양파, 감자 등)을 가까운 곳에서 구할 수 있었다. 많은 도시거주민들이 근처 텃밭을 이용할 수 있었으며 가장 큰 대도시 주변도 농업지대에 둘러 싸여 있었다. 그러나 미국의 식량은 방대한 거리로부터 트럭에 실려 수송된다. 시골 지역을 벗어나면 채소류를 기르는 밭은 거의 눈에 띄지 않는다.

소련의 의료는 면역 프로그램과 함께 질병 예방, 전염병 통제, 그리고 기본 관리에 주안점을 두고 있었다. 국영보건소나 종합병원들은 수익기반 사업이 아니었다. 그에 비해 미국의 의료서비스는 영리추구 시스템이다. 의사들은 병 진단을 거부하고 책임 추궁으로부터 자신을 보호하기 위하여 환자를 진찰하는 대신 값비싼 검사를 받도록 주문한다. 미국의 병원 시스템은 이익이 나지 않으면 재정적으로 무너지게 되어 있다.

오를로프의 저술에 관한 내 요약이 제대로 되었는지는 잘 모르겠다. 그러나 그가 말하고자 하는 요지는 명확히 밝혔다. 미국은 과거 소비에트 연방과는 다르게 에너지와 공산품 수입에 의존적이다. 미국에서는 출근을 하거나 음식을 구하거나 병원에 갈 때 자가용이 있어야 한다. 휘발유 공급이 끊어지면 상점으로 배달되는 식품의 공급이 자동적으로 중단되며 사람들의 출근도 불가능해진다. 미국인들은 고난에 단련되어 있지 않고 생존기술도 없다.

미국의 개발방식은 풍부하고 값싼 휘발유가 바탕이 된다. 도시주변은 무질서하게 뻗어나간 외곽지역과 함께 거대한 광역도시가 되었고 사람들은 출근을 하거나 상점에 가서 생필품을 사기 위해 매일같이 먼 거리를 차를 타고 다녀야 한다. 통학이나 출퇴근을 위하여 하루의 상당한 시간을 길 위에서 보내는 것이다.

보조금을 받는 농업정책으로 자작농이 생산하는 식량은 남아돌았지만 이제 그들은 제거되었다. 곡물이나 육류를 생산하는 일은 점점 더 대규모 공장식 농축산업으로 집중되고 있다. 심지어 낙농업 목장들도 집중화된 기업 농장의 수중에 넘어가고 있다. 식량 생산기지는 갈수록 도심에서 먼 장소로 이전되어 집중화되고 있다. 만약 연료가 없어 도로운송이 두절된다면 식량공급은 중단될 것이다. 또한 육류와 달걀이 생산되는 불결한 밀집 사육축사는 질병을 빠르게 확산시키며, 이로 말미암아 가축들이 대량 폐사되면 식량생산이 급격하게 줄어들 수밖에 없을 것이다.

만약 멀지 않은 미래에 자급자족을 하며 살아야 한다면 미국의 사회조직으로는 그런 일을 감당하지 못할 것이다. 에너지 효율이 높거나 자족할 수 있는 친환경 도시를 개발해야 하며 필요하면 정부의 보조금을 주어서라도 인구가 밀집된 주거지 근교에 식량을 생산하도록 만들어야 위기를 줄일 수 있다. 계발계획을 세울 때 수자원이 확보되도록 명시해야 한다. 재생에너지로 운행되는 대중교통망을 만들기 바란다. 자연자원이 고갈되는 속도를 줄이고 달러를 세계기축통화로 유지시키는 데 도움이 될 만한 모든 형태의 수단들을 강구해야 한다.

그런데 이러한 계획을 수립함에 있어 문제가 되는 것이 단지 정부의 비효율뿐만은 아니다. 조직화된 이익집단들의 힘이 개발계획을 이용하여 사회차원의 이익보다는 자신들의 이해관계를 더 돌보려는 것이 더 큰 문제인 것이다. 새로운 개발계획이 이익집단들의 또 하나의 이익추구 도구로 남용되는 것을 막으려면 많은 고려사항이 필요하다. 가령 독립적인 전문가와 과학자 위원회에 주된 역할을 맡기는 것이 정치적 타락을 줄이는 방법일 것이다. 독립적인 사고와 행동을 할 수 있는 타락하지 않은 전문가와 과학자들이 아직까지 남아 있다면 말이다.

불완전한 존재인 인간이 '가득 찬 세계'에서 살아가기 위한 계획을 세우다 보면 실수와 계산착오로 고난을 겪을 수도 있다. 그러나 아무리 불완전한 계획에서 나온 결과라고 할지라도, 인공자본은 자연자본의 완벽한 대체물이므로 자원은 고갈되지 않는다는 경제학자들의 가설로 초래된 결과보다는 나을 것이다. 우리의 미래는 과거의 연속이라는 단정은 이 사회에 대한 사형 선고나 마찬가지이다.

헥셔—오린
무역이론의
기만성

경제이론의 실패와 그 이론을 정책에 적용하여 초래된 처참한 결과는 내가 앞에서 언급한 사항보다 훨씬 더 광범위한 영역에서 펼쳐지고 있다. 글로벌리즘이 부유한 제1세계에 가난을 선사해 주는 동안 인도와 중국의 경제적 발전을 가속해 주는 메커니즘이라는 점을 부각시키기 위하여 나는 선별적인 예를 들어 진술하고 있다.

실패한 경제이론에 의한 정책 실패의 규모는 막대하며, 이러한 실패는 부유하거나 가난한 나라를 가리지 않고 강타하고 있다. 일부 통찰력 있는 경제학자들은 IMF 구조조정 프로그램의 바탕이 된 경제이론이 가난한 제3세계 나라들을 노린 제1세계의 음모라고 해석한다. 소득의 흐름이 제1세계의 채권자들과 기업들을 향해 흘러가도록 하

기 위해 제3세계 인구에게 경제적 고통을 강요한다는 것이다.[*]

그러나 세계에서 가장 가난한 사람들에게 강요되는 긴축의 논리가 제1세계 노동자들의 미래를 망가트리는 데도 역시 적용되고 있다는 사실을 우리는 깨달아야 한다.

헥셔—오린의 정리Heckscher-Ohlin theorem 혹은 헥셔—오린의 요소부존이론factor endowment theory 등 다양한 이름으로 알려진 헥셔—오린의 무역이론을 생각해 보자. (경제학자들에게 '요소부존要素賦存'이란 한 나라가 공급하는 토지, 노동력, 자본을 말한다. 여기서 자본은 기계장비에 구현된 기술을 지칭한다). 이 이론은 모든 나라의 토지, 노동력, 그리고 자본의 생산성은 균등하다고 가정한다. 그렇다면 국제무역에서 어떤 나라가 가지고 있는 비용우위는 무엇으로 설명될 수 있을까? 이 이론에 의하면 한 나라에는 상대적으로 풍부하거나 더 적은 생산요소가 있다. 즉 토지, 노동력, 자본 중에서 상대적으로 더 많거나 더 적은 생산요소의 공급량이 비용우위를 낳는다. 국제무역에 있어 이 이론은 다음과 같은 의미를 지닌다.

가장 큰 기술자본을 가진 나라는 기술집약적 상품을 생산하여 수출하는 데 집중해야 하며, 노동력이 풍부한 나라는 노동집약적 생산물을, 그리고 토지가 풍부한 나라는 농업이나 광산과 같은 채취산업에 주력해야 한다는 것이다.

....

[*] Michel Chossudovsky《빈곤의 세계화 *The Globalization of Poverty*》, 2003
Michael Hudson《Trade, Development and Foreign Debt》, 2009년 개정판

이 이론의 기본 전제 중 하나는 토지, 노동력, 자본은 생산물에 독자적으로 기여하므로 각각의 생산요소는 서로를 대신할 수 없다는 것이다. 각 생산물의 생산은 고유한 토지, 노동, 자본의 비율을 갖는다. 따라서 자본은 노동과의 경쟁 관계에 있지 않으며 서로를 대신하지 않는다.

이 이론이 담고 있는 의미는 예를 들어 미국이 중국에 자본 투자를 늘린다고 할지라도, 미국의 노동자가 직업을 바꿔야 한다거나 실업자가 되는 결과는 생길 수가 없다는 것이다. 앞으로 살펴보게 되겠지만 이는 진실과는 거리가 멀다. 그러나 결국 이런 이론을 추종하는 미국의 정책 수립자들이 미국의 노동 전망을 망가트려 버리고 말았다.

이 헥셔—오린 이론을 분석하여 폴 새뮤얼슨이 이끌어낸 결론을 '요소가격 균등화의 정리factor-price equalization theorem'라고 부른다. 이 정리는 이렇게 말한다. "만약 모든 나라 간에 자유무역이 이루어진다면 모든 나라의 임금, 지대, 그리고 이윤은 마침내 균등해질 것이다."

그러나 제1세계 노동인구에게 이 정리가 주는 의미를 우리는 좀 더 생각해 보아야 한다. 오늘날 중국과 인도의 공급 초과된 노동인구 수는 미국과 유럽의 전체 취업 노동인구의 수를 능가한다. 이런 상황에서 미국과 유럽에서의 임금과 중국과 인도에서의 임금 수준이 같아지려면 제1세계 임금은 앞으로 얼마나 더 떨어져야 하는가?

헥셔—오린의 무역이론은 가난한 나라로 하여금 노동생산성과 임금을 올릴 수 있는 자본투자는 하지 않은 채 계속해서 노동집약적인 일이나 농업·광물 생산 등에만 머무르도록 만든다. 빚더미에 앉은 가난한 나라가 IMF의 구조조정 프로그램을 받아들이면, IMF는 헥셔—오린 무역이론의 방침에 따라 제3세계 나라들의 발전 방향으로 노동집약적인 생산활동이나 작물생산 같은 것을 지시하는 것이다. 여기에 IMF 구조조정 메뉴의 다른 부분으로 자유무역과 민영화에 대한 의무가 부과된다. 자유무역 혹은 무역자유화는 그 나라가 발전해 나가기 위한 '초기단계의 산업'을 보호하지 못하도록 만든다. 또한 민영화는 일반적으로 한 나라의 자원에 대한 지배권을 제1세계 기업으로 이전하도록 만든다. 그렇게 되면 그 나라는 발전의 길이 막히고 싼 노동력과 원자재의 공급처로 머무르게 되는 것이다.

그런데 이 이론이 예측했던 전 세계에 걸친 임금, 지대, 그리고 이윤의 균등화 현상은 일어나지 않고 있다. 게다가 빠르게 부상하고 있는 중국과 인도 경제는 헥셔—오린의 처방을 따르려 하지 않는다. 대신 이들 두 나라는 제조업과 교역이 가능한 전문적인 기술에 투자를 하고 있다. 이와 같은 중국과 인도의 발전은 미국과 유럽의 일자리 역외이전에 힘입어 커다란 신장세를 나타내고 있다.

헥셔—오린이 예측한 균등화는 이루어지지 않을 것이다. 오히려 소득은 갈수록 소수의 수중에 집중될 것이다. 소수의 수중이란 주로 서방 세계의 강력한 금융기관을 말하는데 이 중에서도 특히 미국의 금융기관을 가리킨다. 이 기관들은 규제철폐와 집중화를 배경으로 자산, 채권, 통화, 그리고 상품시장에서 가격을 조작할 수 있는 능력을 가지고 있다.

거대한 금융기관들이 소득과 부를 축적할 수 있게 된 부분적인 이유는 경제이론의 전제를 단순화한 데 있다. 그것은 경제문제를 다룸에 있어 '소비자와 기업, 중소기업과 대기업, 농부와 금융가와 같은 모든 참여자가 시장에서 동등한 영향력을 가지고 있으며, 그 어떤 누구도 시장에 영향력을 행사하지 못한다'는 전제를 말한다. 이는 바로 '시장은 자동으로 조절된다'는 믿음에서 나온 가설인데, 이것이 미국의 경제정책으로 전환되어 결국 2008년에 시작해서 지금까지 진행 중인 금융위기로 돌아오게 된 것이다. 이 가설의 바탕에 깔려 있는 신조는 어떤 기업이나 경제 분야도 사기극을 벌리기 위한 정치적 힘을 갖고 있지 않으며, 시장에 손을 쓰거나 계략을 꾸미고 조작할 수 있는 경제적 영향력이 없다는 것이다.

경제이론의 실패는 자본주의 실패라는 결과를 낳았다. 자본주의는 더 이상 효율적이고 공평하게 자원을 배분하지 못한다. 이윤은 더 이상 사회복리를 위한 수단이 아니다. 자본주의는 사회복리에 기여한다는 경제학자들의 주장은 이제 진실이 아닌 것이다.

시장 자본주의
정당성이
무너졌다

자유무역과 같은 문제가 있는 경제원칙들, 그리고 늘어나는 외부비용과 줄어드는 자연자본에 의해 발생되는 가격과 이윤 신호에 관한 질 떨어지는 정보는 '비어있는 세계'의 경제학이 더 이상 제 역할을 해낼 수 없다는 징표이다. '가득 찬 세계'를 위하여 우리는 새로운 경제학 new economics이 필요하다.

하지만 경제학자들은 이와 같은 변화에 저항한다. 왜냐하면 그들은 '비어있는 세계'의 경제학에 자신들의 인적자본을 지금껏 투자해 왔기 때문이다. 자신의 사회적인 지위와 입장 그리고 지속적인 수입의 존망이 지금의 주류 경제학에 달려 있다. 경제학자들은 가능한 한 오래도록 눈을 감은 채 버티려고 할 것이다.

우리가 지금껏 알아왔던 경제학은 그 수명이 점점 다해가고 있다.

(이 점에 관해서는 2부에서 자세히 묘사할 것이다.) '시장은 자동으로 조절된다'는 믿음과 자유방임 자본주의의 부활은 실패하였다. 실패했을 뿐아니라 '파산시키기에는 너무 큰' 금융기관의 등장과 일자리의 역외이전 때문에 시장자본주의의 두 가지 정당성마저 무너져 버렸다. 만약 시장이 자신의 실패를 제거하지 않는다면, 효율적으로 자원을 배분할 수 있다는 자본주의의 정당성은 훼손된다. 만약 이윤이 사회복리의 수단이 될 수 없다면, 이윤의 극대화가 가지는 정당성 역시 사라진다. 자본주의와 사회복리를 연결해 주는 이론적 구조물이 무너지는 것이다. 이번 글의 목적은 바로 이런 점을 명백히 하려는 데 있다.

미국과 유럽은 자신들이 처해 있는 경제적, 재정적인 혼란상황을 전 세계 대부분의 나라로 수출하고 있다. 미국과 유럽의 이런 상황은 경제적 방종으로 생긴 직접적인 결과이다. 그리고 경제적 방종의 주된 원인은 바로 금융규제철폐에 있다.

자유시장의 정의는 애매하다. 때로 자유시장이란 어떤 규제도 없는 시장을 뜻한다. 또 어떤 경우에는 수요와 공급을 가격이 자유롭게 반영해 주는 시장을 의미하기도 한다. 그리고 가끔은 독점이나 집중화없이 완전경쟁이 이루어지는 시장을 뜻하기도 한다. 자유시장주의 경제학자들은 규제가 없는 경제를 이상적인 것으로 상정하는 실수를 저질렀다. 이런 이념적 입장을 견지하게 되면 규제가 경제적 효율을 높일 수 있다는 점과 만일 규제가 없다면 외부비용이 생산가치를 차감시켜 버릴 수 있다는 점을 간과하게 된다.

논의를 더 진행하기에 앞서 규제를 한다는 것이 과연 무엇인지 확실히 짚고 넘어가도록 하자. 경제학자들은 시장을 현실에서 구체화한다. 시장은 이것을 했고 저것을 하였다는 식으로 말이다. 하지만 시장은 행위자가 아니다. 시장은 하나의 사회제도일 뿐이다. 사람들은 의도를 가진 행동을 한다. 바로 이러한 사람들의 행위가 규제의 대상이 되어야 하는 것이다. 만약 자유시장주의 경제학자들이 규제 없는 경제행위를 이상적인 것이라고 묘사한다면, 그들은 규제가 없는 경제행위의 역기능은 있을 수 없다고 주장하는 것과 다를 바 없다.

만약 그런 주장이 옳다면 이 결론을 왜 인간의 경제행위에만 국한시키는가? 인간의 다른 행위들도 마찬가지로 규제하지 말아야 하는 것 아닌가? 경제학자들은 강도나 강간, 살인은 사회적 병리임을 인정하면서 무제한으로 커져가는 부채비율과 허위로 표시된 금융상품은 왜 사회적 병리라고 여기지 않는가? 연방준비제도 의장이었던 앨런 그린스펀과 그에 동조하는 사람들이 이구동성으로 말하는 '시장은 자동으로 조절된다'는 주장은 바꾸어 말하면 개개의 인간들은 제한받지 않아도 스스로 조절한다는 단언이 된다. 도대체 누가 이것을 믿을 수 있겠는가?

앨런 그린스펀 연방준비제도 의장, 로버트 루빈Robert Rubin 재무장관, 래리 서머스Larry Summers 재무차관, 그리고 아서 레비트Arthur Levitt 증권거래SEC 위원장이 브룩슬리 본 상품선물거래 위원장을 을러대며 장외파생상품 규제라는 본연의 임무를 수행하지 못하도록 막아섰을 때, 우리는 인간의 역사상 가장 멍청한 네 명의 관료들을 눈앞에서 본 것이거나 아니면 네 명의 사기꾼들이 월 스트리트를 위하여 신종 야

바위판을 꾸미는 장면을 목격한 것이다.

이렇게 초래된 금융위기가 충격적인 파괴력을 가지고 세상 모든 곳에 영향을 미치고 있다. 지금의 금융시스템은 본질적으로 탐욕스럽고 아둔하다. 그런 금융시스템을 구해 내기 위하여 국가부채는 쌓여만 가고 있다. 반복되는 대출과 재입금으로 원금이 끝없이 배가되는 은행의 신용창출money creation도 만연하다. 이런 조치는 국제금융의 두 준비통화인 달러화와 유로화의 지위를 압박하여 국제금융 체계를 와해시키는 위협이 되고 있다.

금융규제철폐가 극단적 역기능을 초래한 것은 명백하며, 이런 잘못된 정책으로 발생하는 사회적 비용은 실로 엄청나다.

〈통화경제학저널*Journal of Monetary Economics*〉에 실린 '공공선택이론의 이상주의*Idealism In Public Choice Theory*'(1978)라는 논문에서 나는 규제 비용과 혜택의 평가모델을 제시한 바 있다. 나는 이 논문에서 세심하게 고안된 규제는 국민총생산GNP(이하 GNP)을 끌어올릴 수 있는 하나의 산출요인이 될 수 있다고 주장했다. 예를 들어 식품과 의약품에 관한 안전과 품질을 보장해 주는 규제는 생산전문화와 비용절감을 촉진한다. 계약 실행과 사적 재산권의 행사에 관한 규정들은 경제적 효율을 더해준다.

그러나 다른 한편으로 역기능도 존재한다. 관료들이 그들만의 제국을 세워 규제의 범위를 뻗어나가게 하다가 결국에는 부정적 결과에 도달하는 지경에 이르게 하기 때문이다. 그뿐 아니라 규제가 늘어나면서 경제 운영자들은 생산적인 활동보다는 관공서의 요식행위에 더 많은 시간을 쏟게 된다. 급기야 규칙들은 증식에 증식을 거듭하다가 상호 모순에 빠져 마비 상태에 이르는 것이다.

나의 분석이 규제에 관한 좀 더 사려 깊은 접근을 낳는 계기가 되길 바랐지만 이런 바람은 아무런 소용이 없었다. 더 큰 정부를 지향하는 당파들은 규제란 많을수록 좋은 것이라는 입장을 견지해 나갔고 이에 반하여 자유방임주의 당파들은 규제철폐가 최선이라고 주장할 뿐이었다.

지속되는 금융위기 속에서 우리는 탈규제가 가져다준 쓰디쓴 결과물을 맛보고 있다. 그러나 우리가 치르고 있는 엄청난 대가에도 불구하고 금융시스템은 여전히 규제를 받지 않은 채로 남아 있다. 이런 상태에서는 월 스트리트가 신종 금융상품을 고안하고 새로운 호구들을 찾아내기만 하면 대참사는 또다시 일어나게 되어 있다.

자유에 관한 경제학의 애매한 개념은 여러 종류의 지뢰를 곳곳에 매설한 것과 같은 결과를 만들었다. 클린턴 정부가 들어서기 전까지만 해도 경제력을 한곳에 모이게 하는 경제집중화란 경제적 자유를 침해하는 것이라고 여겼다. 레이건 정부 시절에 AT&T 같은 거대 회사는 작은 회사로 분산되어야만 했다. 그런데 클린턴 정부에 이르러 미디어의 통합이 허용되었다. 그 이전에 이런 통합은 반시장적 행위, 즉 가격단합과 독점으로 자유로운 경쟁과 거래를 해치는 공정거래 제한행위이며 미국의 전통인 다양하고 독립적인 언론문화를 거역하는 것이라고 치부되었는데 말이다. 오늘날 경제력의 합병과 집중화는 더 이상 경쟁시장을 잠식하는 불공정 거래로 간주되지 않고 있다. 오히려 글로벌 경쟁력을 유지하기 위한 필수적인 조치로 여겨진다. 우리는 조지 W. 부시를 거쳐 오바마 행정부에 이르기까지 금융기관의 집중화가 엄청난 규모로 이루어지는 것을 목격하고 있다.

결과적으로 금융기업들은 '파산시키기에는 너무 큰' 존재가 되어버려 더 이상 책임을 물릴 수가 없게 되었고, 실패를 퇴출시키는 자유시장에 관한 경제학자들의 논의 또한 더 이상 귀에 들리지 않게 되었다. 실패는 쌓여만 가고 거대한 금융기업들은 공적자금의 보조를 받고 있다. 이것이야말로 경제적 효율과는 상반되는 일이지 않은가.

시장을 사회적 기능을 가진 제도로 만들었던 분산된 권력 시스템이 사라지고 있다. 예를 들어 자본은 자유롭게 집중될 수 있지만 자본에 '대항하는 힘'인 노동조합들은 산산이 부서지고 있다. 해외로 옮겨지는 일자리 탓에 제조업 노조는 파괴되고, 정치가들은 주 정부와 지방정부가 겪고 있는 재정위기를 틈타 공공노조를 무너트리고 있다. 규제나 견제하는 힘에 의해 구속 받지 않는 고삐 풀린 자본주의가 다시 등장했다. 지난날 악덕 자본가들을 일컬었던 강도귀족들Robber Barons이 다시 부활한 것이다.

소비에트연방이 해체된 후 사반세기 동안 생긴 변화는 경제학자들을 착각으로 이끌었다. 이런 착각은 경제이론의 전체 구조물을 위협하는 결과를 낳았다. 경제학자들은 일자리를 해외로 이전시키는 것을 자유무역과 구분하지 못하고 있다. 일자리 역외이전은 결코 무역이 아니다. 그것은 노동자의 지역 간 임금격차를 거래하는 노동 차익

거래labor arbitrage일 뿐이다. 자유무역이론은 비교우위에 기반을 두고 있으나 노동 임금격차를 찾아 생산을 해외로 옮기는 것은 절대우위를 추구하는 일이다.

일자리를 해외로 이전시켜 거둬들이는 이윤은 경제이론이 갖는 이윤극대화의 정당성에 의문을 갖도록 만든다. 이론적으로 이윤은 정당하다. 왜냐하면 이윤은 자원이 소비자를 만족시키는 데 효과적으로 이용되었다는 증거이며, 그 사회의 경제적 복리를 나타내는 지표이기 때문이다. 그러나 한 나라의 노동인구를 실업 상태로 만들어 얻는 이윤이라면 그 정당성은 더 이상 유효하지 않다. 역외생산은 상품과 서비스의 생산에 소비자가 참여함으로써 얻게 되는 경력과 소득으로부터 소비자를 분리시킨다. 또한 생산을 역외이전시켜 얻은 이윤은 상품이 생산되는 국가의 경제적 복지를 반영할 뿐이다. 따라서 사회에 경제적 복지를 가져다주는 전달자로써 시장자본주의를 정당화해 왔던 경제학자들의 이론체계는 더 이상 성립되지 않는다고 봐야 한다.

2부

중산층이
사라지고
있다

미국과 유럽에서 계급 간의 전쟁이 격화되고 있다. 정치 엘리트와 이들을 뒤에서 조정하는 금전 이해집단들이 만인에 대한 투쟁을 벌이고 있다. 1퍼센트가 99퍼센트에 대하여 벌이는 계급전쟁은 미국의 경우 '월 가를 점령하라ows'*'는 운동을 탄생시켰다. 이것은 '99퍼센트'의 응답이다. 유럽에서 이 운동은 그리스, 스페인, 그리고 이탈리아 시민들을 거리로 쏟아져 나오도록 만들었다.

　강탈은 경제적인 부분에만 국한되지 않는다. 시민들은 사회적으로뿐만 아니라 정치적인 면에서도 강탈을 당하고 있다. 미국은 더 이상 '자유와 민주주의'의 모범이 되는 국가가 아니다. 민중을 대변하는 대의정부를 빼앗겼고 헌법에 보장된 시민적 권리를 강탈당하고 있다. 사람들은 여전히 투표를 하지만 투표함이 변화를 가져올 수 없다는 것을 깨닫고 있다.

　미국인들은 정치적으로 강탈당했다. 왜냐하면 대의정치가 몰락했고, 잘못에 대하여 법률적인 책임을 지는 정부를 잃었으며, 법을 무기

---

* 2011년 9월 17일부터 73일간 지속된 '월 가를 점령하라Occupy Wall Street (OWS)' 시위는 부도덕한 은행들이 받는 구제금융에 대한 미국인의 불만이 계기가 되어 시작되었다. 30명으로 시작된 시위는 수주 만에 수만 명으로 늘어났다. 이후 미국 전역으로 시위는 확산되었고 세계 82개국 900개 이상의 도시에서 이와 유사한 시위가 일어났다. – 옮긴이

로 악용하는 정부와 경찰국가police state로부터 그들을 보호해줄 시민적 자유civil liberties를 잃었기 때문이다.

미국인들은 경제적으로 강탈당했다. 왜냐하면 수백만 개에 달하는 중산층의 일자리가 중국, 인도 및 그 밖의 저임금 지역으로 이전되었고, 금융권이 초래한 엄청난 손실이 납세자들의 부담으로 돌아갔을 뿐만 아니라 기축통화로서 미국 달러화의 신용을 손상시켰으며, 계속해서 유입되는 수많은 이민자들과 외국인들에게 발급되는 취업비자 탓에 실업 상태의 미국인들이 갈수록 일자리를 찾기 어렵게 되었기 때문이다.

미국인들은 사회적으로도 강탈당했다. 왜냐하면 상층이동 사다리가 철거되어 버렸고, 더 이상 대학교육이 중산층의 삶으로 들어서게 해주는 길잡이 역할을 못하고 있으며, 수백만 명의 사람들이 집과 직장을 잃었기 때문이다. 또한 중위가계 소득이 지난 수년간 지속적으로 하락하고 있으며, 소득분배와 부의 분포가 소수의 최상층에게만 지나치게 기울어져 이들 소수만이 부를 지배하고 그 부가 다시 소득을 낳고 정치권력을 사들이고 있기 때문이다.

이제부터 강탈의 내용을 논의해 보도록 하겠다.

경찰국가로
타락한
위대한
민주주의의
나라

선출된 대표들은 선거자금을 대준 사람에게 응답을 하게 마련이다.
그런데 선거자금을 대준 존재가 그 지역의 유권자들인 경우는 거의
없다. 선거자금은 대개가 월 스트리트, 군산복합체, 기업식 영농업체,
미국—이스라엘 공공정책위원회, 그리고 대기업과 같은 이익집단들
이 제공한다. 2010년 미 연방대법원은 막강한 기업들이 선거자금을
기부함으로 미국 정부를 매수하는 것에 대하여 이를 헌법이 보장하는
표현의 자유라고 판결한 바 있다.*

....

* 2010년 1월 미 연방대법원은 '시민연대 대 연방선거위원회Citizen United vs. Federal Elec-
tion Commission' 사건 판결에서 헌법상의 '의사표현의 자유'를 근거로 기업이나 조합 같은
이익집단들이 특정후보를 무제한으로 후원할 수 있는 정치 캠페인을 허용했다. 또한 2014
년 4월 '매커친 대 연방선거위원회McCutcheon vs. Federal Election Commission' 사건 판결

앞으로 보게 되겠지만 이 '헌법이 보장하는 권리'는 반전 시위자들이나 다른 반정부 인사들의 권리는 보호해 주지 않는다.

국회는 클린턴 대통령의 거짓말에 대한 법적 책임을 물으려 시도했으나 성공하지 못했다. 리처드 닉슨이 법적인 책임을 진 마지막 대통령이 된 셈이다. 그 이후 조지 W. 부시 행정부는 대통령의 지위를 법에 우선하는 지위로 격상시키는 데 성공했다. 부시 대통령은 '해외정보감시법†'을 위반하여 해외정보감시법원으로부터 영장 발급 없이 미국인을 감시해 왔던 것이다.

또한 부시는 고문을 금지하는 미국법과 국제법의 제재를 받지 않는데도 성공했다. 부시 행정부는 연방주의자협회‡의 힘을 빌렸다. 연방주의자협회는 행정처분을 결정할 대통령의 고유한 권력이 입법부나 사법부의 권한 위에 있다고 믿는 공화당 법률가들의 조직이다.

오바마 행정부는 취임 후 부시와 부시 행정부 소속 관료들의 명백

로 개인의 정치기부금 제한도 폐지했다. 두 판결로 인해 기업, 단체와 개인은 정치기부금을 미국 선거 캠페인에 무제한으로 제공할 수 있게 되었다. - 옮긴이

† 해외정보감시법FISA은 해외정보수집과 감시활동의 절차에 관하여 1978년에 처음 제정된 미 연방법이다. 이 법에 의하면 미 국가안보국NSA의 통화, 인터넷기록에 관한 수집활동은 법적으로 해외정보감시법원FISA court의 인가를 받도록 되어 있다. - 옮긴이

‡ 연방주의자협회Federalist Society는 1982년 시작된 보수 성향의 대표적 법률가 단체이다. 2005년 부시 대통령은 이 단체의 회원인 존 로버츠John Roberts를 미 연방대법원장으로 임명했다. - 옮긴이

한 위법에 관하여 책임을 묻지 않음으로써 대통령을 법에 우선하는 지위로 격상시키는 사실상의 헌법 쿠데타를 받아들이고 말았다. 미국 대통령은 법 위의 황제Caesar가 된 것이다.

대통령이 황제로 변신한 것은 '테러와의 전쟁'과 더불어 일어났다. 부시 정권은 '테러리스트의 위협'이 창조해낸 공포를 이용하여 억류자들과 피의자들에게 보장된 헌법상의 보호와 제네바 협약에 의한 보호를 부정하였다. 처음에는 적법한 절차 없이 구금되는 경우는 '적국의 전투원'으로만 한정시켰다. 그러나 얼마 지나지 않아 혐의를 받은 시민들 역시 인신보호법이나 변호사 선임의 권리가 부정되고 합당한 법적 절차를 제대로 적용받지 못하고 있다는 사실이 알려졌다.* 그뿐 아니라 '애국자법†'과 같은 위헌적인 법률안들이 행정부가 저지른 위헌행위를 보호해 주기 위하여 제정되었다.

2002년 거대하고도 새로운 연방 경찰기관인 국토안보부Homeland Security가 존재하지도 않는 '테러리스트의 위협'으로부터 미국인을 지

---

* 관련 기사 http://www.informationclearinghouse.info/article29167.htm

† 미국은 1979년부터 '반테러법'에 의거하여 매년 '불량국가rogue state'를 지정, 각종 제재를 가하고 있는데, 이 반테러법을 미국 내에 적용시키겠다는 것이 바로 애국자법PATRIOT Act이다. 부시 대통령은 9/11 사태 6주 후인 2001년 10월 26일 이 법에 서명했다. 미 국가안보국은 애국자법의 215조를 근거로 개인을 무차별 감청해 왔고 정보도 수집하고 있었다. 그러나 국가안보국에 의한 이 같은 감시행위는 사실 애국자법의 범위를 넘어서는 불법적인 행위였다. 2013년 에드워드 스노든에 의하여 이 같은 사실이 폭로되었고, 2015년 6월 1일 애국자법의 무차별적인 통신감청에 관한 조항은 미 의회에서 연장승인이 거부되어 수정법안이 통과되었다. - 옮긴이

켜주기 위하여 새로이 창설되었다. 2011년이 되자 이 연방 경찰기관은 그들의 시선을 테러리스트로부터 반전 시위자, 환경운동가, 동물권리 보호 운동가 및 그 밖에 엘리트들이 인정하지 않는 모든 사람들로 정의되는 '국내 극단주의자들'로 옮겼다. 2011년 FBI는 미시간 주, 노스캐롤라이나 주, 위스콘신 주 및 다른 여러 주의 평화운동가들의 집에 들이닥쳤다. 경찰은 이들의 컴퓨터는 물론, 미국이 수행하는 전쟁에 반대하기 위해 테러조직에 물자를 지원하였다는 혐의를 뒷받침할 만한 물건들을 압수하였다.✝ 이제 평화운동가들을 반테러법으로 기소하기 위한 연방대배심§이 소집되고 있다.

　정부는 비평가들의 입을 다물게 하기 위한 작업도 하고 있다. 미국 시민이자 군인인 브래들리 매닝¶은 고문에 해당되는 폭력적 환경 아래서 2년 간 거의 독방에 감금되어 있었다. 그가 위키리크스에 서류

....

✝ 관련 기사 http://www.opednews.com/articles/How-the-Road-from-9-11-Led-by-Jess-Sundin-110908-814.html

§ 연방대배심Federal Grand Jury은 중죄에 해당하는 형사사건에서 피의자의 기소 여부를 판단한다. 우리나라의 국민참여재판과 같은 12인 구성의 소배심trial jury은 피고의 유죄 여부를 가리는 데 반해 대배심은 비공개로 진행되며 검사가 제시한 증거와 소환된 참고인의 증언을 바탕으로 사건의 기소 여부만을 판단한다. 정부의 기소권 남용을 예방하기 위한 제도이다. - 옮긴이

¶ 미 육군 소속 브래들리 매닝Bradley Manning(첼시 매닝으로 개명) 일병은 2009년 이라크 바그다드에서 정보 분석병으로 근무하면서 전투현장을 담은 동영상과 수십 만 건의 기밀문서, 미 국무부의 외교전문 등을 위키리크스에 유출한 혐의로 2013년 8월 군사재판에서 35년의 중형을 선고받아 현재 복역 중에 있다. - 옮긴이

를 누설하였다는 혐의가 법원에 기소신청조차 되어 있지 않은 상태에서 말이다. 연방대배심은 버지니아 주의 알렉산드리아에서 위키리크스의 설립자인 줄리안 어샌지Julian Assange를 스파이로 기소하기 위하여 혐의를 날조하고 있다. 오바마 정권의 관료인 카스 선스테인은 '9/11 진상 운동'에 정보원들을 침투시켜 이 단체의 활동을 중단시키기를 바라고 있다.*

저명한 국제변호사인 일리노이 대학의 프랜시스 보일Francis A. Boyle 교수는 테러리스트 감시 대상 리스트에 이름이 올라가 있다. FBI와 CIA의 요청을 거부했기 때문이다. 그런데 그 요청이란 것이 상식 밖이다. '변호사는 수임사건에 관한 비밀을 누설할 수 없다'는 변호사—의뢰인 간 비밀보장의 원칙을 위반하라는 것이기 때문이다.

인터넷 뉴스사이트 〈앤티워닷컴antiwar.com〉을 운영하는 저스틴 레이몬도Justin Raimondo는 자신의 사이트가 수상한 활동으로 찍혀 FBI에 의해 감시당하고 있다는 사실을 알게 되었다.

....

* 카스 선스테인Cass Sunstein은 오바마 행정부의 규제정보관리실OIRA 장 출신으로 정부 요원들이 소셜 네트워크, 비판적 태도를 견지하는 학계 등 각 단체의 채팅방 등에 들어가 위험한 음모론이 확산되는 것을 사전에 막아야 한다고 주장했다. '극단주의 단체들에 대한 인지적 침투' 전술 방법으로 국가기관 소속 인물들이 신분을 밝히거나 익명, 그리고 거짓 신분으로 단체들에 침투할 수 있다는 것이다.
선스테인에 의하면 음모론 유포자들은 인지적 편식 상태인데 투입된 요원들은 이들 집단에게 인지적 다양성을 도입시킴으로써 극단적 견해들을 약화시키거나 반전시킨다.
잠입된 요원이 무시당하지 않고 영향력을 확보하기 위해서는 '뜻밖의 검증자'라는 잠재적인 신뢰성이 중요하다. 즉 그렇지 않을 것 같은 사람이 뜻밖의 입장을 취할 때 더 큰 설득력을 발휘한다는 것이다. (참고 : 카스 선스테인 '누가 진실을 말하는가'). - 옮긴이

CIA는 국내 첩보 감시활동을 할 수 없도록 되어 있다. 그러나 AP 통신이 밝힌 바에 따르면, CIA는 뉴욕시경NYPD과 공조하여 '인간동태 파악 프로그램Human Mapping Program'을 운영하고 있다. 뉴스보도에 의하면 "일명 레이커스rakers라 알려진 위장근무 정보원들이 소수 인종 지역에 배치되어 서점이나 술집, 카페, 그리고 나이트클럽에서의 일상적인 생활"에 관한 동향을 파악하고 있다는 것이다. 정보원들은 "범법의 증거가 없는데도 설교를 감시"하는 일에 이용되고 있다.

경찰이 어떻게 정보원을 확보하는지를 예로 들어보자. 경찰은 파키스탄 택시 기사에게 누명을 뒤집어씌운다. 그리고 이 파키스탄 운전기사가 이슬람 지역 사회에 침투해서 정보를 캐온다는 조건에 동의하면 기소하지 않는 방식으로 포섭한다. 물론 다음 단계는 이 밀고자로 하여금 허위신고를 하도록 만드는 것이다. 이런 불법적이고 위헌적인 활동이 '또 다른 9/11을 예방'하기 위한 명분으로 정당화되고 있는 것이다.

〈와이어드〉지의 보도에 의하면 FBI는 증거도 없이, 미국의 이슬람들이 폭력적이며 급진적이라고 가르치는 요원훈련 프로그램을 실시하고 있다.†

독일인들이 유대인들에게 적대적으로 변해간 것과 유사한 방식으로 미국인들은 이슬람에게 적대적이 되도록 만들어지고 있는 것이다.

---

† 관련 기사 http://www.wired.com/2011/09/fbi-muslims-radical/

다음은 〈와이어드〉 지의 기사 중 일부이다.

"FBI는 대테러 요원에게 미국의 '주류' 이슬람들은 테러리스트에 동조하는 사람들이라고 가르치며 모하메트를 '사교집단의 교주'로, 이슬람의 자선행위를 '전투자금을 대는 장치'에 불과하다고 가르친다. FBI 훈련소가 있는 버지니아의 콴티코에서는 요원들에게 '독실한' 이슬람 교도일수록 더 '폭력적'이라는 도표를 보여주며 이런 파괴적 성향은 변할수 없다고 가르친다. FBI의 교습용 발표 자료는 다음과 같이 덧붙인다. 이슬람 법률에서는 '비신자에 맞서는 어떤 전쟁도 정당화된다, 코란이 알라의 말씀으로 믿어지는 한 그들에게 온건한 방식은 있을 수 없다.'"

그런데 잠시만 생각해 보자. 미국을 공격한 이슬람 국가는 없다. 공식보도에 의하면 9/11 테러의 비행기 납치범들은 대부분 사우디아라비아 사람들이었는데, 그들은 어떤 이슬람 국가를 위하여 그런 행위를 한 것이 아니다. 그러나 미국 정부는 세 개의 이슬람 국가들(아프가니스탄, 이라크, 리비아)에 대해 전쟁을 시작했고, 테러리스트 혐의자들을 잡기 위한 군사작전을 세 개의 또 다른 국가(파키스탄, 예멘, 소말리아)에서 펼쳤으며, 그 결과 수많은 민간인들이 사망했다. 웨슬리 클라크 장군은 시리아, 레바논, 그리고 이란이 미국 공격의 표적 리스트에 올라와 있다고 말한 바 있다.*

어느 쪽이 폭력 국가인가? 누가 누구를 침략하고 있다는 말인가? 정당한 이유도 없이 공격을 감행하는 전범 국가는 과연 어느 쪽이라고 할 수 있을까?

미 합중국은 존재하지도 않는 '대량살상무기'와 핵무기에서 피어오르는 '버섯구름'에 관한 의도적인 거짓말을 하였고 이에 근거하여 이라크 전쟁을 시작하였다. 이것이 "지난밤 폴란드 군대가 국경을 넘어 독일을 공격하였다"†는 아돌프 히틀러의 거짓말과 어떻게 다르다는 것인가?

미국 정부가 스스로 성문법을 위반한 범죄적 사례들은 수없이 많다. 앞에서 내가 말한 사례들은 단지 무작위로 선택되었을 뿐이다. 이런 사례들은 미 합중국이 이제는 스탈린의 소비에트연방이나 나치 독일의 초기 단계와 비교될 수 있는 경찰국가가 되었음을 보여주는 강

---

* 웨슬리 클라크Wesley KanneClark 장군은 나토연합군 최고사령관(1997~2000)으로 코소보 전쟁(1998. 2~1999. 6)을 지휘했다. 그는 2007년 강연과 인터뷰에서 미국은 2001년 9/11 사태 이후 5년 안에 이라크를 시작으로 일곱 개 국가(이라크, 시리아, 레바논, 리비아, 소말리아, 수단, 이란)를 공격할 계획을 세웠다는 이야기를 국방부에서 들었다고 양심고백한 바 있다. – 옮긴이

† 1939년 8월 31일 밤, 폴란드 국경 근처 독일의 소도시인 글라이비츠의 한 방송국에 폴란드 소수 병력이 기습 침투하여 방송국을 점거하고 독일에 대한 전쟁선언문을 발표하는 사건이 발생했다. 그러나 이것은 독일의 자작극이었다. 폴란드 군으로 위장한 독일요원들은 연극을 하고 가짜로 독일군에게 공격당한 후 폴란드 군복을 입힌 죄수들의 시신을 두고 빠져나갔다. 다음날인 9월 1일 독일은 폴란드의 공격에 대한 반격의 구실로 폴란드를 침공하였는데 이것을 백색작전Case White이라고 불렀다. 바로 2차 세계대전의 공식적인 시작이다. 이 자작극의 전모는 전후 뉘른베르크 전범재판에서야 비로소 밝혀졌다. – 옮긴이

력한 증거이다. 이렇게 말하면 스탈린과 나치 시절을 기억하는 러시아와 독일 사람들에게 그것은 너무 극단적인 생각이 아니냐고 반론을 들을지도 모르겠다. 하지만 경찰국가라고 해서 한 나라의 인구를 몽땅 강제수용소에 집어넣지는 않는다. 사실 스탈린이나 히틀러가 수용소에 가둔 사람들은 인구의 아주 작은 비율에 불과했다. 경찰국가란 시민들은 법의 보호를 받지 못하고 정부와 경찰기관들은 법적 책임을 지지 않는 국가를 말한다. 조지 W. 부시와 버락 오바마 정권이 명백하게 보여주었듯, 미국 정부는 법을 위반할 수 있고 이에 대한 책임을 그 누구도 지지 않는다. 정부가 시민들의 헌법상의 권리를 부정해도 여기에 취해지는 조치란 없다. 정부가 자국민을 암살했노라고 공표해도 여기에 취해지는 조치 또한 없다. 상황은 더 악화될 것이다.

마침내 미국은 시민들끼리 서로가 서로를 신고하도록 강제하는 스탈린과 게슈타포의 수법을 제도화하고 있다. 예를 들어 공항에 가면 계속해서 들려오는 안내방송이 있는데, 만약 수상한 행동을 보게 되면 반드시 신고를 해야 한다는 것과 비록 보안검사를 마쳤을지라도 언제든지 수색당할 수 있다는 방송이 그것이다.

국토안보부 또한 수색을 위해 고속도로에서 차를 멈춰 세우고 있으며, 운전자들에게 다른 운전자들의 '수상한 행동'을 신고하도록 교육받고 있다. 이 같은 사생활 침해 행위와 시민들끼리 감시하게 하는 상황은 2001년 9월 11일(9/11 사태) 이후 그 어떤 테러 사건도 일어나지 않았음에도 아직까지 계속되고 있다. 물론 안보기관들의 성장에 커다란 자양분이 되는 FBI에 의해 조직되고 지휘 받는 사건들은 예외로 하고 말이다. 이런 사건들은 지속적인 공포 분위기를 조성하여 사람들로 하여금 아무말도 할 수 없게 만든다.

(일부 과학자, 건축가, 엔지니어, 항공기 조종사, 그리고 소방관들 사이에 9/11 사태의 공식 설명에 관한 의심이 있다. 뿐만 아니라 미국 인구의 3분의 1 이상은 국적도 없는 소수의 테러리스트들이 CIA와 FBI뿐 아니라 16군데에 달하는 미국 정보기관들과 이스라엘의 모사드Mossad를 포함한 연합국들의 정보기관, 국가안전보장회의, 북미항공우주방위사령부NORAD, 항공교통관제센터 등을 한 수 앞서, 어느 한날 아침에 미국항공보안시스템의 네 차례에 걸친 실패를 야기해냈다는 사건에 당황하고 있다. 그런데 더욱 당황스러운 것은 그런 초대형 특수사건이 일어났음에도 대통령이나 의회 그리고 방송매체 어느 누구도 즉각 전문가위원회의 조사를 요구하지 않았고, 맡은 바 임무를 제대로 수행하지 못한 형편없는 책임자들에게 책임을 묻지도 않았다는 사실이다. 그러기는커녕 부시 행정부는 9/11 사태의 희생자 가족들이 요구하는 진상조사를 1년 이상 거부했다. 9/11 위원회가 만든 '조사'보고서는 정치적으로 통제되었다. 9/11 위원회의 공동 위원장들과 수석 변호사는 이후 위원회 조사를 주제로 책들을 썼는데, 그들은 위원회가 정보 접근에 차단당했다고 적고 있다. 그들의 진술에 의하면 9/11 진상조사위원회는 "실패할 수밖에 없도록 설계되었다."는 것이다.)

2011년 9월 11일, 미국을 경찰국가로 만드는 데 이용된 사태가 발생된 지 10년이 되는 날, 콜로라도 주 덴버에서 출발하여 미시간 주 디트로이트로 가는 비행기가 별다른 일 없이 안전하게 착륙을 했다. 그런데 이 비행기에 타고 있던 세 명의 탑승객은 체포되어 수갑이 채워진 채 비행기로부터 끌려나와야만 했다.*

그 사건은 바로 비행기에 타고 있던 한 여성 때문에 벌어진 일이었다. 그녀는 무슬림이나 어두운 피부색을 가진 사람들은 테러리스트이며 그녀의 목숨을 위협할 수도 있다는 끝없는 선전으로 병적인 피해의식을 갖게 된 사람이었다. 그녀는 어두운 피부색을 가진 두 명의 남자들이(이후 밝혀진 바에 의하면 이들은 인도에서 온 사람들이었다.) 또 다른 어두운 피부색을 가진 한 여성(그 여성은 디트로이트에 사는 유대·아랍계의 미국인 주부였다.)과 같은 열의 좌석에 앉아 있다는 사실이 마음에 걸렸다. 두 남자는 화장실을 자주 이용했다. 신발폭탄 사건과 속옷폭탄 사건 사이에 일어났던 '샴푸병 물폭탄' 사건†을 기억하는 이 여성은 이들 세 사람이 테러리스트라는 결론을 내리고 그녀가 발견한

---

* 해당 사건을 다룬 기사
http://www.opednews.com/populum/linkframe.php?linkid=137965

† 샴푸병 물폭탄 사건 : 2006년 8월 영국 경찰은 액체 폭발물을 이용한 여객기 폭파 모의혐의로 24명의 무슬림 용의자들을 검거했다. 이 사건 이후 기내 폭발사고를 대비해 액체가 들어 있는 개인소지품을 가지고 항공기에 탑승할 수 없게 되었다.
신발폭탄 사건 : 2001년 12월 파리발 마이애미행 아메리칸 항공 여객기에 영국인이자 무슬림인 리처드 레이드가 신발 속의 인화성 폭발물에 불을 붙이려다 승객들에게 제압되었다. 그는 현재 사면 없는 무기징역을 받고 미국 감옥에서 복역 중이다.
속옷폭탄 사건 : 2009년 크리스마스 날, 나이지리아 출신 영국 유학생이 예멘을 방문한 후 분말 폭발물 주머니를 넣은 속옷을 이용해 자신이 탄 유럽발 디트로이트 행 노스웨스트 여객기에서 폭발을 시도했다. 그러나 속옷에 장착된 폭발물로 용의자만 화상을 입었을 뿐 폭발은 실패했다. 테러 시도 사건들은 구체적인 정황에 많은 의문이 제기되고 있다. 이 속옷폭탄 사건에 관한 FBI의 설명에 의하면 속옷폭탄이 제대로 폭발하지 않는 이유는 용의자가 적어도 2주 동안 같은 속옷을 입고 다녔기 때문이라고 한다. - 옮긴이

이 사실을 승무원에게 신고했다. 신고를 받은 승무원은 그 내용을 기장에게 알리도록 되어 있다. 기장은 이것을 반드시 상급기관에 보고해야 한다.

비행기는 무사히 착륙했지만, 편집증적인 피해의식을 가진 이 여성은 어두운 피부색을 가진 세 명의 혐의자 중 두 명이 화장실을 자주 이용한 점이 아무래도 순수하지 않다고 여겼다. 정당한 법적 절차가 있든 말든 결국 세 명의 승객은 곤란한 일을 겪게 되었다. 그들은 행패를 당했고 감옥으로 이송되어 알몸 수색을 당했으며 사악한 의도에 관한 취조를 받기까지 했다.

이것은 결국 헛소동으로 판명이 났다. 체포된 '혐의자'들은 그 누구도 문제될 만한 행동을 한 적이 없다. 무기나 금지된 물품을 가지고 있지 않았고 서류상 하자도 없었다. 그들이 감옥에 갇혀 있는 동안 FBI는 이 모든 것이 '폭스 뉴스와 국토안보부의 테러리스트 보도로 피해망상을 갖게 된 한 여성이 어두운 피부색을 가진 사람이 만약 화장실을 자주 이용한다면 그는 테러리스트다'라고 생각하는 바람에 발생한 불상사임을 알게 되었다.

이 소동의 의미를 미처 깨닫지 못한 독자들을 위해 설명을 덧붙이자면, 이 사건은 이제 멍청하고 세뇌를 당한 누군가가 아무나 보고 테러리스트라고 신고를 해도 된다는 것을 의미한다. 완전무장을 한 경찰특공대가 출동하여 비행기, 기차, 쇼핑센터나 집에서 혐의자를 끌어내고, 만약 집인 경우 그 집 개를 총으로 쏴 죽이고 가족들에게 기관총을 들이대더라도 누군지 알지도 못하는 사람의 신고를 근거로 한 이들의 행동은 언제든 정당화될 수 있다는 말이다. 이제 모든 미국인은 시기심이나 보복 혹은 망상에 의해 신고를 당할 수 있게 되었다. 비대한 경찰 관료조직이 그들에게 소요되는 예산의 정당성을 확보하기 위하여 테러사건이 필요해지면 이런 식으로 신고를 당한 사람들은 유죄라고 간주될 것이다. 그리고 범죄자로 취급되는 경우는 점점 더 많아질 것이다.

경찰국가를 겪어본 많은 저술가들이 분명히 말해 왔듯, 일단 경찰국가가 형성되면 관료제라는 것 자체가 '혐의자'와 '공공의 적'을 양산하도록 되어 있다. 예를 들어 소련의 스탈린 시절 벌어진 '대숙청'은 비밀경찰이 스탈린으로부터 의심을 받지 않기 위하여 하부 경찰기관으로 하여금 '인민의 적'을 체포하도록 압력을 행사하여 초래된 결과이다.

경찰국가 초기단계인 미국은 아직까지는 무고한 사람들의 혐의가 벗겨지고 있다. 하지만 혐의자를 너무 많이 석방해 버리면 시민에 대한 횡포를 정당화하는 데 이용되는 테러 위협에 대한 믿음이 약화될 것이고, 분위기가 그렇게 돌아가면 FBI는 정직한 수사로 혐의자를 풀어주는 일을 그만두게 될 것이다. 어쨌거나 경찰기관은 혐의를 받거나 체포되는 사람들의 죄를 밝힘으로써 자신의 존재가치를 증명하거나 밝히지 않은 목표undeclared agenda를 위해 시스템을 총괄 지휘하는 최상층의 의심으로부터 살아남아야 하기 때문이다.

이제 수사에 대한 기소 만연의 시대가 닥쳐온 듯싶다. 2011년 마지막 날, 오바마 대통령은 양당(민주당과 공화당)과 양원(상원과 하원) 다수의 찬성을 얻은 국가방위권한법*에 서명을 하였다. 여기에 포함된 내용은 사실상 미국 헌법을 폐기하는 효력을 가지고 있다. 소위 독재자법Bill of Tyranny으로 일컬어지는 이 수정안에 의하면 미국 군대는 미 합중국을 포함한 세계 어디에서나 미국 시민을 기소하지 않고도 무기한 구금할 수 있는 권한을 가진다.

이 독재자법은 1878년부터 성문법으로 내려온 연방민병대법Posse Comitatus Act에 위배된다. 연방민병대법은 미국 시민에 대한 미국 군대의 치안활동을 금하는 법이다.

이 법안이 의회에서 통과되기 전, 대통령실과 여러 안보기관 수장들은 수정안의 내용인 군대에 의한 인신구속을 반대한다는 의견을 의회에 제출한 바 있다. 그런데 이들이 수정안을 반대한 이유가 예상 밖이다. 이 법이 위헌적이기 때문이 아니라 행정부의 주장에 의해 의회와 연방법원이 공모하여 얻어낸 권력이 법으로 성문화되기 때문이라는 것이다. 행정부는 자신들의 주장이 성사되어 새로운 권력을 얻었다는 사실을 성문화시키기 싫었던 것이다. 왜냐하면 법이란 일단 성문화가 되면 융통성이 사라지고 그 법에 대한 법적 책임을 져야 하기 때문이다.

행정부는 말하길, 군대의 인신구속은 CIA의 억류자들을 영창이 아닌 교도소에 구금하도록 하는 행정부 권한에 지장을 주게 된다는 것

---

* 국가방위권한법National Defense Authorization Act(NDAA)은 국방부와 에너지안보에 관련된 예산과 지출권한에 관한 포괄적 법으로 매해 개정된다. – 옮긴이

이다. 또한 오바마 정권은 군대에 의한 인신구속의 경우 억류자들이 전쟁포로가 된다는 점을 걱정하고 있었다. 군대의 인신구속에 관한 수정안의 주요 발의자 중 한 명인 칼 레빈Carl Levin 상원의원은 이 수정안이 가지는 목적 중 하나가 바로 억류자를 보호하기 위해서라는 의미의 발언을 한 바 있다. 레빈 의원은 자신이 제기한 질문에 이렇게 스스로 답하고 있다.

> "만약 누군가 적군의 일원으로서 이 나라에 들어왔거나 이 나라에 사는 사람이 적이 되어 우리를 공격한다면, 우리는 그 사람을 전시법에 의하여 다루어야 하는가? 대답은 '그렇다'이다."

전시법의 적용을 받는 억류자들은 제네바 조약상의 보호를 받는다. 즉 수감자를 고문할 수 없다. 억류된 수감자가 권리를 갖게 되는 이 점이 바로 오바마 정권이 국가방위권한법 수정안을 반대했던 이유이다. 수감자들이 제네바 조약상의 권리로 보호를 받으면 정권은 CIA의 해외 고문감옥소로 이들을 보내는 데 지장을 받게 된다. 이것이 바로 오바마 정권이 말한 군대의 인신구속 상의 의무 규정이 정권으로 하여금 법에 대하여 '융통성'을 발휘하지 못하도록 만든다는 의미인 것이다.

부시·체니 정권과 오바마 정권은 자신들이 억류하고 있는 사람들이 전쟁포로가 아니라고 주장하면서 제네바 조약상의 포로보호법을 피해 왔다. 수감자들을 다른 부류의 무엇으로 구분함으로써 억류자들을 부당하게 학대해온 일에 대해 법적 책임을 피했던 것이다.

2011년 11월 17일 대통령 업무실이 상원에 보낸 편지에서 오바마 정권은 무력사용권한법* 하에 집행되고 있는 정권의 군 병력 사용권한이 앞으로 더 이상은 성문화되지 않기를 바란다고 쓰고 있다. 이 정권은 법의 성문화가 위험한 것이라고 말한다.

"의회는 행정부의 인신구금권한에 관한 지난 10년의 정착된 판례를 존중하여, 또다시 구금의 법적 타당성에 관한 의문을 제기하지 말도록 해야 할 것이다. 이러한 의문제기는 국가를 보호하려는 우리의 노력에 장애를 가져온다."†

다시 말해 오바마 정권은 군대의 인신구속을 좋은 의도에서가 아니라 나쁜 의도로 반대한 것이다. 행정부는 누구를 구금할지 억류자를 어떻게 취급할지에 관한 완전한 재량권을 이미 가지고 있었다. 그 어떤 법에도 제한받지 않는다는 것은 행정부가 억류자에게 무슨 짓을 하든지 아무도 알아낼 수 없다는 것을 의미한다.

그런데 법을 성문화시킨다는 것은 법률적인 책임을 물을 수 있다는

---

* 무력사용권한법Authorization for Use of Military Force(AUMF)은 대통령이 병력을 동원해 해외 전쟁을 수행할 수 있는 권한에 관한 법으로 전쟁승인법이라 할 수 있다. 2001년 9/11 사태 후 3일 만에 의회를 통과했다. ─ 옮긴이

† 국가방위권한법 수정안에 관하여 대통령실이 의회에 보낸 편지

뜻이다. 법적 책임을 지도록 하는 것이 의회의 진짜 의도였든 아니든 그 여부를 떠나 오바마 행정부는 이를 바라지 않고 있다.

결국 오바마는 그 자체가 위헌적인 서명지침*을 이용하여 국가방위 권한법 수정안에 대한 오바마 행정부의 법적 책임을 제거해 버렸다. 쉽게 말하자면 미국은 이제 법이 없는 국가나 마찬가지이다. 즉 대통령이 지금 이 나라는 전쟁에 임하는 중이라고 공표해 버리면 행정부는 황제의 권력을 갖게 된다. 소위 국민의 대표라는 의회는 더 이상 전쟁을 선언할 권리도, 황제가 이 나라를 전쟁에 돌입하도록 만들어도 그것을 보고 받을 수 있는 권리조차 없는 것이다.

부시 정권은 '테러와의 전쟁'을 수행하는 총사령관으로서의 대통령은 정당한 법적 절차 없이도 미국 시민의 자유와 소유물을 강탈할 특권을 가진다고 선언했다. 이에 대하여 의회는 오바마 정권에 들어와 이 같은 행정부의 권한을 성문화하려 했다. 이는 행정부가 황제로 변하는 것을 방지하기 위한 시도였다. 그러나 의회의 시도는 실패했다. 오바마 정권은 행정부 권한에 미국 시민의 목숨을 정당한 절차 없이 강탈할 수 있는 권력을 더했다. 그 결과 미 합중국 대통령은 백악관의

---

* 서명지침signing statement은 의회가 통과시킨 법안에 대하여 대통령이 승인서명을 할 때 그 법률안에 대한 행정부의 해석과 정치적 의미를 첨부하는 일종의 지침서이다. 통과된 법률안에 대한 변경과 확대 해석 등에 관한 서명지침이 의회의 고유한 권한인 입법권을 침해할 수 있다는 논란이 있다. - 옮긴이

대통령 집무실에 앉아 살생부를 작성하고 있다.†

　민주주의 나라 미국이 경찰국가로 타락하게 된 것은 또 다른 책 한 권 분량의 주제가 될 일이다. 지금까지 나는 미국의 민주주의가 경제적 성공의 전망을 회복시켜 주지는 않을까 하고 바라는 시민들의 순진한 기대를 떨치기 위해 위와 같은 간단한 설명을 한 것이다.

---

† 오바마의 살생부Kill List 작성에 관한 〈뉴요커〉의 2012년 기사에 의하면 미 국방부와 CIA가 1차로 테러 위험인물 같은 암살 대상자를 제출하고, 오바마 대통령이 용의자 중 제거할 대상을 선별한다. 암살 대상이 정해지면 전 세계에서 암살 작전이 벌어진다. 테러혐의자를 찾아 공격하는 과정에서 무고한 민간인과 어린이가 많이 희생당했는데 2004년 이후 파키스탄에서만 드론(무인기) 공격으로 사망한 인명이 민간인과 어린이들을 포함하여 약 3000명 이상으로 추산된다. 게다가 공격 후 시체를 놓고 판단하는 것이므로 이 중 누가 테러범이고 누가 민간인인지에 관해 논란이 많다. 이 살생부는 반헌법적이며 국제법을 심하게 위반한다는 비난을 받고 있다. ABC 방송은 이를 두고 '노벨평화상 수상자, 드론 최고사령관이 되다'라고 묘사했다. - 옮긴이

가난한
사람들의
보조를
받는
자본주의

경제적 강탈에 대해서 나는 지난 십수 년 간 중국과 인도 그리고 다른 저임금 나라들로 일자리가 이전되는 것은 단지 일자리 문제로만 그치는 것이 아니라 소비자의 소득, 과세기반, GDP, 공급체인, 그리고 직업과 관련된 인생이 이전되는 것임을 기술해 왔다. (나의 칼럼모음집 《How The Economy Was Lost》를 참조하기 바란다.) 나는 이에 대한 결과로 미국 실업률이 20~25퍼센트에 이르고 있다는 점을 지적해 왔다. 그러나 이 실업률은 기만적인 공식통계 수법에 의해 가려져 있다.[*]

경제학자들은 최근까지도 이런 실정을 인정하려 들지 않았다. 나는

---

[*] John Williams www.shadowstats.com

2부의 다음 차례에서 일자리의 역외이전이 미국 경제에게 이롭다는 경제학자들의 주장을 검토해볼 것이다. 사실 이 주장은 지나치게 문제투성이라 이 같이 주장하는 경제학자들은 분명 연구보조금이나 강연료를 받고 자문역을 해주었거나 이사회의 임원이 되었을 것이라는 의문을 갖게 한다. 일자리 역외이전으로 혜택을 받는 쪽은 주가가 올라 자본이득을 챙길 수 있는 주주와 인건비 삭감에 따른 이윤증가로 성과보너스를 받는 중역들뿐이기 때문이다.

지난 10여 년에 걸친 저술 활동을 통해 분명히 밝혀왔듯이, 그리고 미국의 공식 통계자료들이 증명해 주고 있는 바, 미국은 지난 몇 년간 제조업에서든 전문 서비스업에서든 교역 가능한 분야의 그 어떤 일자리도 새로 만들어 내지 못하고 있다. 노벨 경제학상 수상자인 마이클 스펜스Michael Spence 박사 또한 2011년 3월 미 외교협회CFR를 위해 작성한 논문에서 나와 같은 결론에 도달했다. 지금부터 나는 스펜스 박사의 결론을 소개할 것이다. 공식 고용자료를 분석한 스펜스 박사의 연구는 내가 주장하는 결론을 뒷받침해 준다. 미국 경제는 웨이트리스, 바텐더, 방문건강관리 서비스, 그리고 소매업 등과 같은 비교역 국내 서비스 분야에서만 신규 일자리가 생길 뿐이다. 부동산 거품이 꺼지기 전에는 그나마 주택건설이 일자리의 원천이기도 했지만 지금은 그렇지 않다.

내가 재무부 차관보로 레이건 행정부의 경제정책을 담당했던 시절에는 석유수입이 국제수지의 유일한 염려 사항이었다. 그때는 미국이 해외에서 벌어들이는 소득이 외국인 투자자들에게 지불되는 금액보다 많았으므로 미국의 국제수지 적자는 쉽게 메워질 수 있었다.

그러나 시간이 지날수록 첨단 제품을 비롯한 공산품 수입으로 발생한 적자가 석유수입 적자를 능가하고 있다. 미국 사람들은 더 이상 자신이 입고 신는 옷이나 신발을 만들지 않는다. 게다가 상당 비율의 군사 무기용 부품도 해외에서 생산되고 있다.

역사상 가장 큰 연방 재정적자와 공격적인 통화정책이라는 전례 없는 경기부양책에도 불구하고 높은 실업률은 아직도 해결되지 못하고 있다. 왜냐하면 지금의 실업은 2차 세계대전 후의 실업과는 전혀 차원이 다르기 때문이다. 만약 지금이 1950년대 후반이라면 연방준비제도는 물가상승률을 낮추기 위하여 이자율을 높이고 경기를 진정시키는 조치를 취했을 것이다. 역으로 인플레이션이 가라앉고 실업이 증가하면 연방준비제도는 이자율을 내리고 시중통화를 늘렸을 것이다. 이와 같은 경기부양책은 당시에는 효과적이었다. 되살아난 소비자 수요에 맞춰 노동자들이 돌아갈 일자리가 있었기 때문이다.

하지만 오늘날 일자리는 해외로 나가 버렸다. 정부가 경기부양책을 펼쳐 혜택을 입는 쪽은 저임금 나라일 뿐 미국의 고용 상황에는 거의 도움이 안 된다.

경제이론에 있어 자본주의의 이윤추구는 근거가 있다. 이윤이 생긴다는 것은 계속해서 투자하고 확대해 나갈 분야라는 뜻이다. 반면 손실이 난다는 것은 어떤 사업활동이 실패이므로 퇴출시켜야 함을 나타낸다. 하지만 이런 법칙은 더 이상 지켜지지 않고 있다. 금융기업들은 이제 망하기에는 너무 커서 시장의 작동원리대로라면 도산해야 마땅

하지만 납세자의 보조와 연방준비은행에 의한 부채의 화폐화로 구제받고 있다. 즉 은행의 악성대출이나 회수가 불확실한 채권을 정부가 돈을 찍어 갚아 주는 것이다. 그 결과 오늘날 미국에서는 기업이 크면 클수록 손실의 규모와 상관없이 망할 가능성이 희박해져 버렸다.

국민을 희생시켜 기업의 실패를 구제해 주는 절차는 이제 유럽에서도 하나의 규칙으로 자리 잡고 있다. 재벌이 가장 가난한 사람의 보조를 받고 있는 오늘날의 자본주의는 칼 마르크스가 상상한 것보다 더 끔찍하지 않은가?

기업들이 제조업과 소프트웨어엔지니어링 같은 전문 서비스직까지 역외이전하는 것은 아직까지는 가능하지 않은 것 같다. 하지만 이런 경우에도 기업들은 인건비를 줄이는 방법을 발견해냈다. 그들은 의회에 인력부족을 호소한다. 그러고는 외국인 노동자를 더 데려와 '기술인력난'을 해결하자고 촉구한다. 전문직 취업비자에 의해 미국으로 데려온 기술자들은 단체교섭권이 없다. 게다가 미국인 임금의 3분의 2만 주어도 된다. 임금차액은 고스란히 회사와 주주의 이윤이 될 것이다.

이처럼 현대의 자본가들은 나라가 아닌, 돈에만 충실하다.

무너진
상층 이동
사다리

미국은 사회적으로 적은 수의 '가진 자들'과 대다수의 '못 가진 자들'로 이루어진 제3세계 나라가 되고 있다. 최근 몇 년 동안 대학졸업자(이들 중 다수는 학자금 대출로 어깨가 무겁다)의 절반 이상은 취업을 못해 부모에게 돌아가 어린 시절에 쓰던 방에서 살고 있다. 다행히 직장을 구했더라도 취업자들 다수는 자신들의 급여 수준으로 집세 같은 주거비를 감당할 형편이 안 되어 부모 집에 얹혀살고 있는 형편이다.

수백만에 달하는 사람들이 집을 잃었고 그보다 더 많은 수의 사람이 주택 대출금을 갚지 못해 집이 압류되기를 기다리는 처지에 놓여

있다. 미국인들은 자동차와 텐트로 이루어진 도시에 살고 있다.* 기술
자들은 월마트의 계산원이 되었거나 백화점에서 판매원으로 일을 한
다. 이들의 소득과 생활수준은 무너지고 있다.

통계전문가 존 윌리엄스의 웹사이트shadowstats.com를 보면 실질소
득은 명목소득과 상반되게 지속적으로 하락하고 있다. 그가 도시소비
자물가지수CPI-U에 근거하여 중위가계 소득을 분석해본 결과, 2010년
중위가계의 실질소득은 그보다 10년 전인 2001년 닷컴기업들의 줄
도산으로 경기침체에 접어들기 전 고점 수준에 이르지 못하고 있다.
또한 클린턴 행정부 이전에 사용했던 원래의 물가측정방식인 고정된
장바구니 품목fixed basket에 의한 도시소비자물가지수로 가계소득을
뽑아보니 "1969년보다 2010년의 중위가계 소득수준이 더 낮았다."

이 조사에 따르면, 미국 재산 순위 20퍼센트 이내에 해당하는 인구
가 미국 전체 재산의 84퍼센트를 지배하고 있었고, 가장 부유한 400
인 가문의 재산이 미국 전체 인구의 하위 절반에 해당하는 약 1억
5000만 명의 재산과 맞먹고 있었다.† 미국의 소득분배는 최상위 부유
층들에게만 지나치게 치우쳐 있어 선진국들 가운데 최악의 격차를 지

---

* 텐트와 자동차로 집단 거주지가 이루어지고 있다는 2011년 8월 폭스뉴스 기사
http://www.foxnews.com/us/2011/08/11/economic-woes-lead-to-prolif-
eration-tent-cities-nationwide

† http://www.theguardian.com/commentisfree/cifamerica/2011/sep/13/
american-middle-class-poverty

닌다. 사실 미국의 소득분배는 제3세계에 속하는 여러 나라들보다 더욱 불균형하며, 순위로 따지자면 우루과이와 카메룬 사이에 해당된다. CIA에 의하면 미국의 계층 간 소득격차는 이란, 나이지리아, 니카라과, 캄보디아, 태국, 케냐, 러시아, 중국, 세네갈, 투르크메니스탄, 요르단보다 더 크다.*

사람들은 종종 내가 재무부 고위관료로 미국의 경제정책을 맡았던 레이건 시절과 오늘날이 어떻게 다르냐고 물어보곤 한다. 그 시절은 역외이전과 규제철폐가 있기 전으로 오늘날과의 차이는 막대하다. 무엇보다도 훨씬 더 높은 비율의 미국인들이 직장을 가지고 있었다. 달러화는 약세가 아닌 강세였다. 주택소유자들의 수는 늘고 있었다. 상업은행과 투자은행은 분리되어 있었고 빚을 내서 벌이는 투자는 제한을 받았다. 한마디로 금융시스템은 도박장이 아니었고, 기업들은 미국 노동자를 외국인 노동자로 바꿔치기해서 이윤을 챙기지 않았다.

서구 자본주의는 소비에트공산주의 경제에 대한 승리로 오만해졌다. 그 오만함은 미국 자본주의를 인간적으로 만들어준 운영원리인 '상식의 규율'을 공격하고 말았다. 네오콘의 어리석은 '역사의 종언'은 미 합중국만이 유일하게 존속할 수 있는 '정치—사회—경제 시스템'이라고 선언해 버린 것이다. 오만함이 부유하고 자유로운 미국의 종말을 초래했다. 냉전시대의 등대였던 불빛은 꺼지고 말았다.

....

* CIA, 세계 불평등지수 순위 http://start.csail.mit.edu/mirror/cia.gov/library/publi-cations/the-world-factbook/rankorder/2172rank.html#documentContent

역외이전이
일으킨
취업전선
이상 사태

지난 수십 년 간 미국 민주당은 '부자들'에 대한 비난선동으로 노조나 서민들의 지원을 받아 계급전쟁을 독점해 왔다. 그런데 21세기가 되자 부자들이 노동조합을 흔들고 중산층의 일자리를 공격함으로써 계급전쟁을 일으키고 있다. 상층이동 사다리는 철거되었고, 한때 기회의 땅이었던 미국은 이제 부자와 가난뱅이로 양극화되고 말았다.

미국이 일으킨 까닭 없는 전쟁의 대학살극에 사람들의 목숨과 인생이 사라져가고 있다. 그와 동시에 미국인들의 경력, 가정, 그리고 지역사회 또한 경제적 파탄의 길로 치닫고 있다. 1930년대 프랭클린 루즈벨트 대통령 이래로, 미국 정부는 시민들의 일자리를 보호하려는 방안을 강구해 왔다. 그러나 부시, 클린턴, 아들 부시, 그리고 오바마 대통령에 이르기까지 그들은 자신들의 의무에 등을 돌렸다.

'자유무역'과 '세계화'로 가장한 두 정당은 중산층에 대한 계급전쟁을 수행 중에 있다. 억만장자이며 정치적 아웃사이더로 1992년 대통령선거에 출마한 제3정당 후보 로스 페로Ross Perot는 "거대한 소리를 내며 수조의 물이 빠져나가듯giant sucking sound" 일자리가 해외로 빠져나가는 데 주의를 환기시킨 최초의 경고자였다. 이에 대해 정치기득권은 언론매체를 동원하여 '검증되지 않은 과격분자'로 로스 페로의 이미지를 각인시키는 데 성공하였고, 그로부터 발생되는 위협을 제거할 수 있었다. 로스 페로는 적대적인 언론환경에도 불구하고 유권자들의 실제 투표인 국민투표popular vote에서 2000만 표, 19퍼센트의 지지를 받았다.*

14년 후 대선 후보 지명전에 세 차례 도전한 패트릭 뷰캐넌은 북미자유무역협정NAFTA을 비롯한 소위 무역협정이라 불리는 여러 협정들은 무역협정이 될 수 없다는 취지의 칼럼을 쓴 바 있다. 이런 협정들은 미국 기업들이 노동자를 팽개치고 사회보장세, 의료보험료, 그리고 연금납부를 피해 인건비가 싸고 환경관련 규제가 사실상 전무한 지역으로 공장을 이전시키도록 허락해 주는 규제해제법이라는 것이다.†

---

* 미국 대통령 선거인단이 되려는 후보들은 자신이 어떤 대통령 후보를 지지하는지 공개하고 유권자들은 이에 따라 대의원 투표를 하는데 이것을 국민투표라고 한다. 그러나 각 주는 승리한 후보에게 선거인단을 전부 몰아줘야 하므로 국민투표의 득표 수가 더 많은 후보일지라도 각 주의 선거인단을 확보하지 못하면 승리하지 못한다. - 옮긴이

† Patrick J. Buchanan "The Fruits of Nafta", WND Commentary http://www.wnd.com/2006/03/35184/

페로와 뷰캐넌은 옳았고 경제학자들은 틀렸다. 2011년 9월 20일자 〈제조업&기술 뉴스〉 지가 같은 시기에 발표한 '취업 및 임금의 분기별 자료'를 인용한 기사에 따르면, 2001년 이후 10년 사이 미국 내 공장 5만 4621개가 사라졌고, 제조업 종사자들은 500만 명이 줄었다. 10년 동안 1000명 이상의 노동자가 일하는 대규모 공장들은 40퍼센트 감소하였다. 500~1000명의 노동자가 일하는 공장은 44퍼센트 감소하였고, 250~500명의 노동자가 일하는 공장은 30퍼센트가 줄어들었다. 이 통계수치는 그 사이에 생겼다가 사라진 신규 업체들의 변동도 포함된 것이다. 단, 여기서 제조업 공장 수가 감소한 이유는 전적으로 역외이전 때문만은 아닐 것이다. 사업 실패로 문 닫은 공장도 있을 테니 말이다.

정치가들 가운데 버디 로머Buddy Roemer 같은 이는 제조업이 붕괴된 원인이 중국과의 경쟁과 '불공정 무역관행'에 있다고 비난한다. 그러나 공장을 해외로 옮기는 기업들은 다름 아닌 미국 기업들이고, 이들이 바로 국산을 수입으로 대체시키는 주역들이다. 중국에서 미국으로 들어오는 수입품의 절반은 미국 기업들의 역외생산 상품으로 이루어져 있다.

이렇게 된 이유는 물론 임금격차 때문이다. 노동통계국에 의하면 2009년 미국 노동자들의 시간당 실수령 임금은 평균 23달러 3센트였다. 여기에 사회보장 7달러 90센트와 고용주 수당 2달러 60센트까지 더하면 시간당 임금 총액은 33달러 53센트가 된다.

비슷한 시기인 2008년을 예로 들자면, 중국의 시간당 평균임금은 한 사람당 1달러 36센트였고, 인도는 중국과 몇 센트 차이로 비슷한 수준이었다. 따라서 그 당시 어떤 기업이 일자리 1000개를 중국으로 옮기면 시간당 3만 2000달러의 인건비를 절약할 수 있었던 것이다. 그러나 이렇게 얻은 돈은 주가를 올리고 임원들 수당에만 반영될 뿐, 임금차액 거래로 실업자가 된 소비자를 위한 물가인하란 사실상 없었다.

공화당 경제학자들은 현재의 높은 실업률을 미국의 '높은' 임금 탓으로 돌리고 있다. 그런데 미국의 임금 수준은 선진국들 중 최하위권에 속한다. 노르웨이(53.89달러), 덴마크(49.56달러), 벨기에(49.40달러), 오스트리아(48.04달러), 그리고 독일(46.52달러)의 시간당 평균임금과 비교해 보면 미국의 시간당 평균임금은 이들 나라보다 훨씬 낮다. 미국은 세계에서 가장 큰 경제규모를 가진 나라일지는 몰라도 노동자의 시간당 평균임금은 세계 14위에 불과하다.

일자리가 해외로 이전되면서 미국 노동력이 누려온 생산성 우위는 사라졌다. 월등한 자본과 기술과 사업조직을 갖추고 일했던 예전의 미국 노동자들은 해외의 값싼 인력을 두려워할 필요가 없었다. 미국 노동자들의 생산성은 인도나 중국 노동자들보다 훨씬 더 높았으며 그에 맞게 임금에도 반영되었다. 즉 일자리 역외이전이 이루어지기 전에는 해외의 저임금 노동력이 생산하는 상품들이 결코 미국인의 일자리와 생활수준에 위협이 될 수 없었던 것이다.

그러나 역외이전의 등장은 제1세계 노동자들이 가진 생산성 우위를 파괴했다. 선진기술과 자본을 지닌 기업들은 해외의 저임금 노동력을 이용하여 미국 시장에 내다팔 상품과 서비스를 만들어 내기 시작했다. 그 결과 미국인의 소득은 자신이 사서 쓰는 상품과 서비스 생산으로부터 유리되었다. 소위 '세계화' 바람으로 인해 해외 저임금 노동자들이 미국 노동자들과 똑같은 자본과 기술, 그리고 비즈니스 노하우를 갖추고 일을 하게 된 것이다.

해외 저임금 노동자와 미국 노동자의 생산성은 같아졌다. 유일한 차이라면 중국과 인도 노동시장은 엄청나게 공급되는 잉여 노동력으로 저임금이 지속적으로 유지될 수 있다는 점이다. 생산성이 동일함에도 제1세계 임금의 극히 일부를 받는 노동력은 거대한 자석처럼 서구의 자본과 기술을 끌어당기고 있다. 새로운 발전이라고들 부르고 있지만, 역외이전은 미국의 모든 산업, 각 분야의 직업, 그리고 모든 지역사회를 황폐화시켰다. 초토화된 제조업의 고용현실은 '신경제'*의 기반이 되는 첨단기술과 지식이 주도하는 일자리가 해결해줄 것이라는 약속에 밀려 묻혀 버렸다. 그리고 교육과 직업 재훈련만이 해결책이라는 나팔소리가 울려 퍼졌다.

2003년 9월 25일 미중 위원회의 청문회 증언에서 나는 "광범위한 분야의 교역재와 서비스 생산기능을 미국인 노동자에서 외국인 노동

---

* 클린턴 시기인 1990년대 후반 정보통신 환경을 바탕으로 언론산업의 집중화와 금융 분야의 주요 규제가 풀린다. 경제는 활황으로 고성장을 이루어나갔다. 그러면서도 해외 저가 노동력에 의해 물가는 안정적이었다. 경제학자들은 이런 현상이 일어나는 시스템을 기존 경제의 패러다임이 바뀌었다는 의미로 '신경제new economy' 체제라고 불렀다. – 옮긴이

자로 바꾸는 것이 역외이전"이라고 기술한 바 있다.* 교역이 가능한 대부분의 상품과 서비스 생산 현장이 해외로 옮겨간 후 이발사, 네일 아티스트 혹은 간호사 같이 '현장에서 직접 해야 하는 일'을 제외하고는 없어진 직장을 대신할 다른 일자리란 없다. 엔지니어 같은 전문 직종은 내보내고 국내용 비교역 서비스 일자리들만 남아 있는 나라치고 이득을 보는 나라 또한 없다.

2004년 1월, 브루킹스 연구소가 마련한 워싱턴D.C 컨퍼런스에서 나는 일자리의 역외이전과 직업 소멸현상이 지금 같은 속도로 계속되면 20년 후의 미국은 제3세계가 될 것이라고 예측했다.† 그 이후로 나는 21세기에 들어와 미국의 형편없는 일자리 증가율에 관한 자료를 정기적으로 업데이트하고 있다. 그러나 경제학자들은 여전히 역외이전은 자유무역의 발로이며 미국인들에게 전체적으로 긍정적인 혜택을 준다는 주장만 반복하고 있을 뿐이다.

그러나 현실의 모습은 어떤가. 경제학자들이 청산유수로 늘어놓는

---

* 미중 위원회U.S.-China Commission는 미국과 중국의 관계에서 무역, 경제 및 안보 문제에 관한 감시와 보고를 하는 미의회 산하 위원회이다. 해당 부분 p.171~174
http://origin.www.uscc.gov/sites/default/files/transcripts/9.25.03HT.pdf
http://www.uscc.gov/hearings/2003hearings/transcripts/ 030925tran.pdf

† Charles Schumer and Paul Craig Roberts, "Second Thoughts on Free Trade," New York Times, 6 January 2004 http://vdare.com/articles/charles-schumer-and-paul-craig-roberts-second-thoughts-on-free-trade-new-york-times-6-janua

변명에 대한 명백한 반증은 얼마든지 찾을 수 있다. 첨단지식을 기반으로 하는 새로운 일자리들은 오히려 구식 제조업 일자리들보다 훨씬 더 빠르게 해외로 아웃소싱되고 있지 않은가. 아직은 극소수에 불과하지만 기성 경제학자들 중 이 문제를 제대로 보기 시작한 이들이 있다.

프린스턴 대학의 경제학자이며 연방준비제도 이사회 부의장을 지낸 앨런 블린더는〈포린 어페어스〉지에 기고한 글에서 역외이전이 국제무역의 통상적인 연장일 뿐이라고 주장하는 경제학자들은 심각한 결과를 동반하는 중대 변화를 간과하고 있다고 말했다.[†] 블린더는 미국 내 4200만~5600만 개의 서비스 분야 일자리들이 역외이전의 위기에 처해 있다고 추정했다. 그러나 모든 일자리들이 해외로 나가든 말든 더 낮은 임금에도 일하겠다는 외국인들이 있는 한, 미국 내에서의 임금은 앞으로도 계속해서 더 낮아질 수밖에 없을 것이다.

소프트웨어 엔지니어나 IT 기술자들은 특히 타격이 크다. 콜센터와 영업 외 업무 분야에서부터 시작된 역외이전은 원재료, 노동력, 그리고 자본이 결합하여 생성하는 가치사슬을 빠르게 상승시켜 더 높은 단계의 공정에서 나오는 부가가치를 늘려가고 있다.〈비즈니스위크〉지의 수석경제학자 마이클 맨델은 2001년과 2005년 직장 초년생들

[†] Alan S Blinder "Offshoring: The Next Industrial Revolution"〈Foreign Affairs〉, 2006년 3/4월호
http://www.foreignaffairs.com/articles/61514/alan-s-blinder/offshoring-the-next-industrial-revolution

의 초임을 비교해 보았는데, 이 기간에 걸쳐 컴퓨터과학 분야는 12.7 퍼센트, 컴퓨터공학은 12퍼센트, 그리고 전자공학은 10.2퍼센트가 하락한 것을 발견했다고 한다.[*] 맨델이 인용한 자료와 같은 출처(미국 대학 및 고용주협회의 급여자료, 노동통계국 물가인상분 조정자료)를 사용하여 캘리포니아 대학의 노먼 매트로프Norm Matloff 교수 또한 석사학위 졸업생들의 급여를 맨델과 같은 방식으로 비교해 보았다. 그는 2001년과 2005년 사이에 컴퓨터과학을 전공한 석사학위 졸업자들의 초임은 6.6퍼센트, 컴퓨터공학은 13.7퍼센트, 그리고 전자공학은 9.4퍼센트가 줄어든 것을 발견했다. 기업들의 주장대로 이 분야의 기술인력 공급이 딸린다면 이 귀한 인력을 서로 모셔 가려는 기업들 간의 경쟁으로 당연히 이들의 임금은 올랐어야 할 것이다.

2006년 2월 22일, CNNMoney.com의 샤힌 파샤 기자는 미국의 대규모 금융기관들이 '투자은행 업무의 상당 부분을 해외'로 옮기고 있다는 보도를 했다.[†] 이제 역외이전은 연구와 분석작업 그리고 외환거래뿐만 아니라 고도로 정교한 신용파생상품의 계약업무 같은 내국인들의 일자리까지 잠식해가고 있다. 이러다 협상 중인 거래를 성사시

....

[*] Michael Mandel "A Good Time to Learn Accounting?" http://www.businessweek.com/the_thread/economicsunbound/archives/2005/09/good_time_to_le.html

[†] Shaheen Pasha "The Outsourcing Wave Hits Investment Bankers" http://money.cnn.com/2006/02/22/news/companies/banks_outsourcing/index.html

킬 권한마저 해외로 이전될지도 모르겠다. 회계법인 딜로이트 투쉬 Deloitte Touche의 보고서에 의하면, 이미 2010년 말에 금융서비스 산업에 소요되는 총비용의 20퍼센트가 해외로 이전되었다. 그런데 물가가 낮은 인도에서는 업무활동에 들어가는 실제 비용이 상대적으로 낮기 때문에 20퍼센트의 비용 이전은 20퍼센트 이상의 사업규모로 나타나게 된다. 미국이 점하고 있는 마지막 우위조차도 해외로 이전되면서 고도의 인내력을 가진 젊고 똑똑한 인재들마저 월 스트리트 직장을 선택할 수 있는 여지가 줄어들고 있는 실정이다.

록히드 마틴 사의 CEO를 지낸 노먼 어거스틴Norman Augustine에 의하면, 맥도널드 같은 패스트푸드 체인의 일자리조차 역외 아웃소싱 대상이라고 한다. 어거스틴의 보고에 의하면, 맥도널드는 주문 받는 과정에서 착오를 일으키는 주문 접수자 대신 위성으로 전송된 주문을 센터에 접수시켜 센터가 음식준비 직원에게 주문 내용을 전달하도록 한다는 것이다. 기술의 발달을 활용해 미국의 최저임금도 안 되는 비용으로 중국이나 인도에서 주문을 접수받도록 하겠다는 것인데, 이럴 경우 기업은 노동자들에 대한 법적 책임을 질 필요조차 없게 된다. 맥도널드의 이런 시도가 성공하든 성공하지 못하든 문제는 최저임금을 받는 내수서비스직조차 이제는 미국인에게 안전하지 못하다는 것이다.

더러는 능력이 부족하고 일부는 매수당한 미국의 경제학자들은 세계화를 '윈—윈 발전'이라고 묘사하고 있다. 이들이 주장하는 윈—윈 발전은 다음과 같다.

미국은 교역재 제조업 분야의 시장점유를 잃어 일자리와 경제적 손실이 생기겠지만, 대신 고도로 교육 받은 지식노동자가 그 손실을 채워줄 것이다. 따라서 미국인들은 저렴한 가격에 수입공산품을 소비하면서도 화이트칼라 사무직으로 일할 수 있게 되어 좋다. 한편 중국은 제조업으로 자국의 경제를 발전시킬 수 있으니 좋다.

그러나 과거 세계화의 치어리더였던 스티븐 로치Stephen Roach가 내린 결론에서도 알 수 있듯, 세계화는 윈—윈 발전으로 풀리지 않는다. 로치는 자신의 글에서 "선진국들의 고용창출과 실질임금은 역사적 발달 기준에 심각하게 뒤처진 상태"라고 말했다. 역외이전은 제조업뿐만 아니라 "디자인, 엔지니어링, 소프트웨어프로그래밍, 의료, 법률, 회계, 보험계리, 컨설팅 그리고 금융서비스를 망라한 신경제적" 일자리들을 해외로 내몰아 버렸다는 것이다.

2006년 1월 26일자 〈시카고 선타임즈Chicago Sun-Times〉 지에 미국이 처한 취업전선의 실상이 그대로 드러나는 사건이 보도되었다. 새로 개장하는 시카고 월마트에 325개의 일자리가 생겼는데 이를 보고 2만 5000명의 지원자들이 몰려든 것이다. .

제3세계로
변한
미국의
노동 현실

미 노동통계국의 비농업 고용통계 자료에 의하면*, 2007년 12월 경기 대침체Great Recession가 시작되기 전 5년 동안(2001. 1.~2006. 1.) 미국 경제에서 계절적 특수성을 제거하여 뽑아본 민간 부문의 신규 일자리는 161만 3000개(계절적 요인 비조정치는 155만 4000개)였고, 공공 부문에서 계절적 특수성을 제거한 신규 일자리 수는 101만 2000개(비조정치 97만 4000개)였다. 이 둘을 합하면 이 기간 새로 생긴 신규 일자리 수는 262만 5000개이다. 그러나 인구 성장을 따라 잡으려면 이 수치보다 500만에서 600만 개의 일자리가 더 필요하다. 절대적으로 심각한

....

* 미 노동통계국 자료 http://www.bls.gov/webapps/legacy/cesbtab1.htm

직업난인 것이다.

　노동통계국의 고용통계 자료가 보여주는 현실은 상공회의소 같은 기업가 단체들이 주장하는 '역외 아웃소싱은 미국에게 이익'이라는 대대적인 선전과는 정반대의 결과이다. 대기업들은 수천 명의 미국인 직원들을 개별적으로 해고한 후 그 자리에 외국인들을 데려와 앉힌다. 그런 후 일자리의 역외이전으로 기업은 돈을 절약할 수 있으며, 절약한 돈은 미국인들을 더 많이 고용하는 데 쓰일 수 있다는 헛소리를 한다. 기업과 기업인들이 모인 단체들은 이런 허위정보를 언론매체로 하여금 중계하도록 하여 커다란 성공을 거두고 있다. 언론을 통한 거짓말은 여기저기 반복되다 생각 없는 경제학자들과 정치가들이 되뇌는 주문呪文으로 변신한다. 그러나 고용통계 자료를 보자. 이런 식으로 벌어들인 돈으로 기업들이 고용을 늘렸다는 신호는 그 어디에서도 찾아볼 수가 없다. 오히려 일자리가 없어졌다는 증거만 넘쳐나고 있다.

　2008년의 금융위기로 인한 경기침체가 있기 전, 21세기 들어 처음 몇 해(2001. 1.~2006. 1.) 동안에 정보통신 분야의 일자리 65만 6000개(노동인구의 17.7퍼센트)가 사라졌다. 컴퓨터 시스템 디자인 및 관련 분야는 8만 3500개의 일자리(노동인구의 6.2퍼센트)가 줄었다.* 일자리의 역외이전이 컴퓨터와 정보통신 기술 분야에서 일자리를 창출해 내고 있지 못하다는 것은 명백하다. 일자리 역외이전은 역외이전을 관리

* 미 노동통계국 자료 http://www.bls.gov/webapps/legacy/cesbtab1.htm

하는 관련 분야의 일자리조차 만들어 내지 못하고 있다.

　2001년에서 2006년까지의 5년 동안, 미국의 제조업은 290만 개의 일자리(제조업 종사자의 17퍼센트)를 잃었다. 제조업 일자리의 소멸화는 미국 내에서 전반적으로 일어나는 현상이다. 제조업으로 분류된 정기 급여직에서 신규 일자리는 단 한 자리도 생겨나지 않았다.

　부분적이라고는 하나 제조업 분야의 쇠락을 보면, 미국은 '세계적 선망의 대상'이자 세계 최대 경제국가라기보다는 전쟁으로 집중폭격을 당하는 나라와 더 많은 공통점이 있는 것 같다. 2001년에서 2006년 사이 통신설비 분야에 종사하는 노동인구의 43퍼센트가 사라졌다. 반도체와 전자부품 분야에서 일하는 인구는 37퍼센트가 감소하였다. 컴퓨터와 가전제품 분야에서 일하는 인구는 30퍼센트가 줄었다. 전기설비와 전자제품 분야에서 일하는 인구는 26퍼센트, 자동차 및 자동차부품 분야의 인력은 12퍼센트, 가구와 관련제품에 종사하는 인력은 16퍼센트가 없어졌다. 의류 생산업체에서 일하는 인력의 거의 절반이 일자리를 잃었고, 섬유업계에서는 고용 인력의 43퍼센트를 줄였다. 제지 및 종이 관련제품의 생산에 종사하는 인력의 5분의 1이 사라졌고, 플라스틱과 고무제품을 만드는 인력은 14퍼센트 감소하였다.

　21세기의 처음 5년 동안 미국에서 일자리가 늘어난 분야는 네 가지로 국한되는데, 그것은 교육과 의료서비스 분야, 정부와 지자체 공공분야, 레저와 관광접대 분야, 그리고 금융서비스 분야이다.

　엔지니어링 업종도 전반적인 하향세에 놓여 있다. 엔지니어를 필요로 하는 제조업 분야가 위축되고 있기 때문이다. 우리가 검토하고 있는 2001~2006년 5년 동안의 자료를 보면 기계류, 컴퓨터, 전자, 반도체, 통신설비, 전기설비, 자동차, 그리고 운송장비 제조업 분야에서 미국 내 일자리 120만 개가 사라졌다. 미 노동통계국의 비농업 취업통계 자료를 보면 같은 기간 사무직을 포함해 건축 및 공학기술 전 분야에서 7만 5900개의 일자리가 새로 생긴 것을 알 수 있다. 이 수치를 연간 단위로 뽑으면 매해 신규 일자리는 1만 5180개(사무직 포함)에 불과하다. 엔지니어를 필요로 하는 제조업의 고용은 줄어들고, 매년 최소 6만 5000개의 전문직 취업비자가 외국인들에게 발급되며, 제한 없는 주재원비자 L-1까지 가세한 상황에 비추어 보면 대학을 졸업한 사회 초년생들의 운명은 전혀 낙관적이지 못한 것이다.

부시와 오바마 정권이 이라크에 대량살상 무기가 있다고 말하며 '이란은 핵으로 무장하고 있다'는 것을 정책기조로 삼은 것처럼, 기업들 또한 '기술인력이 부족하다'는 주장을 바탕으로 삼고 있다. 기업들은 일자리를 해외로 옮기는 것만으로는 부족한지 그나마 미국에 남아 있는 일자리조차도 외국인들에게 취업비자를 발급받도록 하여 그 자리를 채우도록 하고 있다. 기업들은 엔지니어, 과학자 심지어 간호사까지도 부족하다고 주장한다. 기업들은 홍보회사들을 적극적으로 활용하고 거기다 '경제학적 연구결과물들'을 지원금으로 매수하여 정책입안자들로 하여금 기업은 전문직 취업비자의 보조 없이는 제 기능을 수행할 수 없다고 확신하게 만들었다. 이 취업비자가 '전문기술자 부족'을 채우기 위한 것이 아니라는 증거는 확실하다. 기업들은 이 비자를 이용하여 상대적으로 임금이 높은 미국인을 내보내고 임금이 싼 외국인을 그 자리에 앉히고 있다. 면직을 당하기 전 미국인 직원은 후임자를 교육시키도록 요구 받는다. 만약 기술인력이 부족하다면 전문직 취업비자 소지자들이 고용되더라도 미국인 직원들은 해고되지 말았어야 한다.

이제 노동부의 2004~2014년에 걸친 10년 단위 고용예측 자료를 검토해볼 것인데, 여기서 우리는 미국 기업들이 전문직 취업비자의 보조를 받아 미국인 대신 외국인들을 고용하고 있다는 사실을 잊지 않도록 해야 한다.

(일자리 숫자 면에서) 2004~2014년의 10년 동안, 가장 큰 고용성장이 있을 것으로 예상되었던 직업의 종류는 모두 비교역 내수서비스 업종뿐이었다. '초강대국'인 미국에서 가장 많은 일자리를 만들어 내는 상위 10등까지의 직업들은 다음과 같다.

소매점의 판매원, 간호사, 직업교육기관 강사, 고객상담원, 건물관리인과 청소부, 웨이터 혹은 웨이트리스, 음식 차리는 종업원(패스트푸드 포함), 입주간병인, 간호보조원, 잡역부 및 안내원, 총무 및 작업관리자.

정부가 고용성장을 예상하고 있는 그 어떤 직종도 거대한 무역적자를 메우는 데 도움이 될 만한 수출용 상품과 서비스를 생산해 내지 못하는 것뿐이다. 게다가 이들 직업의 대부분은 대학교육이 필요 없다는 사실도 유의해 주기 바란다. 지난 20년 동안 미국인들에게 약속되어온 지식기반의 일자리는 아직 실현된 바가 없다.

(성장률 면에서) 가장 빠른 증가세를 보이는 직업들 가운데 상위 열 개 중 일곱 가지는 건강관리와 사회복지 분야에 속한다. 이 일곱 개를 제외한 나머지 세 개 분야는 다음과 같다.

- 네트워크 시스템과 데이터 분석 : 10년간 총 12만 6000개 혹은 매 년 1만 2600개
- 소프트웨어 앱 개발 : 10년간 총 22만 2000개 혹은 매년 2만 2200개
- 컴퓨터 시스템 소프트웨어 개발 : 10년간 총 14만 6000개 혹은 매 년 1만 4600개

하지만 이런 계획이 실현되더라도 이들 컴퓨터 분야와 네트워크 시스템 분야의 일자리 중 과연 몇 개나 미국인들이 차지할 수 있을까? 많지 않을 것이다. 매년 전문직 취업비자 6만 5000개가 발급된다는 현실을 감안해본다면 말이다(게다가 이 전문직 취업비자를 지금보다 더 늘려야 한다는 법안이 의회에 상정되어 있다). 초고속 인터넷은 기업들로 하여금 미국인을 고용할 인건비의 극히 일부만 가지고도 손쉽게 해외에서 아웃소싱하도록 해준다.

2004~2014년의 10년 단위 고용예측으로 판단컨대, 미국 노동부는 첨단기술 분야의 일자리 증가를 기대하지 않고 있다. 지식기반 직업은 제조업보다 더 빠른 속도로 아웃소싱되고 있으니 말이다. 소위 '신경제'라는 것은 미국인들이 당한 또 하나의 사기인 것이다.

2006년 1월 이후 미국 경제의 고용성과는 어땠으며, 최근 작성된 노동부의 10년 단위 고용예측은 어떠한가? 2006년 1월에서부터 2011년 1월까지 제조업 분야의 일자리는 또다시 259만 3000개가 사라졌다. 이것은 2006년 제조업에 종사하던 인력의 18퍼센트에 해당되는 수치이다.

2006년 1월에서 2011년 1월까지 5년간 컴퓨터와 전자제품 제조업 분야의 고용은 130만 5600개에서 111만 5200개로 16퍼센트에 해당되는 19만 400개의 일자리가 사라졌다. 2001년 1월부터 2011년 1월에 이르는 10년간 컴퓨터와 전자제품 제조업의 고용은 40퍼센트가 줄었다.

고용 감소는 모든 분야에서 나타나고 있다. 2001년부터 2011년 사이 기계류 생산 부문의 고용은 30퍼센트가 줄었다. 반도체와 전자부품 제조업의 고용상황은 글자 그대로 망해 버려 10년 사이 71만 4000개에서 37만 7500개로 47퍼센트가 사라졌다.

이렇게 숫자들을 나열하다 보면 독자들은 쉽사리 지루해질 것이다. 그러나 제1세계의 일자리가 미국에서 총체적으로 붕괴되었다는 것을 통계 숫자를 통해 확실히 보여줄 필요가 있다.

21세기 들어 처음 10년 동안 전기설비와 전자제품 회사의 고용은 37퍼센트가 감소했다. 자동차 생산과 관련부품 산업도 44퍼센트 감소했다. 직물공장의 고용은 66퍼센트 줄었다. 의류 제조업도 65퍼센트 줄었다. 화학 산업의 고용은 21퍼센트 줄었다. 심지어 '신경제'의 중추에 해당하는 금융업에서조차도 고용이 1퍼센트 하락했다.

그렇다면 21세기의 처음 10년간 미국의 일자리가 늘어난 곳은 어느 분야인가? 2001년 1월부터 2011년 1월까지 웨이트리스와 바텐더는 113만 2300명이 늘어나 14퍼센트가 증가했다. 건강관리와 사회복지 인력은 29퍼센트에 해당하는 368만 6300명이 늘어났다. 이 중에서도 방문 건강관리 서비스직은 166만 6300명으로 45퍼센트를 차지한다. 공공 부문의 고용은 139만 1000명이 늘어났다. 2011년 1월 정부에 의한 총고용 인원은 2222만 6000명인데 이는 미국 내 제조업 종사자(1161만 8000명)의 거의 두 배에 달하는 수치이다.

결론은 명백하다. '글로벌리즘' 혹은 일자리 역외이전은 미국의 고용상황을 공공기관과 비교역 내수서비스 업종에서만 일자리 발견이 가능한 제3세계 양상으로 바꾸어 버린 것이다.

노동통계국의 2008년과 2018년 사이의 일자리 증가예측은 이 결론을 확인해준다. 노동통계국은 다가오는 수년 후 제조업과 같은 생산직 종사자들의 고용이 3.5퍼센트 줄어들 것으로 예상했다. 일자리 성장은 서비스 분야에만 있을 것으로 보고 있다. 간호사, 간호보조사, 건강관리보조원, 잡역부, 안내원, 고객상담원, 주방보조 및 관리와 홀서빙, 소매점판매원, 사무원, 사무관리자와 행정보조원, 경비, 웨이터와 웨이트리스, 트럭 운전기사 등이 여기에 해당된다. 대학 이상의 학력을 필요로 하는 일들 중 일자리가 늘어나게 될 직종은 드물다. 회계사, 교사, 소프트웨어엔지니어, 정보통신 및 데이터통신 기술자, 경영분석가 등이 여기에 해당된다.* 그러나 다시 말하지만 일자리 역외 이전과 전문직 취업비자 때문에 그나마 새로 생겨나는 컴퓨터 엔지니어와 IT 분야의 일자리가 미국인들에게 제대로 돌아갈 수 있을지는 장담할 수 없다.

노동통계국이 예상하는 고용성장 규모가 가장 큰 30개 직업들 가운데 대졸학력을 요구하는 직업은 단지 일곱 개뿐이다. 노동통계국은 2008~2018년 사이 10년간 대학졸업 이상의 학력을 필요로 하는 총 143만 4000개의 신규 일자리를 예상하고 있다. 그러나 이 수치는 국립교육통계센터NCES가 예측하는 2011~2012학년도 대학졸업자의 60퍼센트에 불과할 뿐이다.† 바꿔 말하면 2008~2018년 10년간 새로 생기는 일자리보다 더 많은 대학졸업자들이 한 해에 쏟아져 나온다는 말이다.

국립교육통계센터의 예측에 의하면 2011~2012학년도 졸업자는 학사가 157만 명, 석사가 67만 1000명, 전문학위 취득자(의사, 치과의사, 변호사 등) 9만 8500명, 그리고 박사학위 취득자 5만 2700명으로 학위를 취득하고 졸업한 전체 인원은 239만 3200명에 달한다. 여기에 준학사 학위 같은 2년제 대학졸업생(예를 들어 공인간호사 자격 취득) 73

---

* 미 노동통계국 '향후 10년간 일자리 예상'
  http://www.bls.gov/news.release/ecopro.t06.htm

† 학위 수여자 수http://nces.ed.gov/programs/digest/d04/tables/dt04_247.asp

만 1000명까지 합하면 2011~2012학년도 미국의 단과대학 및 종합대학 졸업생 수는 모두 312만 3200명에 이르게 된다.

이 졸업생들은 어디에서 일자리를 찾을 수 있을까? 문제를 제대로 보려면, 국립교육통계센터의 예측을 들여다봐야 한다. 2007~2008학년도부터 2013~2014학년도까지 7년 동안 학사, 석사, 박사, 그리고 전문 학위자 1630만 9000명이 쏟아져 나왔다. 여기에 500만 명에 달하는 2년제 대학 졸업생들까지 포함시키면 7년간 총 2100만 명 이상의 졸업생이 쏟아져 나왔다. 그러나 이들에게 준비된 직장은 노동통계국 예상 연간 14만 3400개의 대졸 직장과 연간 5만 8200개의 준학사에 해당하는 공인간호사 자리만 있을 뿐이다.

미국 대학교 졸업생 중 외국인이 많은 것은 사실이다. 나는 매해 대학을 졸업하는 외국인이 몇 명이나 되는지, 이들 중 몇 퍼센트의 졸업생들이 자신의 나라로 돌아가는지를 파악하지는 못했다. 그러나 최근 스탠퍼드 대학, 조지아공과 대학, 미주리 대학의 졸업행사에 참석한 나의 경험을 토대로 판단컨대, 미국 대학 졸업자의 3분의 1 정도는 미국 시민이 아닌 것으로 보인다. 그러나 이 추정치를 절반으로 올리고 외국인 졸업생 모두가 자기네 나라로 돌아간다고 가정해 보더라도 7년간 배출되는 미국인 졸업생 800만 명이 10년에 걸쳐 공급되는 143만 4000개의 일자리를 두고 경쟁을 해야만 한다.

물론 그 10년 동안 퇴직 등의 이유로 공석이 발생할 수 있으므로 취업기회는 좀 더 늘어날 것이다. 사실 일자리 정원을 초과하는 대학 졸업자들의 수치를 뽑아보려면 기존 직장인들의 퇴직 비율도 알아야 하며 퇴직으로 인한 공석을 신규채용으로 얼마나 대체시켰는지도 파악해야 한다. 그러나 이렇게 많은 대학 졸업생들과 터무니없이 부족한 일자리를 생각해 본다면 미국에서 교육을 통해 장래를 바라보기란 매우 힘든 일임에 분명하다.

전문가들에 의하면 미국 경제는 인구 증가분만 따라잡으려고 해도 매달 13만 개에서 5만 개 사이의 새로운 일자리가 필요하다고 한다. 더군다나 높은 실업률을 낮추려면 실업률보다 더 많은 수의 일자리 증가가 필요할 것이다. 인구증가분만큼만 따져 필요한 일자리 수를 매달 13만 개 정도로 낮게 잡더라도 실업률이 현재보다 더 악화되지 않으려면 156만 개의 새로운 일자리가 매년 생겨나야 한다. 10년 동안에 1560만 개의 신규 일자리가 필요한 것이다. 그러나 미국 경제는 인구증가가 요구하는 수준의 일자리 창출에는 근접도 하지 못하고 있다. 노동통계국 보고서에 의하면 미국 경제는 2001년 1월부터 2011년 1월까지 10년 동안 214만 1000개의 일자리를 잃었다. 즉 2011년 미국은 일자리 1774만 1000개가 적자인 것이다.*

'신경제' 시대의 지식기반 직장은 어디에도 찾아볼 수가 없다. 중단기 연수만으로도 투입이 가능한 재택 건강도우미, 고객상담원, 음식준비 종업원 같은 단 세 개의 직종만으로도 대학교육을 필요로 하는 일자리 수와 거의 같은 수의 일자리가 더해지리라 예측되고 있다. 일

---

* 미 노동통계국 자료 http://data.bls.gov/pdq/SurveyOutputServlet

자리가 가장 많이 늘어날 것으로 예상되는 상위 열 개의 직업 중 회계 및 감사(8위)와 직업교육기관 강사직(10위) 단 두 개만이 대학 학위를 필요로 한다.

이것이 바로 구식 제조업 · 산업 경제를 갈아치운 글로벌리즘이 선사한 '신경제'인 것이다. 약속된 '지식기반 일자리들'은 신경제의 어느 모습에서도 보이지 않고 있다. 이제 미국은 저임금의 국내 서비스업에 종사하는 제3세계형 노동력으로 이루어진 소위 '세계 초강대국'이다.

일자리 역외이전으로 미국의 고용과 소비자의 소득증대가 파괴되는 동안, 정부와 기업 그리고 경제학자들과 언론매체에 종사하는 기업의 앞잡이들은 글로벌리즘은 미국에게 이익이라고 끝없이 장담해 왔다. 조지 W. 부시 정권 시절 상무부는 33만 5000달러를 들여 첨단기술 직종의 역외이전에 관한 영향을 연구하도록 하였으나 무슨 이유에서인지 조사결과를 공표하는 것을 거부했다. 공화당 출신 관료들은 200페이지짜리 보고서를 12페이지로 줄여 선전 · 홍보에 쓰면서, 막상 보고서를 작성한 상무부 기술관리국 전문가들이 의회에 출석해 증언하는 것을 허락하지도 않았다.

하원 과학기술위원회 소속 민주당 의원들은 카를로스 구티에레즈 Carlos Gutierrez 상무장관의 손아귀로부터 그 보고서를 빼내 연구 내용을 밝혀내는 일에 실패했다. 2006년 3월 29일 같은 위원회의 공화당 의원들은 상무부가 연구내용을 의회에서 발표하도록 강제하는 결의안을 부결시켜 버렸다. 이것만 보더라도 이 연구 내용이 부시 정권이 선전하는 세계화와 다르다는 것은 명백해 보인다.

우리가 살펴본 노동통계국의 취업통계 자료는 주식시장의 업종 분류처럼 유사한 산업별로 분류되어 측정되고 있다. 그런데 이렇게 측정된 자료는 영업, 회계, 관리같이 직무 분류로 얻은 결과와는 일치하지 않는다. 예를 들어 컴퓨터 관련 인력은 거의 모든 산업과 사업영역에서 필요로 한다. 미국 컴퓨터협회ACM가 발표한 한 연구보고서(2004년)는 다음과 같이 주장한다.

"일자리가 인도와 중국으로 넘어가고 있다는 매스컴들의 미국 내 선전에도 불구하고, 오늘날 미국의 정보통신 인력의 고용 규모는 과거 닷컴 비즈니스 붐이 최고조에 달했던 시기보다 더 커졌다. 정보통신기술은 적어도 향후 10년 동안은 성장하는 분야가 될 것이다."

이 주장이 맞는 말인지는 노동통계국의 2004년 직무별 고용통계를 확인해 보면 알 수 있을 것이다. 우선 '컴퓨터 및 전산 분야'와 '건축 및 엔지니어링 분야'의 취업 상황을 살펴보도록 하자.

컴퓨터 및 전산 분야에 해당하는 직업으로는 소프트웨어 개발, 시스템 엔지니어, 컴퓨터 프로그래머, 네트워크 및 데이터통신 엔지니어, 그리고 수학자가 있다. 그런데 이런 직업들이 이제껏 일자리 증가의 원천이 되었을까?

2000년 11월 이 분야에는 293만 2810명이 고용되어 있었다. 2004년 11월에는 2000년에 비해 20명이 줄어든 293만 2790명이 고용되어

있었다. 정체된 고용을 '고성장'이라고 할 수는 없을 것이다.[*]

건축 및 엔지니어링 분야는 컴퓨터 엔지니어링을 제외한 건축과 공학기술 전 분야가 해당된다. 이 분야의 취업인구는 1999년 11월과 2004년 11월 사이에 12만 700명이 줄었다. 기준 연도를 어디로 정하든 이 분야의 고용은 줄어들고 있다. 예를 들어 2000년 11월에서 2004년 11월까지 이 분야의 취업인구는 18만 9940명이 줄었고, 2001년 11월부터 2004년 11월까지는 10만 3390명이 줄었다.

여기서 확실히 알 수 있는 것은 미국 내 공학기술 분야와 컴퓨터 관련 분야의 취업은 미국 컴퓨터협회가 주장한 것과는 다르게 증가하지 않았다는 것이다. 게다가 취업비자를 소지한 50만 명의 미국 내 외국인들까지 여기에 포함된다면 전체 취업인구 수는 미국인들의 실질적인 취업수치를 반영하지 못하는 것이 분명하다.

미국 노동자들은 미국 기업들과 의회에 있는 자신들의 대표에게서 버림받았다. 미국은 외국인들에게는 기회의 땅으로 남아 있는지 몰라도 현지인에게는 그렇지 않다. 비교역 내수서비스에 노동력이 집중되어 있는 나라는 과학자나 공학기술자가 필요 없고 대학교육도 필요치 않다. 게다가 성장이 예상되는 간호업무나 교사직조차도 전문직 취업비자를 가진 외국인들로 채워질 수 있는 실정이 아닌가.

해외로 넘어간 일자리 대신 훨씬 더 고급스러운 직장이 생길 것이

* 미 노동통계국 자료 http://www.bls.gov/oes/2004/november/oes_15Co.htm

라는 신화는 미국에서만큼은 매우 확고히 자리 잡고 있었다. 그러나 노동통계국 비농업취업 자료나 직무별 고용통계 어디에서도 이런 직장이 나타난 징조는 보이지 않는다. 경력이 없는 사원을 위한 일자리가 없는 나라는 고급 단계의 경력직으로 올라갈 인재가 없는 나라이다. 제조업이 떠나면 공학기술, 디자인, 연구개발과 함께 기술혁신 자체가 떠나 버리게 되는 것이다.

2006년 2월 16일자 〈뉴욕타임스〉는 미국 학술원National Academies에 제출된 새로운 연구결과를 보도했다. 연구는 일자리가 해외로 이전되면 더 높은 단계의 기술도 따라서 이전된다고 결론짓는다. 열다섯 개의 산업 분야를 대표하는 미국과 유럽의 다국적 기업 200군데를 조사해 보니 이들 중 38퍼센트의 기업들이 자사의 연구개발 사업을 인도와 중국으로 옮겨 대대적인 변화를 꾀할 계획이라고 한다. 〈뉴욕타임스〉에 따르면, "조사에 참여한 더 많은 기업들이 미국과 유럽 내의 연구개발 인력을 늘리기보다는 줄여나갈 계획"이라고 밝혔다.†

그런데 이 연구결과가 촉발된 토론에서 제시된 해결책들을 도저히 수긍하기가 어렵다. 연구개발이 인도와 중국으로 이전되는 주된 이유가 미국의 과학적 역량이 쇠퇴했기 때문이라는 것이다. 그 이유로 미국 학생들이 수학과 과학 실력이 부족하고 과학과 공학 분야의 직업

---

† Steve Lohr http://www.nytimes.com/2006/02/16/business/16outsource. html?ex=1297746000&en=fa39a3608333d562&ei=5090&partner=rssuser-land&emc=rss&_r=0

을 꺼려한다는 것을 들었다. 하지만 이런 믿음이 사실이라면 역으로 왜 학생들이 해외로 옮겨지는 일자리를 쫓아가려고 애를 쓰는지 의아스럽기만 하다.

연구, 개발, 디자인과 기술혁신이 일어나는 현장은 바로 물건이 만들어지는 나라라는 사실을 아무도 이해하지 못하는 것 같다. 제조업을 상실한다는 것은 궁극적으로 공학과 과학을 상실한다는 것을 의미한다. 최신 공장은 최첨단 기술의 구현체이다. 만약 이런 최신 공장들이 해외에 세워진다면 최첨단 기술은 바로 그 공장이 세워지는 곳에 존재하게 될 것이다.

한 나라가 교역재 생산을 포기한다는 것은 물건의 제조와 관련된 여러 직업 활동을 단념하겠다는 것과 다름없다. 공학과 연구개발은 제조업과 함께 떠나 버린다. 제조업과 연구개발의 토대로부터 동떨어진 기술혁신이란 불가능하다. 기술혁신이란 지금 수행되고 있는 작업의 최첨단 지식에 입각하여 일어나는 일이다. 그런데 만약 그 작업이 다른 곳에서 이루어진다면? 혁신을 추구하는 사람은 자신이 불리한 입장에 처했음을 곧 깨닫게 될 것이다.

역외이전은 미국에 매우 심각한 문제를 야기하고 있다. 이에 대해 나는 한 가지 필수적인 개선책은 제안해 왔는데, 그것은 바로 최고경영자의 급여와 단기이익 성과 간의 연관성을 끊어 버리는 것이다. 기업 CEO들이 미국인 직원들을 내버림으로 단 몇 년 만에 부자가 될 수 있는 한, 무역적자는 계속 늘어만 갈 것이다. 또 더 많은 대졸자들이 웨이트리스와 바텐더로 일해야만 할 것이다.

근시안적인 미국의 경영방식은 장기적인 면에서 기업의 생존을 위태롭게 만든다. 이런 근시안적 경영은 매 분기마다 보고서를 요구하여 투자자들에게 최신의 재무정보를 제공하도록 하는, 소위 '개혁'의 부산물이지만 이는 경영 개혁가들이 미처 생각하지 못한 결과를 초래하고 말았다. 바로 월 스트리트 그리고 기업의 경영진들과 이사들이 단기적인 실적에만 초점을 맞추도록 조장했다는 점이다.

경제학자들은 그들의 교리에 현실주의를 도입해야 한다. 미국 경제는 자유무역을 발판으로 발전하지 않았다. 만약 자유무역주의자들의 주장대로 보호무역으로 인해 비용이 드는 것이 사실이라 할지라도, 그 비용은 미국의 경제부상을 가로막지 않았다. 여러 역사 연구를 토대로 판단해 보면, 오히려 보호무역은 미국이 산업과 제조업의 강자로 부상할 수 있었던 원인이었다.[*]

경제학자이자 관세 위원장으로 관세와 무역이론 분야에 지대한 공이 있는 프랭크 윌리엄 타우시그는 자신의 저서《미국 관세법의 역사》[†]에서 자유무역이 아닌 보호무역이 19세기 미국의 경제정책이었음을 기록했다. 타우시그는 자신의 책에서 비록 미국이 광범위한 보

---

[*] R. W. Thompson 〈The History of Protective Tariff Laws〉 Chicago: R.S. Peale, 1888 그리고 Michael Hudson 〈America's Protectionist Takeoff 1815-1914〉, 2010

[†] Frank William Taussig, 《The Tariff History of the United States》, New York: G.P. Putnam, 1914

호무역 정책을 실시했다고는 하지만 미국이 제조업 강국으로 부상할 수 있었던 주된 이유는 관세 때문이 아니었다고 결론짓는다. 보호관세에 대한 반대론자와 옹호론자들이 관세의 영향을 과장하고 있다는 것이다.

미국 경제사상의 많은 부분이 미국이 과거에 성공을 이루었다는 사실을 배경으로 하고 있다. 많은 경제학자들이 자유시장이 존재하는 한 과거로부터 이어지는 미국의 성공이 당연히 계속되리라고 생각한다. 그러나 미국이 성공을 거둘 수 있었던 대부분의 요인은 바로 1, 2차 세계대전에 있다. 전쟁으로 인하여 경쟁국들이 파산했고 그들의 산업역량 또한 파괴되었기 때문이다. 미국은 2차 세계대전이 끝난 후 세계무역에서 우월한 지위를 쉽사리 차지할 수 있었다. 왜냐하면 당시 미국은 온전한 제조업 경제를 가진 세계에서 유일한 나라였고 미국 달러화가 영국의 파운드화를 대체하여 세계기축통화의 지위를 획득했기 때문이다.

많은 경제학자들이 역외이전으로 나타난 선진 경제권의 문제들은 일축하면서 역외이전이란 단지 임금 평준화의 문제라고 주장한다. 역외이전으로 중국과 인도의 임금이 올라가면 인건비 격차가 사라지게 되므로 장차 임금은 어디에서나 같아지게 된다는 논리이다. 그러나 이것은 인도와 중국의 노동시장에서 노동인구로 흡수되기까지 오랜 세월을 기다려야 하는 수억 명에 이르는 노동 인력을 간과하는 주장이다. 잉여 노동력이 다 흡수되는 긴 세월 동안 현재의 고임금 국가들이 겪는 고난은 극심할 것이다. 그뿐 아니라 임금조정이 완성되더라도 그때는 신흥 산업국가들이 더 유리한 위치를 차지하게 될 것이다. 과연 이 국가들이 임금 평준화 과정에서 획득한 경쟁력과 전략적 우위들을 포기하려 들겠는가?

이로운
글로벌리즘이란
없다

미국은 소득분배에 있어 상위 1퍼센트를 더욱 부유하게 만들어 주기 위해 자기 나라 노동 인력의 희망과 생활수준을 파괴한 근대이래 최초의 나라가 되었다. 한때 기회의 땅이었던 미국은 이제 글로벌리즘에 의해 부자와 가난한 사람들로 양극화되어가고 있다. 그러나 경제학자들은 이러한 현실을 부정하는 데 있어 거의 예술적 경지를 보이고 있다.

예를 들어 조지 W. 부시 대통령 경제자문위원회의 매튜 슬로터 Mattew J. Slaughter는 이렇게 적고 있다.

"미국의 다국적 기업들이 해외 계열사를 통해 창출한 한 개의 일자리마다 약 두 개에 달하는 미국의 일자리가 그들의 모기업에 만들어진다."

슬로터가 주장하는 바를 고쳐 말하면, 역외이전은 외국인 일자리보다 더 많은 일자리를 미국 기업에 만들고 있다는 것이다.

슬로터가 내린 결론은 노동통계국의 취업통계 자료나 직무별 고용통계치를 참고한 것이 아니다. 대신 그는 다국적 기업의 고용증가 자료를 참조했는데, 여기서 고용이 증가한 내막은 반영되지 않았다. 다국적 기업들은 기존의 소규모 회사들을 인수한다. 따라서 다국적 기업의 일자리가 늘어났다는 것은 다국적 기업 소속 직원 수가 늘어난 것이지 전체 취업자 수가 늘어난 것은 아니다. 또한 기업들은 다국적 기업이 되기 위해 해외사업부를 설립하는데, 여기에 해당 기업의 기존 인력에 다국적 직원들이 더해지는 것이다.

경제학자들은 갖은 방법을 동원하여 사실을 은폐하고 있다. 가령 미국의 대표적 민간 경제조사기관인 컨퍼런스 보드의 경제학자 매튜 스피글먼Mattew Spiegleman은 제조업의 임금은 국내 서비스업의 임금보다 조금 더 높을 뿐이며 따라서 제조업의 역외이전으로 발생한 미국인들의 소득손실은 그다지 유의미하지 않다고 주장한다. 그런데 그는 시간당 단순 임금만을 비교했을 뿐이다. 그는 제조업 종사자의 주당 노동시간이 더 길다는 점과 제조업 상근직원이 임금의 일부로써 누리는 의료서비스나 연금 같은 추가적인 혜택은 고려하지 않았다.

하버드 대학의 마이클 포터Michael Porter 교수는 2006년 11월 워싱턴 D.C.의 기자회견에서 경쟁력위원회Council on Competitiveness의 지원을 받아 〈경쟁력 지수 : 미국이 서 있는 곳Competitiveness Index: Where America Stands〉이라는 제목의 보고서를 발표했다. 보고서의 주 저자인 포터 교수는 이 보고서야말로 미국이 글로벌리즘으로 혜택을 입고 있다는 것을 증명한다고 말했다.

포터 교수가 발표한 내용들은 당시 내가 실증적 자료를 가지고 지적한 사실들과 부합하지 않았다. 그러나 경쟁력위원회는 그 보고서를 옹호했고, 결국 미국인들을 망하게 만드는 글로벌리즘이 오히려 미국인들에게 혜택을 주고 있다는 잘못된 확신을 가지도록 이용되는 보고서 산더미의 일부가 되었다.

포터의 경쟁력 보고서는 미국이 "1인당 GDP에서 모든 주요 경제권들을 이끌고 있으며 부동산과 증권수익으로부터 힘입어 가구당 재산이 크게 늘어났고 지난 20년 동안 모든 집단에서의 빈곤율이 개선되었다."고 자부한다.

그런데 이 보고서는 조사대상 기간을 20년으로 잡았기 때문에 글로벌리즘으로 인한 경제악화를 그 이전 시기에 확보한 훌륭한 성과로 물타기할 수가 있었다. 포터의 보고서를 자세히 들여다보면 글로벌리즘이 확산되면 될수록 미국의 경제적 성과가 점점 더 저하되는 것을 알 수 있다. 결국 보고서는 최근의 주요 경제 분야들이 이렇다 할 만한 성과를 내지 못하고 있다는 점을 인정한다. 포터 교수가 보여준 지난 20년에 걸친 경제적 성장 효과는 그 이전 레이건 대통령 시절의 공급중심 경제정책에 그 뿌리를 두고 있다. 그것은 결코 일자리를 해외로 이전시켜 얻어낸 성과가 아니다.

포터의 보고서가 발표될 당시, 21세기에 접어든 미국은 일자리 창출에 있어 그 어느 때보다도 형편이 좋지 못했다. 가처분소득 대비 부채상환비율이 올라가는 중이었고, 저축률은 바닥을 치다 못해 사람들은 생활비가 없어 은행에서 대출을 받고 있는 실정이었다. 미국인들에게 가해지는 글로벌리즘의 충격이 최고조로 확산되기 전인데도 빈곤율은 다시 상승하고 있었다.

포터 보고서는 미국이 글로벌 성장의 선두에 서 있다고 여러 차례 강조하지만, 이러한 성장이 빚으로 이루어져 있다는 사실은 강조하지 않았다. 2006년 정부와 소비자의 부채는 빠른 속도로 쌓여가고 있었다. 포터의 보고서가 발표될 무렵 빚으로 이룩한 소비는 미 GDP보다 연간 8000억 달러씩 초과되었고, 무역적자와 경상수지적자는 기축통화인 달러화의 지위를 위협하고 있었다. 그러나 보고서는 이와 같은 부정적인 현상을 미국이 세계경제 성장의 견인차 노릇을 하는 모습인양 만들어 버렸다.

여러 경제학자들의 주장처럼 이 보고서 역시 "미국은 외국인들의 직접투자를 불러 모으고 있으며 글로벌 투자의 중심지로 남아 있다."고 주장한다. 그 이유는 바로 "미국의 높은 생산성과 강한 성장세 그리고 견줄 데 없는 소비시장" 때문이라는 것이다. 하지만 이런 주장은 새로운 생산시설과 설비투자 그리고 기존 자산투자 사이의 차이점을 구별하지 않는 데서 나온 것이다.

포터의 경쟁력 보고서는 미국에 대한 외국인 직접투자는 새로운 생산시설과 설비로 구성되어 있으므로 외국인 투자로 미국인들의 새 일자리가 만들어질 수 있음을 시사한다. 하지만 미국 상무부 경제분석국BEA의 보고서들을 보면, 외국인의 미국 내 직접투자 대부분은 미국

내 기존 기업들을 인수한 것임이 통계로 확인된다. 외국인 직접투자로 유입되는 자금은 미국의 거대한 무역적자와 경상수지적자로 빠져나간 돈이 다시 미국으로 들어와 투자되는 것일 뿐이다. 미국은 자신의 과잉소비를 달러로 지불하고, 외국인들은 그 돈으로 미국 내의 사업체를 사들이고 있는 것이다.

예를 들어 2009년 6월, 토머스 앤더슨Thomas Anderson이 작성한 미국 상무부 경제분석국의 보고서 〈미국 내 외국인 직접투자〉를 보면, 1992~2008년 사이의 미국 내 외국인 직접투자는 두 가지 성격으로 구분된다. 하나는 현존 사업체를 인수하는 경우, 또 다른 하나는 신규 사업체를 설립하는 경우이다. 1992년 신규 사업체가 설립된 경우는 전체 외국인 직접투자 가운데 30.8퍼센트를 차지했으며 기존 사업체를 인수한 경우는 69.2퍼센트였다. 1997년의 비율은 각각 12.7퍼센트 대 87.1퍼센트였다. 그러다가 2000년도 들어서 비율이 3.8퍼센트 대 96.2퍼센트가 되고 말았다. 2007년이 되자 비율은 11.2퍼센트와 88.8퍼센트로 변했다. 2008년의 비율은 각각 6.7퍼센트와 93.2퍼센트였다.*

역외이전은 미국 시장에 내다 팔기 위하여 해외에서 생산되는 상품과 서비스의 양만큼 미국의 무역적자를 증가시킨다. 무역적자는 미국 기업의 소유권을 외국인들에게 넘김으로써 메워지고 있다. 여기에 외

---

* 미 상무부 경제분석국 〈해외 직접투자에 관한 보고서〉
http://bea.gov/scb/pdf/2009/06%20June/0609_fdius.pdf

국인들이 인수한 사업체로부터 벌어가는 수입 때문에 미국의 경상수지는 더욱 악화되고 있다.

또한 포터의 경쟁력 보고서는 생산성 향상 평가에 있어서도 오류를 범하고 있다. 경제학자들은 노동은 생산성에 따라 그 보수가 매겨진다고 말한다. 이 법칙은 미국 역사 이래로 계속 적용되어 왔다. 그러나 이런 상관관계는 미국 기업들이 '아시아의 호랑이들Asian Tigers'이라고 불리는 나라로 역외이전하면서 금이 가기 시작하더니, 인도와 중국을 향한 본격적인 제조업과 서비스업의 이전과 더불어 더욱 악화되었다. 그뿐 아니라 과거로부터 이어오던 생산성과 임금의 상호관계는 취업비자를 발급해 미국에 데려오는 해외 저임금 숙련 노동력으로 인해 더더욱 무너지게 되었다. 미국인들은 해고되기 전 자신들의 일자리에서 일할 '계약노동자indentured servants'들을 교육시켜 주어야만 한다. 기업은 이들에게 미국인 급여의 3분의 2정도만 지불하고 일을 시킨다. 그 결과는 노동부 노동통계국의 보고서에 나타나듯, 노동생산성과 실제 보수와의 간격이 갈수록 벌어지고 있는 것이다.

1947~1973년 동안 시간당 실질 보수의 증가는 노동생산성 증가의 93퍼센트에 달했다. 1973~1979년에 들어와서는 82퍼센트가 되었다. 그러다 20세기 마지막 10년 동안 시간당 지불되는 노동의 대가는 생산성 향상 대비 71퍼센트 증가에 그쳤다. 그리고 21세기에 들어온 후 10년 동안 노동으로 가져가는 몫은 생산성 향상의 44퍼센트로

곤두박질쳤다.*

경쟁력 보고서의 가장 큰 문제점은 미국 기업들이 자국시장에 팔기 위한 상품을 역외생산함으로써 노동차익 거래를 하고 있다는 점과 이것으로 초래되는 문제점에 관해 아무런 언급이 없다는 점이다. 역외이전이라는 행태는 실업과 조세 기반의 상실을 직접적으로 야기하고, 국내 산출을 수입으로 바꿔 버린다. 역외이전은 절대우위를 쫓아 자본과 기술이 해외로 빠져나가는 것이다. 자유무역은 한 나라 안에서 비교우위에 있는 상품을 다른 나라의 비교우위 상품과 거래하는 것이다. 따라서 자본과 생산을 해외로 옮기는 역외이전은 자유무역이라고 정당화될 수가 없다.

CEO들이 받는 보수가 비정상적으로 인상되고 소득과 부의 흐름이 극소수 부유층에게로만 흘러들어 가게 된 가장 근본적인 원인은 바로 미국인 노동력을 외국인으로 갈아치웠기 때문이다. 경영자가 노동력을 해외에서 구하면 비용을 절감할 수 있으므로 목표 수익을 일찍 달성하거나 초과할 수가 있고 따라서 급여의 몇 배에 달하는 실적 상여금을 받을 수 있다. 여기에 주주들은 주가가 상승하니 그 이득을 챙길 수 있다. 공장이 폐쇄되고 일자리가 해외로 이전되면 미국 노동자들은 그들의 생계수단을 잃게 되지만 경영진과 주주들은 번창하게

---

* 미 노동통계국 '생산성과 보수의 간격'
http://www.bls.gov/opub/ted/2011/ted_20110224.htm
http://www.bls.gov/opub/mlr/2011/01/art3full.pdf

되는 것이다. 역외이전은 미국의 소득불균형을 터무니없이 악화시키고 있는 원인이다.

한편 포터의 경쟁력 보고서는 "역사상 처음으로 중국과 같은 신흥경제국이 막대한 양의 돈을 세계에서 가장 부유한 나라에 빌려주고 있다."는 사실은 인정하고 있다. 하지만 역사적으로 저개발 국가에 돈을 빌려주는 나라는 가난한 나라가 아닌 부유한 나라들이었다.

중국이 미국에게 빌려주는 돈은 일종의 강요된 대출이다. 수입 의존적인 미국은 중국에 있는 미국이나 중국 기업들이 생산한 공산품과 첨단기술 제품을 수입하고, 이에 대해 중국은 달러를 받는다. 중국은 그 돈으로 미국 내에 있는 순자산을 매입하거나 재무부 채권을 구입하여 다시 미국에 빌려주는 방식으로 달러화를 순환시키고 있다. 중국은 위안화를 달러화와 연결시켜 환율을 통제하고 있기 때문에 함부로 달러를 외환시장에 투매하지는 못할 것이다.† 만약 달러를 외환시장에 투매한다면 중국은 미국 달러화로부터의 이탈을 일으키는 셈이고, 또 자국의 화폐가치를 떨어뜨리기 위해 미국 달러화를 끌어내림으로써 전 세계 나머지 나라들에 대한 경쟁력 우위를 증대시키려 한다는 항의를 받게 될 것이다.

내가 미국 재무부에서 차관보를 지내던 1980년대 초반에는 미국의 해외자산이 외국인들이 보유한 미국 내 자산을 능가했었다. 그런데

---

† 중국은 달러 고정환율제에서 미국의 위안화 절상압력으로 2010년 이후 변동환율제와 고정환율제의 중간 성격을 가진 복수통화 바스켓 제도를 시행하고 있다. - 옮긴이

2005년에 이르러 상황이 급격하게 변하면서 미국이 가진 해외자산보다 외국인들이 미국 내에 가진 자산이 2조 7000억 달러나 더 많아졌다. 90년 전 미국이 개발도상국이었던 시절 이래로 이 나라는 처음으로 해외투자로부터 벌어들인 돈보다 더 많은 액수를 해외 채권자들에게 지불하고 있는 것이다.

포터의 경쟁력 보고서는 무역적자와 경상수지적자를 대수롭지 않게 여긴다. 왜냐하면 미국 회사의 '해외 계열사에 의한 판매'는 무역적자라고 볼 수 없고 무역적자의 상당 부분은 자회사와 모회사 간의 거래이며 미국 회사들 간의 무역이기 때문이라는 것이다.

즉 포터 교수의 주장에 의하면, 자회사와 모회사 간의 교역은 단지 한 회사의 해외공장에 의한 역외생산이며, 해외 계열사에 의한 판매는 미국의 해외기업이 현지 노동력을 통해 생산한 상품의 영업에서 얻은 수입일 뿐이다. 아마도 포터 교수는 독일 소재 미국 기업의 자회사가 산출한 것도 미국 GDP의 일부로 봐야 한다고 주장하는 것 같다. 그런 식으로 계산하면 미국의 GDP는 마술처럼 늘어나고 독일의 GDP는 곤두박질칠 것이다. 만약 성공한 나라에 대한 정의를 글로벌 기업의 이윤에 대한 소유권이 있는 나라로 정한다면, 실업 상태의 노동력이 가득 찬 나라일지라도 성공적이라고 할 수 있을 것이다.

포터의 경쟁력 보고서가 실패한 원인 중 상당 부분은 '글로벌 노동력 공급' 같은 비현실적 개념 때문이다. 서로 다른 나라에 살면서 임금은 평준화되는 글로벌 노동시장이라는 것은 불가능한 일이다. 다만 국가별 노동시장이 있으며 그 속에서 생활비 수준과 공급되는 노동력에 따라 임금이 정해지는 것일 뿐이다.

예를 들어 중국은 생활비가 낮은 데다 노동력이 공급초과 상태이기 때문에 제조업 임금이 생산물에 들어간 노동자의 기여도보다 낮게 책정된다. 반면 미국은 생활비와 부채 수준이 높은 데다 노동시장이 대규모 공급초과 상태에 직면해 있지 않다(물론 역외이전으로 가장 크게 타격 받은 분야는 제외해야겠지만 말이다). 중국에서 공급초과 상태인 노동자 수는 미국의 인구에 육박하는 것으로 추정된다. 비록 한 회사가 미국에 근거지를 두고 있더라도 인터넷을 통하면 중국이나 인도에 사는 누군가를 미국인 임금의 극히 일부만으로 고용해서 업무를 시킬 수가 있다. 아니면 미국인 직원을 내보내고 취업비자를 주고 데려온 외국인을 그 자리에 앉힐 수도 있다. 혹은 공산품 생산공장을 노동력이 초과 공급되어 저임금이 유지되는 해외로 옮길 수도 있다. 이 모두 가장 싼 요소비용을 이용하여 절대우위를 추구하려는 자본의 사례들이다(토지, 노동, 자본의 생산요소 중 여기서는 노동의 요소비용을 가리킨다).

포터의 경쟁력 보고서는 장차 미국의 경쟁력이 교육에 달려 있다고 주장한다. 비록 세계 최고라고 하는 20개 연구 중심 대학 중 17개 대학이 미국에 있을지라도 포터는 미국 경제 시스템의 가장 큰 약점이 바로 교육이라고 보고 있다. 보고서는 상상력과 기발한 독창성을 바탕으로 한 고임금 서비스 경제를 그려내 보인다. 경쟁력 보고서는 바로 여기서부터 자기기만으로 변질된다. 포터는 모든 교역 가능 서비스가 역외로 이전될 수 있다는 사실을 깨닫지 못하고 있다.

앞에서 본 대로 21세기 미국 경제는 비교역 내수서비스 영역에서만 새로운 일자리를 만들어 내고 있다. 미국 노동통계국의 '10년 단위 일자리 예측'을 보면 압도적으로 많은 수의 직업들이 대학교육 따위는 필요로 하지 않는다. 21세기 미국의 문제는 교육받은 사람이 부족한 것이 아니라 교육받은 사람이 일을 할 직장이 부족한 것이다.

일자리가 해외로 이전되면서 미국의 수많은 소프트웨어 엔지니어, IT 전문가, 그리고 과학자들이 그들의 직업을 포기하도록 강요당하고 있다. 2006년 11월 6일자 〈케미컬&엔지니어링 뉴스*Chemical&Engineering News*〉는 다음과 같은 보도를 했다.

"금년 3월 기준, 미국 화학학회 회원으로서 미국 내 인력 중 정규 직장이 없는 회원의 비율은 8.7퍼센트이다."

역외이전으로 해당 분야의 경력을 얻을 기회가 줄어들고 있는데 미국인들이 과학과 기술 분야의 교육을 추구할 이유가 있을까?

포터는 미국의 미래가 제조업이나 교역재에 있지 않다고 말한다. 그의 표현대로 말하자면 미국의 미래는 '전문가 사고expert thinking'와 '복합적 의사소통complex communication' 분야의 고임금 서비스 기술 같은 곳에서 찾을 수 있다고 한다. 그런데 포터는 그런 일들이 도대체 무엇인지 밝히지를 않고 있다. 앞서 보았듯이 노동통계국의 직업 자료에서도 그런 일자리들은 나타날 기미가 보이지 않는다.

문제가 있다는 것을 깨달은 경제학자들조차도 그 원인을 파악하지 못하고 있다. 예를 들어 미국 산업의 연구개발R&D에 대한 투자가 줄

어들고 있다는 징후에 불안해진 미국 제조업협회NAM는 경제학자 조
엘 폽킨Joel Popkin과 캐스린 코베Kathryn Kobe에 의뢰해 〈미국 제조업
쇄신이 처한 위기U.S. Manufacturing Innovation at Risk〉라는 보고서
를 작성하도록 했다. 이 보고서는 2006년 2월에 공개되었는데, 두 경
제학자가 발견한 것은 미국 산업의 연구개발 분야에 대한 투자가 결
코 줄지 않았다는 사실이었다. 연구개발이 해외로 급속하게 이전되
고 있기 때문에 줄어들고 있는 것처럼 보였던 것이다. 연구 보고서가
밝힌 바를 보자.

"1999년과 2003년 사이 해외에서 수행되는 연구개발에 제공되는 자금
이 거의 73퍼센트 증가했고 해외 연구개발에 자금을 대는 기업들의 수
도 36퍼센트 늘어났다"

결론적으로 미국은 여전히 연구개발에 투자하는 중이다. 다만 연
구개발을 하는 데 있어 미국인을 고용하고 있지 않을 뿐이다. 미국의
제조업체들은 여전히 물건을 생산하고 있지만 갈수록 미국에서 미
국인 노동자들이 만드는 것을 줄이고 있다. 미국 제조업체들은 여전
히 기술자를 고용하고 있지만 미국인이 아닌 해외 기술자들을 고용
하고 있다.

제조업체의 모든 일은 잘되고 있었던 것이다. 다만 그 업체에서 일
하던 미국인 노동자들만 시들고 있었을 뿐이다. 소득감소를 겪고 있
는 이들 노동자들은 한편으로는 미국 제조업의 소비자이기도 하다.

따라서 미국 브랜드 제품은 갈수록 자국 시장을 잃게 될 것이다. 미국의 중위가계 소득은 지난 수년간 하락해 왔다. 소비자들은 은행 저축을 깨거나 부동산 대출한도를 늘려 더욱 깊은 빚의 수렁에 빠져가며 소비수요를 살려 왔다. 하지만 그리스, 스페인, 그리고 이탈리아 시민들과 더불어 수백만의 미국인들이 깨달은 것은 수입보다 더 빠른 속도로 영원히 부채가 늘어날 수는 없다는 현실이다.

프린스턴 대학의 경제학자이자 연방준비제도 부의장을 지냈으며 〈비즈니스위크〉 시절 나의 동료였던 앨런 블린더 역시 자신의 결론이 의미하는 바를 인정하는 데 망설이고 있다. 그는 이렇게 쓰고 있다.

"우리는 지금껏 역외이전이라 불리는 거대한 빙산의 일각조차도 제대로 본 적이 없다. 그 빙산의 최종 규모는 충격적일지도 모른다."[*]

블린더의 추산에 의하면, 5000만 개의 교역가능 서비스 일자리가 저임금 외국인 노동자들에게 역외이전될 위기에 놓여 있다.

포터를 비롯한 다른 경제학자들과 마찬가지로 블린더 역시 미국의 미래가 "창의성과 상상력을 기반으로 하는 첨단기술 서비스업에 달려 있다."고 말한다. 하지만 블린더는 이런 능력을 "학교가 가르치지 못한다는 것은 널리 알려진 사실이므로" 교육이 해법이라는 것은

---

[*] Alan S Blinder, 〈Dallas Morning News〉, January 7, 2007

아마 몽상일지도 모른다는 점은 인정했다. 그는 또한 "도대체 창작을 하는 직위가 직업의 절대다수가 되는 일은 상상하기가 힘들다."는 점도 인정했다. 블린더는 질문한다. "그렇다면 나머지 사람들은 무엇을 할 것인가?"

그는 인도와 미국 간의 임금 차이로 인해 미국인들이 찾을 수 있는 직업은 건물관리인이나 크레인 기사같이 컴퓨터상에서는 거래가 불가능한 일밖에 없다는 것을 알고 있다. 이렇게 현장에서 직접 해야 하는 일들은 "높은 수준의 교육을 요하는 직업과 그렇지 않은 직업이라는 전통적인 직업 구분에 부합되지 않는다."

미국 일자리의 미래에 관한 블린더의 예측은 나의 예측과 더불어 노동통계국 예측과 같은 선상에 놓여 있다. 그러나 그는 보호무역적인 수단으로 일자리를 지키자는 것에는 반대하는 입장이다. 아마도 그는 무역적자와 미국에서 일어나는 일자리 경향 간의 관계를 제대로 깨닫지 못한 듯하다.

내수용 비교역 서비스 업종에서만 일자리를 찾을 수 있는 나라는 수출할 것이 거의 없는 제3세계 나라이다. 그렇다면 공산품과 에너지 수입에 과도하게 의존하는 미국은 어떻게 그 금액을 지불할 수 있는 것일까? 달러화가 기축통화의 지위를 유지하는 한, 미국인들은 상품과 서비스를 받고 인쇄한 돈을 건네줄 수 있다. 하지만 미국 노동력이 계속해서 수출할 물건을 만들지 않고 국내 서비스업에만 종사한다면, 그리고 해외 채권자들이 미국의 자산들을 계속해서 사들인다면, 미국은 과연 얼마 동안이나 기축통화 국가로서의 지위를 유지할 수 있을까?

선진경제에게 역외이전이란 발전과정의 역전현상이다. 역외이전이 진행될수록 국내 경제발전은 저하되고 대학교육 수요도 줄어든다. 경제학자들은 일자리 역외이전과 자유무역을 혼동하고 있기 때문에 이같이 명백한 진실을 보고도 할 수 있는 말이 없다. 일자리 역외이전이란 사실상 산업공동화deindustrialization 과정이다. 무역이론은 포터의 경쟁력 보고서가 나오기 무려 6년 전에 MIT 출판부가 발행한 랄프 고모리와 윌리엄 보멀의 저서《세계무역과 충돌하는 국가 간의 이해》를 통하여 재공식화되었다. 그런데도 포터의 보고서에는 이 중대한 연구에 관한 아무런 언급이 없다. 실증적 증거를 무시하고 있을 뿐 아니라 '무역이론이 재공식화되었다'는 사실 또한 못 본 척하고 있는 것이다. 그러면 경제학자들은 왜 망상적 오류에 빠져 있는 자유무역 정책에 안주하고 있는가?

아마도 외부 세계의 부패가 대학까지 침투해 버렸다는 것이 그에 대한 답이 될 것이다. 오늘날 대학가의 이른바 '명망 있는' 교수들은 레인 메이커rain maker이다. 다시 말해 이들은 부유한 이익집단들이 제공하는 기부금의 비를 불러오는 주술사들이다. 갈수록 연구와 보고서는 진실을 추구하기보다 대학에 보조금을 대주는 이익집단들을 섬기고 있다. 돈이 대학을 지배하고 있다. 기부금을 끌어와야 하는 교수들은 기부자의 목적에 봉사하는 일을 회피하기에는 갈수록 역부족이다. 싱크탱크라 불리는 두뇌집단도 상황은 마찬가지이다.

글로벌리즘의
실체를
경고했던
사람들

단지 나뿐만이 아니라 다른 경제학자들도 한 나라의 경제가 역외로 이전되면 번영을 유지할 수가 없다는 경고를 해왔었다. 예를 들어 허먼 데일리, 찰스 맥밀런Charles McMillion, 그리고 랄프 고모리를 들 수 있다. 이들은 모두 역외이전이 암시하는 파국적인 결과를 눈치챈 사람들이다. 그런데 이들보다도 먼저 역외이전이 제1세계 노동자들의 지위를 무너뜨릴 것이라고 경고한 두 명의 억만장자 사업가들이 있다. 로저 밀리켄Roger Milliken과 제임스 골드스미스 경*이다.

....

* 제임스 골스스미스 경Sir James Goldsmith은 자수성가한 영국과 프랑스 국적의 금융 억만장자이다. 그의 삶은 영화의 소재가 될 정도로 많은 화제를 몰고 다녔다. 그가 같은 해에 사망한 고 다이애너 황태자비의 친부라는 주장도 있다. 그는 유럽연합을 반대하기 위하여 재산을 거의 다 바쳤다. 그는 다국적 기업의 자본이동은 결국 선진국 노동자들의 재산

섬유재벌인 로저 밀리켄은 플레이보이 대형화보 미녀들과 요트에서 파티를 여는 대신, 의회에서 시간을 보내며 정부로 하여금 미국 경제가 무너지고 있다는 것을 인식시키기 위한 노력을 기울였다. 제임스 골드스미스 경은 부적격한 CEO가 망쳐놓은 기업들을 인수하여 이들이 저지른 실수를 바로 잡고 기업의 자산을 제대로 활용하여 거부가 되었다. 골드스미스 경은 글로벌리즘이 초래할 유해성과 영국을 비롯한 유럽 국가들이 유럽연합에 통합됨으로써 주권을 잃게 될 위험을 경고하는 데 자신의 생애 마지막 수년을 바쳤다.

골드스미스 경의 책《덫*The Trap*》은 1993년도에 출간되었다. 금융계 언론과 학계의 자유무역 옹호자들은 그의 경고에 모욕을 가했다. 1995년에 출간된 그의 책《답변*The Response*》은 이들의 공격에 대한 그의 대답이다. 1994년 골드스미스 경은 미국 상원의회에서 글로벌리즘의 심각한 유해성을 경고하는 연설을 한 바 있다.

두 억만장자는 월 스트리트와 기업의 탐욕으로 말미암아 유럽과 미국의 중간계층과 노동자들이 장차 파멸할 것을 내다보았다. 국내 노동력이 외국인 노동자로 교체되면 기업의 이윤이 커질 것이다. 낮은 생활수준과 엄청나게 초과 공급되는 노동력 덕분에 외국인 노동자에게는 산출물에 들어간 노동의 기여도에 비해 아주 적은 임금만 주어져도 되기 때문이다. 기업들은 노동력이 초과 공급되거나 노동가치에

을 저개발국가 부자들에게 옮겨 주는 것이며, 따라서 선진국 내부의 빈부격차를 더욱 악화시키고 저개발 국가들의 환경과 공동체 문화를 파괴하게 될 것이라고 내다보았다.. - 옮긴이

비해 임금을 적게 지불할 방법만 있으면 언제나 차액을 챙겨 은행에 쌓아둔다. 주가는 오르고 월 스트리트와 주주들은 행복하다.

2011년 3월, 노벨 경제학상 수상자인 마이클 스펜스 교수는 뉴욕대학의 샌다일 흘라츠와요 연구원과 함께 〈변화하는 미국의 경제구조와 고용위기〉라는 보고서를 발표하여 로저 밀리켄과 제임스 골드스미스 경이 지난 20세기에 내렸던 결론과 나를 비롯해 찰스 맥밀런, 허먼 데일리, 그리고 랄프 고모리가 해왔던 주장의 정당성을 뒷받침하여 주었다. 이 논문은 미국의 대외정책 싱크탱크인 외교협회CFR를 통해 발표되었다.[*]

다음은 스펜스와 흘라츠와요 보고서의 개요이다.

"이 논문은 미국 경제의 구조변화를 조사한 것이다. 구체적으로 1990년부터 2008년까지 미국의 고용과 부가가치 및 노동자당 산출 부가가치 동향을 조사했다. 이러한 미국 경제의 구조적 동향들은 세계경제, 특히 주요 신흥 경제권들의 규모 및 구조변화 양상과 밀접한 상호보완적 관계에 있다. 미국 산업을 다른 나라와의 무역이 가능한 교역 분야와 그렇지 않은 비교역 분야로 나누어 미국 노동통계국과 경제분석국의 과거 시계열 자료를 사용하여, 조사 대상인 고용과 부가가치 동향을 산업 분

* Reasearch report by Michael Spence assisted by Sandile Hlatshwayo
http://www.cfr.org/industrial-policy/evolving-structure-american-econo-my-employment-challenge/p24366

야와 전체적인 차원에서 고려해 보았다. 부가가치는 경제 전반에 걸쳐 증가했지만, 늘어난 2730만 개의 일자리 대부분은 비교역 분야에 속한다. 비교역 분야에서 지난 20년간 가장 크게 고용이 성장한 분야는 정부에 의한 공공 분야와 건강관리 분야다(총 일자리 증가분 중 1040만 개를 차지). 비교역 분야의 직업 창출이 빠르게 일어나지 않았더라면 미국은 이미 심각한 고용위기에 처했을 것이다. 이런 경향이 앞으로도 지속 가능한가에 대해서는 명백한 의문이 있다.

노동자당 산출되는 부가가치는 지난 20년 간 미국의 소득분배에 있어 역행의 움직임, 특히 중간계층의 소득증가가 억제되고 있는 추세와 일치한다. 교역이 가능한 산업은 가치사슬의 낮은 단계와 중간 단계가 급성장하는 신흥시장으로 이전되면서 그곳에서 부가가치사슬의 상승이 일어나고 있다. 이전된 가치사슬의 중간 단계는 현지에서 빠르게 다음 단계로 올라간다. 그러므로 저임금 일자리의 이동 패턴을 따라서 고임금 일자리도 미국을 떠나게 될 것이다. 미국 경제의 변화로 인해 미국 내 취업기회의 양과 질에 관한 장기적이며 구조적인 문제가 생길 것이다. 일련의 문제들은 소득분배와 관련이 있다. 늘어난 고용은 거의 비교역 분야에 속하는데 비교역 분야의 노동자당 부가가치의 성장 속도는 교역재 생산으로 부가가치가 늘어나는 속도보다 훨씬 느리다. 노동자당 부가가치의 성장은 소득과 긴밀한 관계가 있으므로, 이는 대다수 노동인구의 전반적인 임금 정체 현상을 설명할 수가 있다."

스펜스 교수는 무엇을 말하고 있는가? 스펜스는 글로벌리즘이 노

동자의 임금을 희생시켜 자본가의 이윤을 높이는 의도된 결과라고 대놓고 말하지 않을 만큼 신중하지만, 글로벌리즘의 결과가 그렇다는 점은 인정했다. 그는 허먼 데일리와 랄프 고모리, 찰스 맥밀런, 로저 밀리켄, 제임스 골드스미스 경, 그리고 내가 지적해 왔던 바대로 글로벌리즘 혹은 역외이전은 희생이 초래된다는 점을 받아들인 것이다. 스펜스는 내가 인용한 자료와 동일한 자료를 사용했다. 그것은 글로벌리즘 시대에 만들어진 미국 경제의 새로운 일자리들이란 모두 생산과 소비가 분리되지 못하고 한 장소에서만 일어나야 하는 비교역 서비스 분야의 일자리이거나 혹은 역외이전이 불가능한 일자리일 뿐임을 증명해 주는 자료들이다. 예를 들어 이발사, 웨이트리스, 바텐더와 병원 근무자들의 서비스는 소프트웨어 엔지니어가 하는 일과는 다르게 해외로부터 건네받을 수 없는 서비스들이다. 이런 일들은 바로 그 소비 현장에서만 거래가 이루어지는 것들이다.

교역이 가능한 일이란 시장으로부터 멀리 떨어진 장소에서 수출이 가능한 공산품과 서비스를 만들어 내는 것을 말한다. 교역재를 생산하는 일은 높은 부가가치를 발생시키므로, 대부분은 비교역 직업에 종사하는 경우보다 더 높은 임금을 받는다.

어느 나라든지 교역재와 교역이 가능한 서비스를 해외에서 생산하도록 한 후 수입으로 대체하게 되면, 그 나라의 고용은 생산성이 낮은 내수용 서비스로만 이루어지게 된다.

이런 내수용 서비스 직업들은 치과의사, 변호사, 교사, 그리고 의사를 제외하면 대학교육을 필요로 하지 않는다. 그런데도 미국은 수천 개의 종합대학과 단과대학이 있으며, 정부는 '교육이 답이다'라는 주문을 끝없이 반복하고 있다.

나는 글로벌리즘은 역외이전 경제라고 명백히 밝힌 노벨 경제학상 수상자 마이클 스펜스 교수에게 경의를 표한다.

망가진
미국 경제
숫자로 보다

글로벌리즘은 제1세계 일자리를 향한 모략이다. 자본이 잉여생산물을 착취하는 과정이며, 노동자들이 벌어들인 소득을 횡령하는 수법이다. 국내시장에서 판매할 상품과 서비스를 역외에서 생산하는 기업들은 노동임금의 차익거래로 이득을 취하고 있다. 제1세계 기업들은 엄청나게 초과 공급된 노동력, 특히 중국과 인도 같은 나라들의 노동자를 고용하여 생산물 산출에 들어가는 노동가치 미만의 임금을 지불함으로써 자본수익을 증대시키고 있다.

글로벌리즘은 또한 제3세계 농업공동체 사회에 대한 모략이다. 제3세계의 농업공동체 지역사회들이 글로벌 자본을 섬기는 단일경작 체제로 변질되어가는 상황에서, 이 글을 읽는 일부 독자들은 내가 '글로벌리즘이 미국에 미치는 해로움'만을 강조하고 있는 것은 아니냐며

이의를 제기할지도 모르겠다. 그들은 아마 이렇게 묻고 싶을 것이다. "당신은 부유한 미국 사람들만 염려하는가? 정작 아프리카나 라틴아메리카 그리고 아시아의 불쌍한 사람들은 왜 상관하지 않는 건가?"

신자유주의Neoliberal를 비난하는 여러 학자들은 글로벌리즘이 가난한 나라에 저지른 폐해를 기록하고 있다. 가령 미셸 초스도프스키Michel Chossudovsky의《빈곤의 세계화*The Globalization of Poverty*》라는 책이 그러하다. 그런데 신자유주의에 대한 비판에는 하나의 가정이 전제한다. 가난한 나라들이 서구 세계의 이익을 위하여 수탈당하고 있다는 것이다. 그러나 우리가 지칭하는 서구 세계가 소수의 거대기업과 은행을 가리키는 것이 아니라면, 이러한 전제는 사실과 다르다.

글로벌리즘이 전 세계에 걸쳐 전혀 이득이 되고 있지 않다는 것을 나타내는 최상의 방법은 글로벌리즘으로 가장 큰 혜택을 입고 있다고 여겨지는 나라가 겪는 곤란을 보여주는 것이다. 그런데 그 나라는 바로 세계의 패권을 장악한 초강대국, 미 합중국이지 않은가.

실업

미국 경제는 지난 10년 동안 완전고용에 도달해 본 적이 없다. 2011년 8월을 기준으로 일자리 수는 2008년 1월보다 670만 개가 줄었다. 2008년 1월은 금융위기 이전 21세기에 들어와 취업률이 가장 높았던 해였다. 2011년 1월은 2001년 1월에 비해서 210만 개의 일자리가 사라졌다. 10년 동안 이민으로 인한 인구유입과 인구의 자연증가에도 불구하고 미국의 일자리 수는 10년 전보다 더 줄어든 것이다.

일자리를 만들지 못하는 무능한 경제로 실업률은 증가하고 있다. 금융언론들이 말하는 2013년 4월 실업률 7.5퍼센트(실업률 범주 U-3)*는 착각을 일으키는 통계수치이다. 이 수치는 취업을 원하긴 하지만 일자리를 구하지 못한 구직 포기자와 정규 직장을 구하지 못해 할 수 없이 파트제로 일하는 불완전 취업자들을 실업의 범주에 포함시키지 않고 있다.

노동통계국은 U-3 범주의 실업률 수치가 비현실적이라는 점을 알고 있다. 그래서 U-6 범주에 해당하는 측정치도 같이 제공하고 있다. 이 기준은 일은 할 수 있지만 최근에 직장을 구하려는 시도를 하지 않은 사람들도 실업자에 포함시킨다. 이 기준으로 2013년 4월에 측정된 실업률은 13.9퍼센트였다.

그러나 이런 방식으로 측정한 결과조차도 실제 실업률을 축소한 수치라고 볼 수 있다. 미국 정부는 1994년부터 1년 혹은 그 이상의 장기간 실업 상태에 놓여 있는 사람들을 경제활동이 가능한 노동인력에 포함시키지 않고 있는데, 사실 이것은 실업수치를 축소하기 위한

---

* 미 노동통계국은 실업의 기준을 U-1에서 U-6까지 6단계로 나누고 있다. 가령 U-1의 경우 취업을 원하며 15주 이상 실업 상태를 가리키는데 이는 가장 좁은 의미의 실업이다. U-3는 현재 취업의사가 있지만 실업 상태이며 지난 4주 동안 구직활동을 한 사람으로, 미국 노동부의 공식 실업률에 해당한다. U-6은 앞 단계의 모든 실업자 범주에 파트 타임으로 일하는 불완전 취업자까지 포함하는 체감 실업률을 말한다. - 옮긴이

방책이기 때문이다. 통계학자 존 윌리엄스는 자신의 웹사이트*shadow-stats.com*에서 장기실업 상태의 노동자들을 U-6 범주로 합산하여 실업률을 발표하고 있다. 그가 계산한 실업률은 23퍼센트이다. 노동인력의 5분의 1 혹은 4분의 1가량이 실직자인 나라가 글로벌리즘이나 금융규제 완화의 혜택을 받는 나라라고는 당연히 말할 수 없을 것이다.

인플레이션

클린턴 정권 시절 소비자물가지수는 고정된 장바구니 품목을 기본으로 잡아 측정하던 방식을 그만두었다. 그 대신 '대체제의 원칙'이 도입되었다. 이 조사방식은 만약 어떤 물건의 가격이 오르면 그 물건보다 가격은 덜 비싸지만 용도는 비슷한 대체품을 소비자들이 구입하게 된다는 가정을 전제로 한다. 달리 말하면 새로운 소비자물가지수는 낮아진 생활수준을 측정함으로써 낮은 물가상승률을 나타낼 수가 있다. 어떤 이는 이 새로운 측정방식에 대해 농담을 섞어 주택난방비가 오르면 소비자들은 스웨터나 두꺼운 코트로 대체해서 물가상승률 측정으로부터 에너지 비용 상승분을 제거할 수 있다고 말한다.

또한 물가상승률은 가격상승을 '품질 향상'이라는 이름으로 재정의함으로써 축소되고 있다. 존 윌리엄스는 물가상승률을 축소하는 새 조사방식이 나오기 이전에 정부가 공식적으로 사용했던 측정방식으로 물가상승률을 조사하고 있는데, 원래 방식으로 미국의 물가상승률을 측정한 결과 2013년 4월의 상승률은 8.7퍼센트였다. 이는 정부가 발표한 물가상승률 1.06퍼센트보다 8.2배나 더 높은 수치이다.

그런데 우리가 기억해두어야 할 일은 물가상승률에 대해 어떤 측정방식을 사용하든 국채에 대한 실질금리가 마이너스라는 것이다. 연방준비제도는 이자율 상승을 억제함으로써 소비자들의 구매력과 생활수준을 저하시키고 있다. 그리고 은퇴자들은 예금으로 실질적인 금리소득을 얻을 수가 없어 원금을 꺼내 쓰도록 강요당하는 처지에 놓여 있다.

GDP의 진실

GDP, 즉 국내총생산은 물가상승으로 부풀려 측정된 명목수치가 아니라, 실제 생산량을 알기 위하여 물가상승분을 조정해 얻은 측정치이다. 부동산가격 폭락과 금융위기에서 발생한 미국의 경기침체가 이른바 '회복'을 하고 있다는 것은 앞서 언급한 대체재 원칙을 이용하여 물가상승률을 축소하여 뽑아낸 GDP로 달성된 것이다.
고정된 장바구니 품목 측정방식을 이용한 물가지수로 미국의 GDP를 측정해 보면 경기회복의 신호는 여전히 보이지 않는다.

미국의 부와 소득분배

앞서 본대로 글로벌리즘으로 획득된 소득은 초부유층에게로만 흘러가고 있다. 그 밖의 사람들은 자신의 몫을 빼앗기고 있다. 소득분배는 로렌츠 곡선으로 계산되고 지니지수로 나타낸다.* CIA에 의하면 미국은 지니지수가 45이고 최악의 소득분배 나라 중 하나이다. 나미비아가 지니지수 70.7로 최악이며, 스웨덴은 지니지수 23으로 가장 균등하게 소득분배가 이루어지는 나라로 꼽힌다.†

그런데 미국은 소득분배보다 부의 분포와 통제에 관한 불균형 문제가 훨씬 더 심각하다. 1960년대에는 케네디 대통령이 초과수익에 매기는 한계세율을 삭감했음에도 (이는 로널드 레이건 대통령의 세율인하와 유사한 것이다.) 상위 1퍼센트가 소득증가분의 10퍼센트를 가져갔고 하위 90퍼센트가 소득증가분의 65퍼센트를 차지했다.

그러나 이런 분배비율은 2000년대 들어와 첫 10년 사이에 역전되어 상위 1퍼센트가 전체 소득증가분의 65퍼센트를 차지하게 되었고

---

* 로렌츠 곡선Lorenz curve은 소득분포의 불평등 정도를 측정하는데, 모든 구성원의 소득이 비슷할수록 곡선의 모양이 대각선에 가까워진다. 지니지수Gini index는 계층 간 소득분배가 얼마나 공평한지를 나타내는 소득분배 불균형 지수로, 수치가 0에 가까울수록 공평하다. – 옮긴이

† 세계 여러 나라 지니지수 미국 CIA 자료(업데이트될 수 있다)
https://cia.gov/library/publications/the-worldfactbook/ran-korder/2172rank.html

하위 90퍼센트가 12퍼센트만 가져가게 되었다. 글로벌리즘은 이런 역전현상의 강력한 요인이다. 역외이전으로 보통의 미국인에게 갔어야 할 임금이 주주들의 자본이득과 회사 경영진들의 실적상여금으로 변질된 것이다.

지금 미국에는 가난한 사람들이 넘쳐나고 있다. 미국의 313개 카운티에서는 지난 20년 동안 여성의 기대수명이 줄어들었다. 2004년 이후 600만 명 이상의 미국인들이 빈곤계층에 새로이 편입되었다. 2011년 9월 인구통계국US Census Bureau 조사에 의하면 인구 6명당 1명에 해당되는 사람들이 빈곤 상태에 놓여 있다고 한다. 이는 사상 유래가 없는 기록이다.[*] 미국 인구 중 5000만 명이 정부가 제공하는 빈곤층을 위한 식량 보조프로그램food stamp으로 연명하고 있다.

인구통계국에 따르면 2009년에서 2010년 사이 중위가계의 실질소득이 2.3퍼센트 하락했고, 소득분배 상위 20퍼센트의 사람들이 미국 전체 부의 84퍼센트를 지배하고 있다. 부의 분배가 너무 편중되어 있어서 미국의 가장 부유한 400명의 순자산이 하위 50퍼센트에 해당하는 미국 인구의 순자산과 맞먹는다. 미국의 억만장자 400명의 재산이 미국 인구 절반인 1억 5000만 명의 재산을 더한 것과 같다는 것은 분배의 부조화가 얼마나 극심한지를 단적으로 보여주는 예이다.

----

[*] 〈뉴욕타임즈〉 "잃어버린 십년 치솟는 빈곤인구"
http://www.nytimes.com/2011/09/14/us/14census.html?_r=2&hp&

미국의
과학기술
인력은
정말
부족한가

기업들은 일자리를 역외로 이전시키는 것만으로는 만족하지 못하고 있다. 비즈니스 선도자들은 미국인들이 일하던 직장에 외국인을 데려와 앉히고 있는데, 기업의 입장에서 이 일자리들을 해외로 이전시키기보다는 미국 내에 존속시켜두는 편이 더 편리하기 때문이다. 비즈니스 선도자들의 주장에 의하면 미국에서는 과학과 공학으로 학위를 받은 충분한 미국인을 찾을 수 없어 회사의 인력 충원이 안 된다고 한다. 기업 경영자들은 의회에 성공적으로 로비활동을 펼쳐 미국인보다 훨씬 낮은 임금으로 외국인을 데려다 쓸 수 있는 취업비자를 확보해놓았다. 하지만 이것은 취업비자 프로그램의 취지를 위반하는 것이다.

부족한 전문기술 인력을 공급한다는 전문직 취업비자 프로그램과 다국적 회사들이 해외 인력을 미국으로 데려와 '연수'를 받게 하는 주재원비자 프로그램은 가장 큰 규모의 해외인력 수입 프로그램이다. 그런데 법 규정에는 전문직 취업비자는 미국 인력을 대체하는 용도로 쓰일 수 없으며, 비자를 소지한 외국인은 미국인과 같은 수준의 임금을 받도록 명시되어 있다. 그러나 기업은 이런 제한을 손쉽게 빠져나간다. 기업들은 법률회사를 고용해 미국인은 해당사항이 없도록 꾸며진 채용공고를 낸다. 그뿐 아니라 전문직 취업비자는 계약을 맺고 기업에 해외 인력을 공급해 주는 일종의 사업권처럼 되어 버렸다. 기업은 인력공급을 주관할 사업체를 선정한다. 기업이 직접 고용하지 않고 용역업체를 통해 외국인을 공급 받으면 비용을 더 줄일 수 있다는 이점도 있다.

2007년 6월, 유명 로펌인 코헨&그릭스비Cohen&Grigsby의 실체를 드러내는 마케팅 비디오가 인터넷에 등장했다. 이 비디오는 기업고객이 취업비자 관련법을 어떻게 피해 전문 인력을 낮은 임금을 지불해도 되는 외국인으로 바꿔치기하는지 법률 전문가들의 수법을 보여주고 있다. 법률회사의 마케팅 책임자인 로렌스 레보비츠Lawrence Leibowitz는 잠재적 고객을 향해 허심탄회하게 말했다.

"솔직히 말하자면 우리의 목표는 자격 있고 관심을 가진 미국인을 찾으려는 것이 아닙니다."

법률회사는 기업고객에게 다음과 같이 조언한다. 만약 미국인 입사 지원자가 선발과정에서 탈락되지 않고 끝까지 살아남았다면 "해당 관리자가 전체 과정에 개입하여 약간의 요식행위를 거쳐 그 미국인이 왜 그 자리에 부적격한지 재심사를 거듭해 법률적 근거를 마련하도록 하는 겁니다. 이런 것이 문제가 되는 경우는 거의 없습니다."

그의 말대로 고용주 입장에서는 아무런 문제가 없을 것이다. 다만 비싸게 돈 들여 공부한 미국인 대학 졸업자들의 문제인 것이다. 자격을 갖춘 훈련된 미국인 대학 졸업자들이 부족하다는 있지도 않은 이유로 취업비자가 정당화되어 외국인들이 수입되고 있다. 미국인 대학 졸업자들은 수입된 외국인들에 의해 대체당하고 있다.

이런 문제를 가까이 지켜보고 있는 캘리포니아 대학 컴퓨터과학과의 노먼 매트로프 교수는, 코헨&그릭스비 사의 행태는 대부분의 변호사들이 써먹는 일종의 표준화된 관행이라고 말한다. 이러한 류의 변호사들이 미국인들의 일자리를 빼돌리며 돈을 벌고 있다.

코헨&그릭스비 사의 비디오는 즉각적인 파문을 불러일으켰다. 이 광고가 전문직 취업비자나 연수생 비자를 가진 외국인들이 내국인을 대신할 수 없다고 말하는 기업들의 대외선전을 훼손시켰기 때문이다. 그러자 기업가 단체들은 그들의 끄나풀과 함께 곧바로 전열을 정비하고 미 의회와 대중들에게 문자 그대로 모든 과학기술 직업과 전문직업에 있어, 그중에서도 특히 IT 분야와 컴퓨터 소프트웨어 설계 분야에서 적격한 미국인들이 놀랄 만큼 부족하다는 거짓말을 퍼부어대기 시작했다.

어디를 가든 미국인 엔지니어와 과학자가 부족하다는 이해관계자들의 반복적인 거짓말이 우리 귀에 윙윙거리며 들려온다. 무슨 연유인지 모르지만 교육받은 미국인들은 웨이트리스, 바텐더가 되거나 병원 잡역부 혹은 잡화점의 판매원이 되는 것을 더 선호한다는 것이다.

자신들의 '실적 보너스'를 최대화하기 위하여 분투하는 미국 경영자들의 근시안적 방침에 비판의 글을 쓰고 있는 희귀한 사람들 가운데 한 명인 나는 내 글에 공감하는 미국인들로부터 아주 많은 호응을 받고 있다. 이런 반응들 가운데 많은 경우가 최근에 대학을 졸업한 이들로부터 온 것들이다. 가령 이들은 "2002년도에 과에서 수석에 가까운 성적으로 졸업했으며 전기와 컴퓨터공학 학위를 가졌지만 직장을 찾을 수 없다."고 말한다.

나의 주의를 기울게 만들었던 이런 수백 개의 메시지들은, 나의 동료 경제학자들에게는 '개인적인 일화'에 불과한 것으로 여겨져 묵살되고 있다. 도대체 그들은 아는 것이 없다. 나는 또한 수많은 엔지니어와 IT 노동자들이 보낸 응답을 받았다. 이들은 아직까지 직장에서 버티고 있거나 외국인 노동자에게 자리를 내준 후 긴 공백 끝에 일자리를 다시 얻은 운 좋은 사람들이다. 이들이 묘사하는 직장 상황은 가히 환상적이다.

한 가지 예를 들어보겠다. 오하이오 주의 데이튼Dayton 시는 과거 수많은 미국 엔지니어들의 중심 도시였다. 오늘 이곳의 어느 생존 미국인은 다음과 같이 쓰고 있다.

"내 나라에 사는데도 내가 외국인이라는 느낌이 듭니다. 데이튼은 마치 인도에 의해 식민지화되어 버린 것 같아요. NCR이나 이곳의 다른 고용주들은 IT 업무의 대부분을 해외 외주업체에 넘겼거나 인도에서 온 게스트워커들에게 심하게 의존하고 있습니다. 렉시스넥시스사 건너에 자리 잡은 내셔널씨티뱅크의 IT 부서 직원들은 전부 인도 사람들입니다. 근처 아파트 단지에는 수많은 인도인 게스트워커들이 사는데, 이들이 여러 사업 분야의 엔지니어링 수요를 채워주고 있어요."

2006년 11월 6일 알프레드 슬론 재단Alfred P. Sloan Foundation의 부이사장인 마이클 타이틀바움Michael S. Teitelbaum은 하원 과학기술 분과 위원회에 출석하여 미국의 과학자와 엔지니어가 부족하다는 통념과 왜곡된 묘사가 현실과 차이가 있다는 점을 역설하였다. 일자리는 해외로 이전되고 해외 초청기술자들이 수입되고 있는 현실에서 교육 보조금으로 양성되는 미국인 과학기술 인력은 과잉공급 상태에 놓여 있으며 이들은 불안정한 직장과 경력 단절의 위기에 직면해 있다고 타이틀바움은 설명했다.

타이틀바움은 현실을 왜곡되게 묘사하는 두 가지 예를 들었다. 그것은 미국 내 200대 대기업 협의체인 비즈니스 라운드 테이블이 주도하고 열네 군데의 여타 기업체 조합들이 서명한 〈미국의 잠재력을 깨우기Tapping America's Potential〉라는 2005년 보고서와 학술원의 〈밀려오는 폭풍을 넘어Rising Above the Gathering Storm〉라는 2006년의 보고서였다. 그는 특히 "두 번째 보고서는 진화를 거듭하다 마침내 미국 경쟁력 강화법*의 상당 부분의 토대가 되었다."고 말했다.

타이틀바움은 의원들에게 질문한다.

"왜 여러분들은 애써 인력난이니, 채용 미달분이니, 수학과 과학 분야의 공교육은 실패했고 학생들은 갈수록 (과학과 공학에) 흥미를 잃어간다느니, 또는 더 많은 외국인 과학자와 기술자들을 데려올 필요가 있다느니 하는 뻔한 이야기를 계속 듣고만 있는 겁니까?"

그의 대답은 이렇다.

"판단컨대 의원 여러분에게 묘사되는 것들은 단지 이익집단과 그들의 로비스트들이 바라는 이권을 위한 주장일 것입니다. 여러분도 아시다시피 의회에서 이런 현상은 아주 흔한 일이지요. 조직도 잘 되어 있고 자금도 든든한 이익집단들은 그들의 주장을 의회까지 전달할 수 있는 역량이 있습니다. 이들은 자신의 주장을 직접 의회에 전달할 수도, 대중매체를 이용할 수도 있습니다. 반면 조직도 없고 돈도 없는 사람들은 그들의 주장을 단지 개인적으로만 나타낼 뿐입니다."

----

* 미국 경쟁력 강화법American COMPETES Act은 2007년 처음 제정되었다. 법안의 골자는 미국의 과학기술Science, Technology, Engineering&Mathematics(STEM) 교육을 강조하는 것이다. 이 법에 근거하여 외국인 과학기술 인력이 미국 영주권을 받는 데 유리하도록 만들어진 이민확대법안이 추진되었다. – 옮긴이

타이틀바움은 생물의학 연구 분야의 사례를 들어 어떻게 연구기금이 과학자들의 과잉공급을 초래하게 되었으며 그 후 이들을 유지하기 위해 얼마나 더 많은 기금이 필요로 하게 되었는지를 설명했다. 또한 그는 인력난이라는 거짓된 신화로 취업비자를 주고 외국인들을 데려와 미국인의 취업을 사전에 막아 버리면서, 동시에 미국인 과학자의 공급을 늘리겠다는 발상은 정말 어처구니가 없는 것이라는 자신의 견해를 밝혔다.

미국에는 양심이라는 것이 결여되어 있다. 대학교나 기금 지원처, 고용주, 그리고 이민전문 변호사들은 인력난이라는 거짓신화를 이용하여 단기간의 금전적 이익에 봉사하느라 미국 학생들을 희생시키고 있다. 미국 학생들은 전망이 암담한 직업을 순진하게 쫓아다니느라 자신들의 경제적 미래를 손상시키고 있다. 처음에는 블루칼라 공장노동자들이 기업가와 정치가들로부터 버림받았다. 그리고 이제 과학과 기술을 익힌 미국인들과 화이트칼라 사무노동자들의 차례가 되었다.

마이크로소프트 사의 사장에서부터 IBM 경영진에 이르기까지 의회에 나가 증언하려는 CEO들은 행진을 벌이듯 줄지어 서 있다. 그들은 의원들에게 사업을 키우긴 키워야 하는데 미국인 소프트웨어 엔지니어나 정보통신 기술자들이 충분치 않기 때문에 해외로부터 외국인 기술자들을 데려와야 한다고 말한다. 기업들은 더 많은 전문직 취업비자가 절실하게 필요하다고 주장한다. 그러나 이런 식의 인력난 타령을 해대는 회사치고 미국인 직원을 외국인들로 갈아치우는 데 있어 신기록을 세우지 않는 회사가 없다.

예를 들어 2009년에 마이크로소프트, IBM, 텍사스인스트루먼트, 스프린트, 넥스텔, 인텔, 모토롤라와 그 이외의 수십 군데에 달하는 기업들이 '인력공급이 부족한' 미국인 엔지니어 수천 명을 정리해고한다고 발표하였다.

IBM은 비록 '부족'하지만 '남아돌아가는' 미국인 엔지니어들에게 인력 재배치를 돕겠다고 제안한 바 있다. 그런데 이 회사가 제안한 실상은 어처구니가 없다. 엔지니어들에게 인도, 중국, 브라질, 멕시코, 체코공화국, 러시아, 남아프리카 공화국, 나이지리아, 그리고 아랍에미리트에 있는 현지 사업체에서 일을 하고 월급도 그 나라의 일반 급여를 받으라는 것이다.* 2009년 1월 28일 〈USA투데이〉지는 다음과 같이 보도했다.

> "2007년 상세 파악된 연간 취업자 수 통계를 보면 IBM의 38만 7000명 직원 중 12만 1000명(31퍼센트)의 근무지는 미국이었다. 한편 인도 사업체의 직원 채용은 2003년 9000명에서 2007년에는 7만 4000명으로 껑충 뛰어올랐다."

해외 시장에 진출해 서비스를 제공하려는 기업은 해외 운영사업체

---

* 2009년 2월 2일 〈인포메이션 위크〉 IBM 정리해고 기사
http://www.informationweek.com/it-strategy/ibm-offers-to-move-laid-off-workers-to-india/d/d-id/1076193

가 필요하다. 공장과 시설을 마련하기 위한 해외 직접투자는 예외적인 일도 아니고 비애국적인 행위도 아니다. 그러나 많은 미국 회사들이 해외 노동력을 이용하여 상품을 제조한 후 미국 시장에 내다 팔고 있으니 문제인 것이다. 만일 헨리 포드Henry Ford가 인도인, 중국인혹은 멕시코인 노동자들을 고용해서 자동차를 만들었다면 미국인이아닌 인도인이나 중국인 그리고 멕시코 인들이 자동차를 살 수 있어야 한다.*

자국인의 고용을 보호하려는 시도와 무산

2009년 찰스 그래슬리와 버니 샌더스 상원 의원은 부실자산 구제프로그램TARP 법안의 개정안을 발의하였다.† 제출된 개정안에 의하면 구제금융을 받는 회사는 취업비자를 가진 외국인으로 미국인 전문 인력을 대신할 수 없게 된다.

　미 상공회의소와 이민변호사협회AILA같은 이민 옹호 단체들은 즉

----

* "직원이 좋은 급료를 받아야 그들도 자신들이 만든 자동차를 살 수 있다."(헨리 포드)
- 옮긴이

† 부실자산 구제프로그램Troubled Asset Relief Program(TARP)은 미국의 금융위기에 대해
W. 부시 대통령 임기 막바지인 2008년 10월 헨리 폴슨 재무장관의 주도로 마련된 은행과
기업을 위한 총 7000억 달러 상당의 긴급 지원자금을 말한다. - 옮긴이

각 그 개정안을 폐기하고 무효화시키기 위한 행동에 나섰다. 대공황 이후 가장 심각한 경제위기의 한가운데, 기업이 미국인을 해고하고 대신 전문직 취업비자로 들어온 외국인을 고용하지 못하도록 막으려는 그래슬리 상원의원의 시도는 안하무인의 상공회의소에 의하여 역풍을 맞게 된다. 상공회의소는 미국 인력을 외국 인력으로 교체해 인건비를 줄임으로 최고경영자들이 받을 수 있는 수백만 달러의 보너스를 지켜주려고 작정을 한 것인가.

다음은 2009년 1월 23일 그래슬리 의원이 마이크로소프트 사의 CEO 스티브 발머Steve Ballmer에게 보낸 편지 내용 중 일부이다.

"저는 마이크로소프트 사가 정리해고를 단행할 때 비슷한 자격을 가진 미국인 직원들은 내보내고 외국인 초청노동자와는 계속해서 고용관계를 유지하고 있는 점이 우려됩니다. 귀하도 알다시피 제 입장은 고용주가 외국인 초청노동자에 앞서 자격 있는 미국인 노동자를 먼저 고용해야 한다는 것이며, 저는 귀사가 이 점을 꼭 실천에 옮겨주기를 바라고 있습니다. 저는 현행 전문직 취업비자나 연수비자 프로그램을 철저히 점검하여 미국인 노동자가 취업에 우선권을 갖도록 하고 자격 있는 미국인 노동자의 일자리를 박탈하는 비양심적인 고용주들의 불법을 철저히 단속하는 법안을 공동발의하였습니다. 취업비자 프로그램의 부정한 이용과 남용이 만연되는 현실을 바라볼 때 우리는 이민정책의 건전성을 담보하기 위한 더 많은 투명성이 필요합니다.

지난해에 마이크로소프트 사는 이곳 의회에서 전문직 취업비자의 확대를 옹호한 바 있습니다. 전문직 취업비자 프로그램은 회사가 요구하는 기술적인 전문성을 충족시키는 미국 인력이 충분하지 않는 경우에 필요한 인력의 고용을 도우려는 목적이 있었습니다. 좀 더 확실히 말하자면 전문직 취업비자 외 기타 다른 취업비자 프로그램들이 경기침체기에 회사가 직원을 감원하면서 비슷한 자격을 갖춘 미국인 노동자들은 내보내고 외국인 초청노동자들의 고용을 유지하라는 제도는 결코 아닌 것입니다.

마이크로소프트 사는 구조조정을 단행할 때 명심하십시오. 반드시 취업비자를 가진 외국인보다 미국인 직원의 일자리를 우선시하십시오. 제 말의 취지는 회사가 정리해고를 할 때 적격한 미국인 직원보다 취업비자 프로그램으로 들어온 외국인을 우선시하지 말라는 것입니다. 우리의 이민정책은 미국인 노동자들에게 해를 끼치도록 만들어진 것이 아닙니다. 나는 마이크로소프트 사가 일자리 유지의 우선권을 미국인들에게 주기를 촉구하는 바입니다. 귀사는 지금 같은 경제적 곤란의 시기에 미국인 노동자들을 우선순위에 두어야만 하는 윤리적인 의무가 있습니다."

경기침체기에 정리해고를 이용하여 기업들이 일자리를 역외이전 시키고 취업비자로 들어온 외국인들을 고용하고 있는 것에 대한 그래슬리 의원의 염려는 당연한 것이다. 2009년 2월 13일 〈프라우다〉 지는 다음과 같이 보도했다.

"미국은 마지막으로 남은 자신의 지배적인 산업을 마침내 아웃소싱하는 단계에 이르렀다(여기서 마지막 남은 지배적 산업이란 오일, 가스생산, 오일·가스유통을 말한다). 경공업이나 IT 산업 그리고 섬유산업 같은 과거에 미국이 지배했던 산업과 마찬가지로 경기침체는 결국 노동자들을 도려내는 칼로 이용되고 있다."

다음은 〈프라우다〉 지에 실린 기사의 일부이다.

"정보통신기술을 주된 예로 들 수 있겠다. (2000년대 초반) 기업들은 닷컴 업체들의 줄도산을 이용하여 저조한 수익과 부담스러운 부채 등을 이유로 영국과 미국의 수십 만 명에 달하는 기술자들을 정리해고하였다. 전반적으로 대중은 이 사태를 경제 환경의 일부로 받아들였고 저항은 거의 없었다. 그들은 이런 정리해고가 일시적인 것이라고 생각했고 다시 상황이 좋아지리라는 희망을 가지고 있었다. 그러나 경제가 다시 회복되었음에도 IT 계통의 고용은 예전과 다른 것이 명백해졌다. 기업들은 할 수 있는 모든 것을 아웃소싱했을 뿐만 아니라 경기침체라는 차폐막 아래에서 임금이 싼 수십 만 명의 전문직 취업비자 노동력을 배에 오르도록 한 것이다."[*]

....

[*] 2009년 2월 13일 영문판 〈프라우다〉 "America's last dominant industry starts to leave" http://english.pravda.ru/world/americas/107104-america_dominant_industry-0

그래슬리 의원처럼 강력한 특수 이익집단에 반대 입장을 견지하는 미국의 상원의원이나 하원의원은 극소수자에 불과하다. 일부 의원들은 너무 무심해진 나머지 애국심은 더 이상 미국 비즈니스 엘리트들의 특성이 아니라는 것조차 망각해 버렸다. 해외가 아닌 국내 산업을 촉진하기 위해 만들어진 2009년 미 하원판 경기활성화 법률안인 '미국의 경기회복과 재투자를 위한 법'은 다음을 요구하고 있다.

"법안에 의해 마련된 경기활성화 기금은 해외에서 생산된 철재, 철강제품과 섬유제품을 구매하는 데 이용될 수 없다."

상원에서 마련한 조항은 좀 더 전면적이고 명령조이다. 즉 경기부양 자금으로 구매되는 모든 공산품은 미국산이어야 한다고 명시하였다.

그러자 미 상공회의소와 미 제조업협회뿐만 아니라, 건설중장비 업체인 캐터필라, 제너럴일렉트릭 및 기타 초국적 기업과 이 기업들이 소유하고 있거나 이들에게 광고 수입을 기대고 있는 신문사의 논설위원들이 일제히 미국산 구매 요구를 무찌르기 위해 분연히 일어섰다. 이러한 소위 반미단체들에게 경기부양법안은 미국인의 일자리나 미국의 경제와는 아무런 상관이 없는 것이어야만 했다. 경기부양법은 오로지 납세자를 뜯어 먹을 수 있는 정치력을 갖춘 특수 이익집단의 입맛에만 맞추어져 있어야 하는 것이다.*

　기업가의 이익을 대변하는 존 매케인John McCain 상원의원은 상원이 제출한 경기부양 조항은 '보호무역주의'이며 따라서 미국에게 해로운 것이라고 선언하였다. 심지어 매케인 의원은 미국산 구매 규정이 제2의 대공황을 일으킬 수 있다고 주장했다. 미 상공회의소 토마스 도노휴Thomas Donohue 회장은 외국산 물건을 구매하는 것이야말로 '경제 애국심'이라고 역설하였다. 심지어 오바마까지 일자리 역외이전을 옹호하는 인물들을 국가경제위원회National Economic Council 위원으로 임명하였다. 미국의 경제 엘리트들은 '자유무역'이라는 이름 뒤에서 미국인에 대한 그들의 배덕행위를 숨기고 있다.

　한때 강력했던 제조업과 산업의 핵심도시들은 이제 폐허가 되어 상공회의소와 글로벌 기업들의 '보호무역주의로부터 미국을 지켜낸' 성공을 기념하기 위하여 늘어서 있다. 2010년의 인구통계 자료에 의하면, 한때 미국의 네 번째 거대도시이자 제조업의 중심 동력이었던 미시간 주 디트로이트 시의 인구는 2000년 이후 10년에 걸쳐 25퍼센트가 줄어들었다. 위대했던 도시의 광대한 지역에는 건물과 집들이 버려져 있다. 시 당국은 시 경계를 40제곱마일 축소하려는 방안을 추진 중에 있다.

　2000년대 들어 10년간 인디애나 주의 개리Gary 시는 인구가 22퍼센

---

* 〈Manufacturing&Technology News〉 2009년 2월 4일자

트 줄었다. 미시간 주의 플린트는 18퍼센트, 오하이오 주의 클리블랜드는 17퍼센트, 펜실베니아 주의 피츠버그는 7퍼센트, 인디애나 주의 사우스밴드는 6퍼센트, 그리고 뉴욕 주의 로체스터는 4퍼센트의 인구가 감소하였다. 이 도시들은 한때 미국 제조업과 공업의 본산지였다.

1990년부터 2010년 사이 미주리 주의 세인트루이스 인구는 20퍼센트 줄었고 주택의 19퍼센트가 빈집이 되었다. 무엇인가를 사라지게 만드는 미국의 역량과 함께, 스스로 세계의 패권을 쥔 초강자라고 자처하는 미국 지도자들의 오만함은 높아져 가고 있다.

지난날 생산력의 중심이었으나 지금은 폐허가 된 풍경이 담긴 사진들은 인터넷으로 무수히 올라오고 있다. 《디트로이트의 폐허》라는 사진집도 그중 하나이다.*

---

* 《The Ruins of Detroit》 http://www.marchandmeffre.com/detroit

돈은 다 어디로 갔나?

금융사기와 일자리의 역외이전으로 뽑아낸 돈은《리치스탄*Richistan*》에서 다시 등장한다. 리치스탄은 부富를 가리키는 리치와 땅을 가리키는 스탄을 합친 신조어로 미국 내에 있는 일종의 신생 국가다. 작가인 로버트 프랭크Robert Frank는 기사 연재물로 슈퍼리치가 사는 신세계와 그들이 펼치는 기상천외하고 과시적인 소비생활을 묘사하고 있다.

리치스탄에서 5000만 달러짜리 200피트 요트를 사려면 2년간 대기자 명단에 이름을 올려놓아야 한다. 값비싼 롤렉스시계는 이곳 리치스탄에서는 월마트 쓰레기로 여겨진다. 리치스탄의 시민은 73만 6000달러인 프랭크 뮬러 타임피스(시계)를 손목에 차고 보석이 촘촘히 박힌 70만 달러 몽블랑 펜으로 서명을 한다. 개인비서와 집사(연봉은 10만 달러) 그리고 경호원들은 그들의 부인이나 애인들의 4만 2000달러짜리 루이비통 핸드백을 날라다주며 수발을 든다.

리치스탄 사람들은 1억 달러 이상 재산가들만의 모임에 가입하고 골프클럽 회원이 되기 위해 65만 달러를 지불한다. 그들이 먹는 햄버거는 50달러이며 오믈렛은 1000달러이다. 한 병에 90달러인 블링 미네랄워터를 마시고 1만 달러짜리 '마티니 온 어 락'(다이아몬드에 진이나 보드카를 붓는다고 한다)을 즐기기 위해 뉴욕의 알곤퀸 호텔에 들른다.

리치스탄에 사는 시민은 어떤 사람들인가? 회사를 해외로 옮기고 미국인 직원들이 받던 급여를 자신의 1억 달러짜리 보수로 바꿔치기한 기업의 CEO들이다. 또는 비우량 담보대출 파생상품을 시장에 내다 팔아 세계 금융위기를 불러일으킨 투자은행가와 헤지펀드 매니저들이다. 이들 중 한 명은 2006년 17억 달러를 급여로 챙겨갔다. 다른 최상위 소득자 25인이 각각 받는 연간 5억 7500만 달러는 이에 비하면 쥐꼬리만 한 금액으로 보이지만 다른 모든 사람들에게는 상상도 할 수 없을 만큼 큰 재산일 것이다.

리치스탄 시민들을 제외한 미국인의 실질임금은 십년 전 혹은 수십년 전보다 더 낮아졌다. 그들의 부채는 사상 최대치에 이르렀고 그들의 주된 재산인 주택은 과잉 건축으로 가격이 폭락했다. 사기성 융자와 저당물 압류를 겪은 미국인들은 비록 계층 상승의 기회가 희박해 보이지만 그래도 자녀들을 교육시키기 위하여 고군분투해 왔다. 그러나 특권을 누리는 리치스탄 시민이 아닌 보통의 미국인들은 불투명한 미래에 직면해 있을 뿐이다.

일자리의 역외이전으로 이미 고통을 겪고 있는 미국인들에게 금융위기라는 또 다른 재앙이 덮쳤다. 금융위기는 부채 화폐화를 동반하여 미국인들을 인플레이션으로 위협할 뿐만 아니라 세계기축통화로서의 미국 달러화가 가진 지위를 위험에 처하도록 만들었다. 뿐만 아니라 연방정부의 막대한 재정적자는 사회안전망과 연금(사회보장제도) 그리고 연장자들을 위한 의료보험 제도를 위태롭게 만들었다. 다시 말하지만 극소수가 거두어들인 이익은 절대 다수의 손실이라는 희생에서 나온 것이다.

금융갱단의 사기극

매트 타이비의 《그리프토피아Griftopia》(2010)* 그리고 그레첸 모겐슨과 죠슈아 로스너의 《무모한 치상Reckless Endangerment》(2011)은 서브프라임 연관 파생상품과 CDS가 야기한 금융위기를 기록하고 있다. 이 작가들은 정부의 정책입안자들과 금융회사 간부들의 아둔함과 탐욕 그리고 범죄행위가 만나면 어떤 결과가 초래되는지를 생생하게 보여주었다.

미국 정부는 1999년 글래스—스티걸법을 폐지함으로써 위기를 부르기 시작했다. 1933년에 제정된 이 법의 주된 내용은 일반은행과 투

---

* 한국에서는 《오마이 갓 뎀 아메리카》(서해문집, 2012)라는 제목으로 출간되었다. - 옮긴이

자은행의 업무를 분리하여 방화벽을 설치한 것이다.

글래스—스티걸법이 폐지되자 이어서 파생상품 시장의 규제가 풀렸다. 시장에는 사기성 금융상품들이 쏟아져 나왔고 은행의 부채비율은 감당할 수 없는 규모로 커졌다. 그러나 대중매체는 이 같은 '금융개혁'을 담당했던 무능한 바보들을 카이저의 위업을 수행하는 영웅으로 묘사하고 있었다.*

부동산 담보 대출의 증권화는 월 스트리트의 사기성 '유가증권'을 전 세계로 퍼트리는 매개체가 되었다. 대출기관은 수수료를 받고 주택담보대출mortgage을 해준다. 그런 다음 자금을 당기기 위해 모기지 채권을 제3자에게 판다. 비우량 담보대출(서브프라임모기지) 채권†을 사들인 투자은행은 이를 잘게 분할하여 증권화시킨 후 다른 대출기관들에게서 매입한, 이 또한 증권화시킨 모기지 채권들과 혼합한다. 증권화된 채권들의 결합은 이제 주택저당증권이라는 상품으로 투자자들에게 팔려 나간다. 채권들을 결합시켜 다시 잘게 나눈 증권화는 대출

---

* 1997년부터 1998년 사이 로버트 루빈 재무장관과 래리 서머스 재무차관, 그리고 앨런 그린스펀 연준의장은 IMF와 함께 러시아, 아시아, 그리고 라틴 아메리카의 금융위기에 대응하기 위해 공조했으며 1999년에는 글래스—스티걸법을 폐지하기 위해 함께 노력했다. 1999년 2월 15일자 타임지는 세 명의 경제정책자들을 가리켜 '세계를 구제하는 위원회The Committee to Save the World'라 칭했다. - 옮긴이 주
http://content.time.com/time/covers/0,16641,19990215,00.html

† 미국의 주택담보대출은 신용도 순으로 프라임, 알트-A, 서브프라임의 3단계로 구분된다. 비우량담보대출에 해당하는 서브프라임은 대출신청인의 낮은 신용도로 인하여 높은 이자율이 적용되므로 대부업체들은 수익을 위해 서브프라임 모기지론을 남발하였다. - 옮긴이

기관이 안고 가야 할 체납이나 채무불이행 리스크의 발생률을 낮추기 위한 것인데, 이로 인해 대출기관은 돈을 빌린 채무자들의 신용도나 대출 건전성 문제에 관하여 안이한 판단을 내리게 된다.

은행은 투자자들이 안심하고 투자할 수 있도록, 혹은 리스크를 감수하더라도 고수익을 노리는 헤지펀드의 눈을 끌기 위해서 다양한 신용도의 모기지를 한데 모은 후mortgage pool, 그 모기지 풀을 세 등급으로 분할한다. 이렇게 만들어진 모기지 풀은 AAA와 B등급 그리고 고위험군 순으로 나뉘어진다. 신용등급이 AAA(우선순위)인 트랑슈tranche(분할분)는 연기금pension fund 운용사나 기관 투자가들에게 팔려나간다. 헤지펀드는 높은 이자를 받는 고위험군 트랑슈를 매입해 눈치를 보다 대손이 발생되기 전 처분을 하려고 할 것이다. 중간 등급의 분할분이 팔기가 가장 애매하다. B등급의 이자율로는 헤지펀드 운용자들에게 관심을 얻을 수 없고 연기금 운용기관은 투자 등급에 제한을 받기 때문에 사들일 수가 없다.

그러면 금융갱단은 이것으로 무엇을 할까? 그들은 일단 모든 B등급 트랑슈를 한데 모은다. 그런 후 같은 과정을 반복하는 것이다. 즉 모아놓은 증권화 풀에서 가장 우량한 몫을 독자들이 이미 짐작하듯이 AAA등급으로 분할하고 다음은 B등급 그리고 가장 신용도가 바닥인 증권더미의 찌꺼기를 3순위 트랑슈로 나눈다. 그리고 이런 과정은 이후에도 계속 반복된다.

사실 이런 것을 만든 것만으로도 충분히 나쁜 짓을 저지른 것이다. 하지만 이보다 훨씬 더한 일이 벌어지고 있었다. AAA와 B등급으로 분류된 모기지의 다수는 대부업체가 대출을 해주기 위하여 대출신청인들의 서류를 가공하여 꾸며낸 사기성 신용점수로 얻은 등급일 뿐이었던 것이다.

월 스트리트의 신용평가사들은 사실상의 비우량 등급인 이러한 모기지 증권에 투자적격 등급을 매겨줄 수밖에 없다. 왜냐하면 신용평가기관들은 등급을 매겨주고 이들 대부업체로부터 수수료를 받기 때문이다. 즉 이들은 이미 월 스트리트에 종속되어 있다고 밖에 볼 수 없다. 어쨌거나 고객에게 수수료를 받고 담보대출을 대량으로 쏟아내는 대부업체뿐만 아니라, 대부업체로부터 수수료를 챙기고 투자적격 등급을 마구 매겨주는 신용평가사, 그리고 리스크가 높은 트랑슈를 쥐고 단기매매를 작정하는 헤지펀드 매니저에 이르기까지 모두들 단기적인 이윤에만 포커스를 맞추고 있었다. 이것이 바로 '독성쓰레기(부실채권)'가 금융시스템 전체로 퍼져나간 과정이다.

그런데 심지어 이들 AAA 등급의 모기지 증권을 '보험에 들게'하는 것이 가능해지게 되었다(물론 다수의 AAA 등급은 사실상 AAA 등급이 될 수 없는 것들이었다). 이렇게 모기지 증권에 대해 보험을 가입하는 것이 가능해지자, 보험증서를 제시하거나 혹은 예금에 대한 준비금을 일정비율로 유지해야 하는 자본 의무규정이 있는 금융기관들은 수익이 더 좋은 모기지 파생상품을 가장 안전한 재무부 채권 대신 보유해도 여전히 현금에 준하는 준비금의 요건을 충족시킬 수 있게 되었다. 재무부 채권은 유동성이 높아 마치 현금처럼 여겨지는데 이제는 보험에 가입된 AAA 등급의 증권화된 모기지 채권이 그와 비슷한 지위를 누리게 된 것이다.

　AIG 보험회사의 조 카사노Joe Cassano가 이 '보험' 부분을 운용하는 대규모 공급자였다. 이 부분에 관한 타이비의 설명은 가히 장인의 경지라고 부를 만하다. 카사노의 모기지증권에 대한 보험상품은 CDS라고 불렸다. 그러나 그것을 보험이라고 할 수는 없을 것이다. 왜냐하면 AIG는 보험금 청구에 대비한 자금을 전혀 확보해놓지 않았고 계약을 이행할 유동자금상의 여력도 없었기 때문이다. 이제는 보험에 가입된 AAA 등급의 모기지가 서브프라임 연관 파생상품과 다른 악성 쓰레기 채권에 오염되었을 뿐 아니라, 투자은행이나 헤지펀드 업자까지도 (심지어 자신들이 가지고 있지 않은 채무증서에 대한) CDS를 들 수 있게 되었다.* 타이비의 표현을 빌리자면, 카지노의 도박꾼들이 베팅을 할 때 그 베팅 금액을 가지고 있을 필요도 없고, CDS를 매입할 때 보험을 입힐 채무증서를 가질 필요도 없었다는 것이다.

　한편 카사노가 감당 못할 베팅으로 수수료를 쓸어 모으고 있는 동안 AIG의 또 다른 한쪽에서는 윈 뉴거Win Neuger가 보험업계의 거인(바로 AIG)이 보유한 건전한 장기 포트폴리오 투자를 공매도자들에게 수수료를 받고 빌려주고 있었다.

---

* 금융회사가 보험사로부터 CDS를 매입할 때 꼭 채무증서를 제시하지 않아도 된다. 이런 CDS를 언커버드uncovered CDS 혹은 네이키드naked CDS라고 한다(원칙적으로 불법이다). 가령 A 금융회사는 자신이 보유한 채무증서를 CDS 보험에 들 수 있다. 그러나 네이키드 CDS를 이용하면 (A 은행이 보유하지 않은) Y 은행이 소유한 곧 망할 회사의 채권에 대해서도 A 은행이 보험을 들 수 있다. – 옮긴이

공매도는 이런 식으로 이루어진다. 어느 공매도자가 한 회사의 주가가 떨어질 것 같은 느낌 혹은 정보를 얻었다고 치자. 그는 AIG나 다른 회사로부터 그날 주가에 해당하는 금액을 담보로 건네고 거기에 약간의 수수료를 더해 준 후 그 주식을 빌려온다. 그런 후 그 주식을 즉시 팔아 돈을 쥐고서 이제 그 주식의 가격이 떨어지기를 기다린다. 만약 그의 느낌 혹은 그가 얻은 정보가 맞는다면 그 주가는 떨어질 것이고 그러면 떨어진 가격에 동일한 주식을 다시 사서 AIG에 돌려준 후 그 차액을 챙기는 것이다.

공매도자에게 주식을 빌려준 대여자는 주식 대여 수수료를 챙긴 후 재무부 채권 같은 안전한 금융상품에 현금 담보를 투자하고 거기서 나오는 약간의 이자 정도로 만족하는 것이 정상일 것이다. 주식을 빌려준 사람은 현금 담보에 대해 어떤 리스크도 감수해서는 안 된다. 왜냐하면 그 현금 담보는 공매도자가 대여해간 주식을 가져오는 즉시 돌려줘야만 하는 돈이기 때문이다.

그러나 일단 의심스러운 금융상품들이 월 스트리트의 신용평가사들로부터 AAA 등급을 받고, 거기에 AIG의 보험까지 가세하여 보장이 된다고 하니, 뉴거와 같은 사람에게 이런 미심쩍은 상품들은 공매도자가 맡긴 보증금으로 미 재무부 채권을 대신해 사들일 만한 안전한 투자처가 되어 버렸다. 여러분이 알다시피 이것이 바로 카사노와 뉴거가 AIG를 지탱이 불가능한 처지로 빠트린 과정이다.

일이 이런 식으로 돌아가고 있을 때 골드만삭스가 등장하여 카사노로부터 CDS를 매입하고 그것을 뉴거에게 담보를 맡기고 주식을 빌린다. 그리고 제정신이 아닌 연방준비제도가 조장해놓은 부동산 거품이 마침내 터지기 시작하자 부풀어 오른 거품에 의해 가려져 있던 사기 행각이 수면 위로 드러나게 된다. AIG는 카사노가 벌여놓은 파생상품을 감당할 수가 없었다. 그리고 뉴거가 서브프라임 연관 파생상품에 투자해놓은 공매도자들의 현찰 담보도 돌려줄 수가 없었다.

이것이 바로 2008년 부실자산 구제프로그램의 기원이다. 골드만삭스는 이 구제금융을 자신들이 맡긴 돈으로 도박을 하다 파산한 AIG의 판돈을 납세자들이 대신 갚아주는 기회로 인식하였다(타이비의 말대로 골드만삭스의 전직 경영진들은 미 재무부와 금융규제기관들 그리고 연방준비제도를 조종했다). 그뿐 아니라 골드만삭스는 '파산시키기에는 너무 큰 은행'이 되기 위한 더 큰 돈벌이 기회로 구제금융의 자금 지원을 유휴자금으로 챙긴 것이다.

타이비도 지적했지만, 골드만삭스는 미국과 세계에 더 큰 망조를 몰고 왔다. 골드만삭스가 (곡물 혹은 금속이나 기름 같은) 상품들이 선물 거래되는 상품선물시장에서 투기적 거래를 제한하는 포지션 보유한도position limits를 폐지하는 데 성공한 것이다. 포지션 보유한도는 투자자가 미결제 약정으로 보유할 수 있는 선물 계약고에 제한을 두는 것이다. 이는 투기 세력의 상품시장 장악을 방지하는 역할을 한다. 포지션 보유한도가 폐지되자 골드만삭스는 지수투기index speculation라는 신종상품을 만들어냈다. 이로 인하여 수천억 달러에 달하는 투기성 자금이 상품선물시장에 쏟아져 들어와 거래를 주도했다. 주식이나 채권 혹은 외환시장처럼 선물시장 역시 조작이 가능해졌음은 물론이다.

금융회사들이 저지르고 있는 사기와 범죄에 관한 증거뿐 아니라 정책입안자들이 사적인 이해관계를 가지고 있는 이해충돌conflict of interest에 관한 증거도 많다. 그러나 책임을 지는 사람도 없고 잘못된 것을 시정하기 위해 유의미한 규제가 제정된 것도 없다. 금융시스템은 여전히 도박판으로 남아 있다.

파탄 나는
나라의
특징

파탄 나는 나라의 전형적인 특징 중 하나는 사기꾼들이 정부에 들어앉아 그들의 사적 이익을 진척시키고 보호하는 데 정부를 이용해 먹는다는 것이다. 또 다른 전형적인 특징은 소득불균형이 커지는 것이다. 이때 내부자들은 자신들의 배를 불리기 위하여 경제정책을 이용함으로써 모두를 희생시킨다.

앞서 말한 대로 미국의 소득불균형은 이제 극단에 이르렀다. 경제협력개발기구OECD(이하 OECD)의 2008년도 보고서인 〈OECD 국가들의 소득분배와 빈곤〉에 의하면 미국은 OECD 국가들 중에서 가장 높은 소득불균형과 빈곤률을 차지했다.[*] 특히 2000년 이후 미국보다 더 극심한 소득 쏠림 현상이 일어난 나라는 없다. 또한 OECD는 미국에서 축적된 부의 분포가 소득분배보다 더욱 불평등하다는 사실도 발견했다.

2009년 10월 21일 〈비즈니스위크〉는 유엔개발계획UNDP이 내놓은 새로운 보고서를 중점 보도하였다. 보고서의 결론을 보면, 미국은 최악의 소득불균형 나라들 중 3위를 차지하고 있다. 1위와 2위는 홍콩과 싱가포르인데 이들은 나라라기보다는 도시국가이므로 사실상 미국이 가장 심한 소득불균형 나라라는 오명을 얻게 된 셈이다.

21세기에 들어와 미국의 소득불균형은 급격하게 악화되었는데, 이는 일자리가 역외로 이전된 시기와 일치한다. 이 시기 기업의 경영자들은 '실적보너스'로 배를 불렸으며 중산층은 황폐해졌다. 한편에서는 규제 풀린 장외파생상품과 비정상적인 부채 레버리지가 급격하게 증가하여 소수를 제외한 모든 이들을 희생시켰고 월 스트리트와 금융계에는 부가 쌓였다.

많은 비평가들이 소득과 부의 분배가 악화된 것에 대한 주요 원인으로 조지 W. 부시 대통령의 감세를 꼽고 있다. 게다가 의회와 오바마 정부는 감세를 연장하여 주었다. 가장 부유한 1퍼센트는 소득의 많은 부분을 양도차익 같은 자본이득으로 거둬들이고 있는데, 자본이득

---

[*] http://www.oecd.org/social/soc/41528678.pdf

에 대한 소득세를 15퍼센트로 감면해 주자 불평등이 더욱 악화되었다는 것이다 그러나 과세 문제만을 강조하다 보면 지난 20년 동안 일자리 역외이전이 소득과 부의 분배에 끼친 악영향이 간과될 수 있다.

부유층에게 과세를 한다고 해서 대다수 미국인들의 실질소득 감소가 시정될 수 있는 것은 아니다. 미국인들의 소득상실은 일자리가 해외로 빠져나간 탓이며 그들에게 돌아가야 할 소득이 경영자의 보수와 주주의 자본이득으로 바꿔치기 당했기 때문이다.

OECD 보고서를 보면 비록 세율삭감이 있었음에도 레이건 정부 시절에는 미국의 소득불균형 증가율이 줄어들었다. 1990년대 중반에는 지니지수가 실질적으로 떨어졌다(지니지수가 낮을수록 소득분배가 공평하다). 그러나 본질적으로 금융사기일 뿐이며 일자리의 역외이전인 '신경제'와 함께 2000년대가 시작되자 지니지수는 급격히 상승했다.

소득과 부가 최상층으로 축적되고 있는 동안 수백만 명의 미국인들은 집을 잃었고 그들의 연금저축은 반 토막이 났다. 그러는 사이 위기를 일으킨 금융갱단을 구해 내기 위해 정부가 만들어낸 빚은 일반 납세자들의 어깨 위에 차곡차곡 쌓이고 있다.

심층 시사 프로그램인 〈프론트라인〉 시리즈의 'The Warning' 편은 앨런 그린스펀 연준의장, 로버트 루빈 재무장관, 래리 서머스 재무차관, 그리고 아서 레비트 증권거래위원회 위원장이 어떻게 브룩슬리 본 상품선물거래 위원장의 장외파생상품에 대한 규제 시도를 방해하

였는지에 대해 기록하고 있다.[*]

브룩슬리 본이 예견한 그대로 미국 금융계 역사상 최악의 위기가 닥친 후, 앨런 그린스펀 의장은 이미 은퇴한 몸이었지만 파생상품을 제한할 필요가 없다는 과거의 신념을 해명하도록 의회에 소환되었다. 과거에 그는 바로 그 자리에서 파생상품 규제는 필요 없으며, 심지어 해롭기까지 하다고 주장했던 것이다. 그러나 이 자리에서 그린스펀은 그가 의지했던 자유시장 이데올로기가 결함이 있다는 사실을 애처로운 모습으로 인정해야만 했다.

그린스펀 의장은 진심으로 미국 경제의 승패가 자유시장 이데올로기에 달려 있다고 생각했는지도 모른다. 하지만 로버트 루빈과 래리 서머스가 한 일은 파생상품이 월 스트리트에 가져다준 막대한 사기성 이윤을 지키려는 수작일 뿐이라는 해석 이외에 달리 말할 수가 없다.

브룩슬리 본이 강조했듯 장외파생상품은 '어둠의 시장'이다. 그 시장은 투명하지 않다. 감독기관은 시장과 상품에 관한 정보를 얻을 수가 없고 구매자들 역시 같은 처지이다. 1998년 롱텀 캐피탈 매니지먼트 사가 파산하여 구제금융을 받아야 했을 때도 그린스펀과 루빈 그리고 서머스는 자신들의 주장을 고집했었다.[†] 그린스펀, 루빈, 서머스,

---

[*] PBS 에서 방송된 〈프론트라인 *Frontline*〉 시리즈 'The warning' 편
http://www.pbs.org/wgbh/pages/frontline/warning/view/

[†] 롱텀 캐피탈 매니지먼트LTCM 사는 1994년에서 1998년까지 미국의 세계 최대 헤지 펀드 투자회사였다. 이 회사는 출범부터 1998년 초까지 최고 수익률이 급상승하여 가령 1000달

212

그리고 지금은 금융갱단에게 속아 뚜쟁이 노릇을 한 일을 후회하고 있는 귀얇은 아서 레비트 증권거래 위원장은 상품선물거래위원회가 해야 할 의무를 수행하지 못하도록 국회를 설득하는 데 성공했다. 대중이 선택한 대표들로부터 대중의 이익을 보호하려는 시도를 저지당한 브룩슬리 본 위원장은 결국 사임해야만 했다. 월 스트리트의 돈은 사실을 외면하도록 했을 뿐 아니라 양심적인 감독자를 거칠게 밀쳐내 버린 것이다. 그 결과 2008년부터 몰아닥친 금융위기로 경제는 지금도 병들어 있다.

재무부와 백악관 그리고 연방준비제도를 움직이는 금융계의 내부자들은 그들이 저지른 재난의 수습 비용을 납세자들에게 전가시켰다. 조지 W. 부시 대통령이 로버트 루빈 장관을 대신하여 골드만삭스의 대리자로서 미 재무부를 운영하도록 임명한 헨리 폴슨 재무장관†은 의회에 있는 '민중의 대표자들'로부터 아무런 의혹도 사지 않고 납세자들이 지불한 수천 억 달러에 이르는 자금을 얻어내기 위해 한껏 공포심을 조장하였다. 구제금융으로 골드만삭스와 기타 파생상품 범죄자

러를 투자하면 4000달러가 넘는 돈을 벌어들이기도 했다. 이들은 특히 한국을 비롯한 동아시아 외환위기 당시 최고의 수익을 올렸다. 그러나 1998년 중반 이후 러시아가 모라토리엄을 선언하자 다량의 러시아 국채를 보유한 LTCM 사는 파산하게 되었다. 그러나 이 회사가 전 세계 은행들과 거래하던 파생상품 규모가 너무 큰 나머지 연방준비제도는 긴급구제자금을 제공해 주었다. - 옮긴이

† 로버트 루빈 재무장관(1995~1999 재임)은 26년간 골드만삭스에 재직했고 헨리 폴슨 (2006~2009 재임) 역시 재무장관이 되기 전 골드만삭스의 사장이었다. - 옮긴이

들을 구제해 주기 위해서 말이다.

골드만삭스가 여섯 혹은 일곱 자리에 달하는 막대한 보너스를 전 직원에게 지급한다고 발표하자 대중은 마침내 분노를 터트렸다. 그러자 대중의 돈으로 구제를 받으면서도 대다수 사람들이 일생 동안 벌어도 부족할 금액을 보너스로 챙겨가는 금융갱단을 옹호해 주기 위하여 골드만삭스 인터내셔널의 영국인 부회장 그리피스 경Lord Griffiths이 나섰다. 그는 "모두가 더 큰 번영을 이루기 위해서는 (대중은 반드시) 불평등을 참아야 한다."고 말했다.

그의 말은 즉 "빵이 없으면 케이크를 먹든지Let them eat cake"와 같은 맥락인 것이다.

앞에서 인용한 유엔 보고서에 따르면, 영국은 소득불균형에 있어 세계 7위를 차지하였다. 그런데 골드만삭스의 보너스가 지불되고 영국의 소득격차는 더욱 벌어져 이제 서열 4위를 두고 아마 이스라엘과 경쟁을 벌일 지경에 이르렀을 것이다.

규제 풀린 파생상품의 부조리함과 대중의 치솟은 분노 그리고 자신의 이론에 결함이 있었노라고 의회에 나가 고백한 그린스펀의 굴욕에도 불구하고 파생상품을 규제하기 위한 그 어떤 조치도 내려진 진 바가 없다. 로버트 루빈 재무장관이 재직할 당시 차관보였던 게리 겐슬러Gary Gansler는 브룩슬리 본 대신 상품선물거래위원회의 수장이 되었다. 로버트 루빈의 뒤를 이어 재무장관이 된 래리 서머스는 오바마 대통령의 직속기구인 국가경제위원회 수석에 임명되었다. 금융위기 당시 뉴욕연방준비은행 총재였던 티모시 가이트너Timothy Geithner

는 그를 후원해준 헨리 폴슨의 뒤를 이어 2009년 재무장관이 되었다. 애덤 스토치Adam Storch 골드만삭스 부사장은 증권거래위원회의 실무 총괄 부사장격인 최고운영책임자가 되었다. 금융갱단은 여전히 요직을 차지하고 있다.

이렇게 자유시장주의 경제학자들은 패거리를 이루어 '시장자율에 맡기는 것이 가장 옳다*the market knows best*'는 주장을 근거로 노략질을 정당화하고 있다. 그 어떤 나라가 한줌에 불과한 내부자들이 대중의 눈은 아랑곳하지 않고 자신들의 사적인 이익을 위하여 이토록 뻔뻔하게 정부를 이용할 수 있는가? 마약국가*는 끔찍하다. 그러나 금융마약국가financo-state인 미국의 끔찍함을 능가하는 나라는 없을 것이다.

브룩슬리 본이 말했듯이, 만약 아무런 조치가 취해지지 않는다면 "그 일은 다시 일어나게 되어 있다."

그러나 조치는 취해질 수가 없다. 사기꾼들이 정부를 쥐고 있기 때문이다.

---

* 마약국가narco-state는 마약 조직이 접수하고 뇌물을 먹여 법이 제대로 집행되지 못하는 지역이나 국가를 말한다. - 옮긴이

세상물정
모르는
경제 전문가

경제학자들은 현실과 동떨어진 이야기를 하고 있다. 이 말이 무슨 뜻인지 궁금한 독자는 〈인터내셔널 이코노미〉지 2010년 여름호를 들여다보길 바란다. 이 잡지는 연준의장이었던 폴 볼커와 앨런 그린스펀, 장클로드 트리셰Jean-Claude Trichet 전 유럽중앙은행 총재 그리고 죠지 슐츠George Shultz 전 국무장관 같은 유명 인사들과 〈뉴욕타임스〉, 〈워싱턴포스트〉 같은 소위 저명한 언론 매체들이 하나 같이 인정하는 정기간행물이다.

　해당 호의 특집기사는 '대규모 경기부양책에 관한 토론'이었다. 이 기사는 다음과 같은 질문을 한다.

　'오바마의 경기부양책은 경제에 도움이 되고 있는가, 혹은 방해물인가?'

프린스턴 대학의 경제학 교수이자 〈뉴욕 타임스〉 컬럼니스트인 폴 크루그먼Paul Krugman과 무디스 애널리틱스의 수석경제학자 마크 잔디 Mark Zandi가 케인스주의적 견해를 대표하여 정부의 재정적자 지출이 경제를 불황으로부터 구해 내는 데 필요하다는 주장을 한다. 잔디는 경기부양책 덕분에 "경제가 2009년 초반부터 눈에 띄게 호전되고 있다."고 말하는데, 이것은 오바마 대통령의 경제자문위원회와 미 의회 예산처가 잔디와 함께 공유하고 있는 잘못된 견해이다.

이에 반해 로버트 배로Robert Barro 하버드대 경제학 교수, 프란체스 코 지아바치Francesco Giavazzi, 마르코 파가노Marco Pagano, 그리고 유럽 중앙은행에서 온 유럽 경제학자들은 정부지출을 삭감하여 달성하는 재정흑자야말로 GDP의 부채비율을 줄임으로써 경제 발전의 원동력 이 될 수 있다는 의견을 내놓는다. 이것은 '빵이 없으면 케이크를 먹 든지 경제학파'들의 생각, 즉 반케인스주의anti-Keynesian적 견해이다.

배로 교수에 의하면 경기부양책은 효과가 없다. 왜냐하면 정부의 재정적자를 인지한 사람들은 미래의 세금 인상을 예상할 것이고 그에 대비하기 위하여 개인적인 저축을 늘릴 것이므로 정부가 빚을 늘려 경기를 부양하려는 노력은 효과가 없다는 것이다. 프란체스코 지아바 치와 마르코 파가노는 경기부양책이 경제를 성장시키지 못하므로 세 금을 더 올리고 정부지출을 줄이는 긴축재정으로 실업 문제를 해결해 야 한다고 결론짓는다.

만약 당신이 현실 세계에서 생명유지를 위한 필수 여건을 고려대상 에 넣지 않는다면 이 주장에 마음을 빼앗길 수도 있다. 그러나 한순간만이라도 눈을 돌려 창밖을 내다보기 바란다. 사회보장, 노인의료보험, 저소득층 의료보조, 빈곤층 식비지원, 그리고 주택보조금을 삭감하는 것이 빈곤층을 어떤 길로 들어서게 하는 일인지 당신은 확실하고도 즉각적으로 알게 될 것이다. 1500만 명 이상의 미국인이 직업을 잃고 의료보험도 없고 집도 잃은 상태에서 정부의 긴축정책까지 더해진다면, 이들에게는 기아에서 헤매거나 치료만 받으면 나을 수 있는 병으로 사망하거나 노숙자가 되는 것 외에 다른 길이란 없을 것이다.

반케인스주의 정책 지지자 중의 일부는 긴축정책으로 인한 이와 같은 사회적 격변을 부정한다. 그러나 트렌드 예측가로서 현대의 노스트라다무스라고도 불리는 제럴드 셀런트Gerald Celente의 다음과 같은 주장은 상당히 일리가 있다.

"더 이상 잃을 것이 없는 사람들은 더 이상 참을 것도 없다."
When people have nothing left to lose, they lose it.

한편 폴 크루그먼에 의한 케인스학파적인 주장 또한 착각일 뿐이다. '대규모 경기부양책에 관한 토론'에 임하는 그 어느 편도 문제 해결에 대한 실마리를 잡고 있지 않았다. 미국의 GDP와 일자리, 소득, 그리고 직업과 연결된 경력들이 해외로 빠져나가 중국인, 인도인, 그리고 그 밖의 저임금 나라 사람들에게 넘어가 버렸다는 사실 말이다. 그로 인해 기업의 이윤은 치솟았을지 몰라도 중산층의 직업에 관한 전망은 사라져 버렸는데 토론에 임하는 어느 누구도 이에 대한 이야기는 하지 않았다.

미국의 일자리 역외이전은 다음과 같은 원인들을 가지고 있다.

첫째, '주주들의 더 높은 수익'을 위하여 월 스트리트가 기업들에게 압력을 행사한다. 즉 더 많은 이윤 때문이다.

둘째, 이렇게 경기부양 토론이나 하고 있는 '생각 없는 경제학자들' 때문이다.

눈은 뜨고 있지만 앞을 보지 못하는 '청맹과니' 같은 경제학자들은 자유무역과 대척점에 있는 글로벌리즘을 자유무역과 혼동하고 있다. 그러나 글로벌리즘은 해외의 가장 싼 생산요소, 즉 일방적으로 절대우위만을 추구한다는 점에서 반 자유무역적이다.

경제학자들은 자유무역이 언제나 상호 유익하다는 그릇된 가정을 하고 있기 때문에 무엇이든 손대는 것마다 황폐화시키는 역외이전의 폐해를 반성하지 않는다. 만약 경제학자들 중 역외이전의 문제점을 지적하는 보다 지성적인 인물이라도 등장하게 되면, 그들은 그 경제학자를 '보호무역주의자'로 낙인찍어 배척한다.

재정지출 확대를 통한 경기부양책이 미국 경제를 구할 수 없는 이유는 로버트 배로와 폴 크루그먼의 상호 견해 차이와 아무런 관계가 없다. 그 이유는 바로 높은 생산성으로 고부가가치를 창출하는 일자리와 이에 연결된 중산층의 수입과 경력이 외국인들에게 넘어갔기 때문이다. 미국의 GDP로 잡혀야 할 소득이 이제는 중국인, 인도인, 그리고 다른 나라 사람들의 GDP가 되었다. 일자리가 해외로 옮겨졌으니 재정지출로 경기를 부양시킨들 실업자들이 돌아갈 직장이 없는 것이다.

마찬가지로 '빵이 없으면 케이크를 먹든지 경제학파' 역시 과녁에서 한참 빗나간 주장을 하고 있다. 일자리와 투자 그리고 연구개발이 해외로 빠져나간 상황에서 사회안전망을 끊어 버리면 사람들은 더더욱 막다른 길로 내몰리게 될 뿐이다. 중국인이나 인도인의 임금수준을 기준으로 잡으면 미국인은 자신들의 집세, 자동차 할부금, 수업료, 공과금을 감당할 수 없게 된다. 생활을 꾸려나갈 수 있다손 치더라도 이런 지출 때문에 그 외의 것들을 소비하기란 불가능해진다. 노동시장이 미국의 인건비 수준을 받아들이지 않으므로 미국인들은 정부 예산에 의존하며 살아갈 수밖에 없는 현실이다. 이런 상황에 '재정 건전성 강화'를 주장하는 것은 이 많은 인구를 고려대상에서 제외시켜 버리겠다는 것과 같은 말이다.

대공황 시절에는 수많은 임금 노동자들이 농업에 종사하는 가족을 떠나 도시로 이주하여 노동인구가 되었다. 그러는 동안에도 고향에 사는 부모나 조부모들은 여전히 농사를 짓고 자립적인 삶을 이어가고 있었다. 이때에는 도시에서 직업을 잃은 사람들이 다시 농장이 있는 고향으로 돌아갈 수도 있었다.

그러나 오늘날의 농업은 거대 농식품 기업들의 손아귀에 들어갔다. 실업자들이 돌아갈 가족의 농장이란 더 이상 존재하지 않는다.

'빵이 없으면 케이크를 먹든지 경제학파'는 자신들의 주장을 유리하게 만들 수 있는 한 가지 결정적인 포인트는 결코 언급하지 않고 있다. 미국은 가장 강력한 권력과 위협적인 오만함을 지니고 있는 나라이지만, 사실 미국이 의존하고 있는 것은 바로 세계준비통화인 달러화에 있다. 바로 이러한 달러화의 지위 덕분에 미국은 물건을 수입하고 자신의 화폐로 대금을 지불할 수 있다. 다시 말해 미국은 무역 불균형이 심한 나라이지만 세계준비통화라는 특권이 있으므로 가라앉지 않고 도산을 면할 수 있는 것이다.

그런데 적자예산과 적자무역이 달러화의 지위를 위협하고 있다. 이 두 가지 문제들은 너무 광범위하고 오랜 기간 축적되어 왔기 때문에 개선될 수 있을지 여부가 불확실하기만 하다. 내가 다년간 글을 통해 주장해 왔듯이, 세계준비통화로서의 달러화의 역할에 심하게 의존하고 있는 미국은 달러화의 지위 보전을 반드시 정책의 주안점으로 삼아야만 한다. 그렇지 않으면 수입 의존국인 미국은 수출에 대한 수입 초과분을 지불하지 못하게 될 것이다.

긴축에 대한 새로운 표현인 '재정 건전성 강화'를 통해 달러화를 구해낼 수 있을지는 모르겠다. 그러나 기아나 노숙 그리고 사회적인 불안을 그 결과로 감수할 수는 없다. 따라서 긴축은 반드시 군사예산에 적용되어야 한다. 미국은 무기 산업에 투자한 자들의 배만 불려주는, 수조 달러가 들어가는 전쟁을 감당할 수 없다. 미국은 네오콘이 꿈꾸는 세계 패권과 이스라엘이 식민지를 삼도록 길을 터주기 위한 중동 정복을 감당할 수가 없다.

'빵이 없으면 케이크를 먹든지 경제학파'의 지지자들 중 군사비 삭감을 언급한 사람이 단 한 명도 눈에 띄지 않는다는 것이 좀 놀랍지 않은가? 사회보장이나 의료보험 같은 수급권은 노동자의 급여에서 특정 용도로 떼어낸 세금으로 적립된 후 지불되는 돈이며 그 기금들은 레이건 행정부 이래로 흑자 운영되고 있다. 그런데 경제학자들은 긴축을 말할 때마다 언제나 이런 수급권부터 도마 위에 올려놓는다.

두 학파는 인플레이션과 디플레이션 중 어느 쪽에 서 있는가? 하지만 우리는 그런 걱정을 할 필요가 없다. 미국의 대단히 저명한 경제학자 마틴 펠드스타인Martin Feldstein 교수는 말한다.

"여기 좋은 소식이 있습니다. 앞으로 몇 년 동안 미국 경제와 금융 투자자들이 직면할 경제 분야 리스크 목록에서 심각한 인플레이션이나 디플레이션 발생 가능성이 낮다는 것입니다."

그의 설명은 미국 경제학자들의 태평한 마음을 잘 요약해 주고 있다. 펠드스타인에 의하면 인플레이션이란 있을 수가 없다. 왜냐하면 실업률이 높고 설비 가동률은 낮기 때문이다. 그는 "미국에서는 임금이나 물가상승의 압박요인이 거의 없습니다."라고 말한다.

디플레이션 역시 문제가 되지 않는다. 거대한 적자예산이 물가하락을 막아주기 때문이다. 그래서 그는 투자자들에게 인플레이션이나 디플레이션을 걱정할 필요가 없다고 말한다.

우리는 세상물정 모르는 직업적인 경제전문가를 대하고 있다. 위축된 소비수요로 말미암아 처음 어느 정도는 물가하락이 지속될지도 모르겠다. 그러나 디플레이션은 오래 가지 못할 것이다. 왜냐하면 개인 투자자들이 주식시장에서 '안전한' 국채로 갈아타기를 끝내고, 대대적으로 소문이 난 그리스, 스페인, 그리고 이탈리아의 국가채무 위기를 피하기 위해 유로화에서 도망쳐 달러화로 몰리는 일들 또한 끝나면, 여기에 구제금융으로 채워진 은행의 초과 준비금이 재무부 채권을 사느라 또다시 소진되어 버리면, 수천억 달러의 재정적자에 대한 이후의 자금조달 전망은 사라져 버리기 때문이다.

그렇다면 앞으로 닥칠 예산적자에 대한 자금조달은 어떻게 할 것인가? 누가 다음 해의 붉은 색 숫자(적자)를 메워줄 수 있겠는가? 여러분은 애당초 이에 대한 해결책을 앞에서 본 '대규모 경기부양책에 관한 토론'의 양측 입장에서 찾으려 하지 말기를 바란다. 경제학자들은 뻔히 보이는 해답의 실마리도 못 잡고 있으니 말이다.

연방준비제도는 여태껏 그래왔듯이 정부의 적자를 화폐 발행으로 메우려 할 것이다. 찍어낸 돈이 은행을 빠져나가 고용 없는 경제에 뿌려지게 되면 높은 실업률과 물가상승이 동반될 것이다. 높은 물가상승이 초래할 또 하나의 결과는 달러화의 하락이 될 것인데, 이는 수입 물가상승으로 이어지게 된다. 세계는 워싱턴이 만들어 내는 끝없는 부채와 화폐를 주시하면서 자신들이 보유한 달러화의 처분을 결정할 것이다. 이에 따라 달러화의 교환가치는 더욱 더 하락하게 될 것이다.

글로벌리즘과 규제철폐의 치어리더 노릇을 해온 생각 없는 경제학자들은 자신들이 창조해온 완벽한 지옥을 이해하지 못한다. 만약 연방준비은행이 채권을 사들이는 데 쓸 돈을 더 이상 찍어내지 않는다면 이자율은 올라갈 것이고, 채권과 주식은 폭락할 것이며, 실업은 치솟을 것이다. 따라서 적자예산은 더욱 심해지게 된다. 그렇다면 달러화로부터의 이탈이 시작될 수 있다. 그러나 연방준비은행이 돈을 계속해서 찍어낸다면 달러의 공급이 수요보다 커지므로 달러화의 가치에 어떤 일이 생길지는 불 보듯 뻔한 노릇이다.

3부

벼랑 끝에 선
유럽의
주권국가들

유럽의
재정위기는
어디에서
비롯되었나

몇몇 유럽 국가들에게 처해진 재정위기는 다음의 세 가지 목적을 위하여 이용되고 있다.

첫째, 은행들이 자기네가 저지른 잘못에 대한 비용을 유럽 민중에게 전가시킴으로써 손해를 메우려는 목적.

둘째, 유럽중앙은행을 운용하는 상위 규정을 바꾸기 위한 목적.

셋째, 유럽연합 회원국들의 정치·경제적 주권을 제거하려는 목적.

유럽의 재정위기는 사기꾼들이 투자 적격 등급이라고 매겨놓은 쓰레기 채권들을 월 스트리트가 시장에 내다 팔면서 시작되었다. 골드만삭스는 엔론Enron 식의 회계장부 조작(분식회계)으로 그리스의 국가

부채 규모를 덮어주었는데, 그럼으로써 그리스는 유로존 회원가입에 필요한 국가 재정상의 규정을 지키면서도 계속해서 외채를 빌려 쓸 수가 있었다.* 독일, 프랑스 그리고 네덜란드의 은행들이 월 스트리트의 정크 증권을 보유하고 있다는 사실이 알려졌을 뿐 아니라 그리스, 스페인, 이탈리아, 아일랜드, 그리고 포르투갈과 같은 피그스PIIGS에 속한 나라들이 상환 능력 이상의 채무가 있다는 사실도 드러나자 국

---

* 지금의 유럽연합이 유럽공동체EC였던 시절인 1992년에 체결된 네덜란드 마스트리히트 조약에서, 독일은 인플레이션 억제(재정적자는 GDP의 3퍼센트를 넘지 못한다)와 국가부채비율(GDP의 60퍼센트를 넘지 못한다)에 관한 제한 규정을 조건으로 유로화를 공식적으로 받아들이기로 한다. (원래 독일은 안정적인 마르크화를 포기하고 유로화를 받아들이는 것을 부정적으로 여겼다. 그러나 콜 수상 시절 유럽통합을 기회로 삼아 미국과 프랑스 및 주변국들이 독일의 통일을 승인한다는 조건으로 유로화를 받아들이기로 결정한다. -독일어판 서문 참조).

그런데 2001년 유로존 가입을 앞둔 그리스는 GDP 대비 국가부채비율과 재정적자가 너무 큰 나머지 독일이 내건 유로존 편입조건을 지킬 수 없는 상황이었다. 이에 대해 그리스는 골드만삭스의 도움을 받아 분식회계와 파생상품조합 등을 활용해 부채비율과 재정적자를 장부상 단기적으로 낮추어 유로존에 들어갔다. 한편 골드만삭스는 그리스 부채에 대한 보험상품을 팔거나 분식회계 수수료 등으로 거액을 챙겼다.

유로존 편입 이전의 그리스는 고금리 국가였다. 그러나 유로존에 편입된 후 그리스 정부는 낮아진 이자율을 이용하여 저렴하게 국채를 발행, 재정지출을 늘려갔으며 부동산 위주의 성장 정책을 폈다. 또한 2004년 아테네 올림픽을 전후로 저리의 막대한 해외 차입금이 들어와 건설과 부동산 시장에 투입되었다. 하지만 부동산 거품이 꺼지자 경기침체가 시작된다.

일반적으로 경기침체일 때 정부는 이를 막기 위해 확장적 통화정책을 펴야 하지만 유로존의 단일통화 체제 내에서 그리스 정부는 마음대로 돈을 발행할 수가 없었다. 또한 그리스는 산업구조상 환율을 낮춰 자국의 관광산업이나 제조업을 일으켜야 하지만 통화정책의 주권이 없는 상황에서 독립적인 환율정책을 펼칠 수가 없었고 따라서 계속해서 외부의 자금을 차입할 수밖에 없었다. 이런 배경에서 2009년 말 그리스는 국가부도위기를 맞게 되었다. - 옮긴이

가부채 위기는 두 번째 단계로 넘어간다.

미국과 영국은 자국의 통화를 가진 나라다. 따라서 이 나라의 중앙은행은 정부에게 돈을 빌려주기 위하여 자국의 화폐를 찍어낼 수 있다. 이와는 반대로 유럽연합 회원국들은 공동화폐를 쓴다. 즉 회원국의 중앙은행들은 자국 정부의 신용을 높이기 위하여 필요할 때 유로화를 찍어낼 수가 없다. 유럽연합 회원국의 정부가 적자예산에 대한 자금을 마련하려면 민간은행에 손을 내밀 수밖에 없는 것이다.

유럽연합은 회원국들의 예산적자 규모를 제한하는 규정이 있다. 그러나 일부 유럽연합 회원국들은 그 규정을 피해 나갈 수 있었다. 헌장 규정상 유럽중앙은행은 회원국들의 예산 부족분을 빌려줄 수가 없다. 그러나 유럽중앙은행은 헌장을 위반해가며 그리스 채무 구제금융 계획에 동의하고 자금을 빌려주기로 한 것이다.

그리스 채무위기에 대한 최초의 반응은 독일, 프랑스, 네덜란드의 사립은행들이 돈을 잃지 않도록 보호해야 한다는 것이었다. 결국 채무 구조조정과 부채상각을 받지 못한 그리스인들은 심각한 긴축을 감내해야만 했다. 임금과 연금은 줄어들었고 실업자는 늘어났다. 그리스는 복권을 발행하고 수돗물 사업을 민영화하며 항구를 팔도록 지시받았으며, 그리스 문화유산에 있어 중요한 의의를 가진 그리스의 섬들은 부동산 개발업자들에게 팔리게 되었다. 그러나 재정긴축과 민영화 패키지로 마련될 자금은 유럽중앙은행과 IMF로부터 받을 차관을 갚는 데 쓰여야 하며 그리스 정부는 그 차관을 사립은행들로부터 빌린 돈을 갚는 데 써야만 한다.

이런 계획을 접한 그리스 사람들은 크게 반발하였다. 그들은 거리로 뛰쳐나가 화염병을 던지며 경찰과 대치하였다. 그러자 사립은행들은 그리스가 유럽중앙은행이 제공하는 EU 납세자의 자금 유입을 받아들이고 IMF 긴축 프로그램에 항복한다면 채무를 일부 조정해줄 수 있다고 제안했다. 게오르기오스 파판드레우George Papandreou 그리스 총리(2009.6~2011.11 재임)는 이 협상 조건을 국민투표에 부침으로 시민들의 저항에 응답하겠다고 발표한다.

이 같은 총리의 국민투표 제안은 유럽 정치 엘리트들에게 큰 소란을 불러일으켰다. 유럽연합은 파판드레우 총리가 물러나도록 압박하였다. 실비오 베룰루스코니Silvio Berlusconi 이탈리아 총리 역시 비슷한 운명에 놓이게 되었다. 뉴스보도에 의하면 독일의 메르켈과 프랑스의 사르코지는 그리스와 이탈리아 총리를 직위에서 제거한 것을 두고 서로 축하해 주었다고 한다.

외부의 압력으로 총리가 사임해야만 하는 것은 민주주의가 아니다. 이것은 민주주의를 얕보는 처사이다. 무엇보다 유럽 국가들의 주권을 가장 크게 위협하는 것은 그리스 채무위기에 관한 유럽중앙은행의 대응에서 나온다.

13세기 잉글랜드의 소작농들은 수백 년 동안 그들이 기대어 살아왔던 토지에서 쫓겨나게 되었다. 이들의 터전을 '불과 검fire and sword'으로 몰수했던 지배층들이 어떤 미사여구로 자신들의 행위를 정당화했는지 우리는 알지 못한다. 8세기가 지난 지금, 또 다른 몰수작전이 진행되고 있다. 그런데 이에 대한 미사여구는 있는 그대로의 진실이 아닌 기득권이 원하는 의미로 받아들이라는 오웰리언Orwellian 어법으로 표현된다. 오늘날 그리스, 아일랜드, 그리고 스페인 소작인들의 연금과 임금은 깎이고 세금은 인상되고 있다. 일자리는 사라지고 복지 프로그램은 대폭 삭감되는 중이며 사회간접자본은 민영화되고 있다. 그런데 이 모든 일이 '민주주의를 작동시키기' '그리스 재정 구하기' '구제금융을 위하여' '유로화를 구해라' '내부평가절하'* '자유시장 개혁' 그리고 '위기확산 방지'라는 그럴듯한 이름으로 벌어지고 있다.

경제학자 마이클 허드슨은 이를 가리켜 '금융 신봉건주의financialized neo-feudalism'라고 말한다. 은행가들이 카지노 도박의 판돈을 잃어버리지 않기 위하여 사람들을 농노로 만들고 경제를 파멸로 몰아가고 있다는 것이다.

이것은 비윤리적이며 불법적인 처사이다. 유럽중앙은행과 IMF는 그리스 채권을 보유한 독일, 프랑스, 그리고 네덜란드 은행들에게 그 자체가 불법인 구제금융 자금을 지원해 주고 있다. EU 조약에 의하면 유럽중앙은행은 유럽연합 회원의 금융위기를 지원하지 못하도록 되어 있다. IMF 협정의 조항들 역시 재정 혹은 예산 지원을 위해 어떤 나라의 정부에게도 자금을 빌려줄 수 없도록 되어 있다. IMF의 차관을 받을 수 있는 나라는 국제수지 적자를 충당할 외환보유가 부족

---

* 내부평가절하internal devaluation는 자국의 통화가치를 하락시키지 않고 임금삭감, 물가억제, 구조조정 같은 긴축정책으로 경제위기에 대처하는 방안인데, 이렇게 되면 그 나라는 극심한 불황에 시달리게 된다. - 옮긴이

한 경우에 해당된다. 그러나 그리스의 문제는 국제수지 적자로 생긴 것이 아니다.

법률적으로 명시되어 있음에도 자신의 실수에 대한 대가를 치르려 하지 않는 은행가들 때문에 두 금융기구의 헌장이 묵살당하고 있다.

중앙은행이 없는 피그스 나라들은 국채를 화폐화시킴으로 정부에게 신용대출을 해줄 수 없기 때문에 양적완화정책을 취할 수가 없다. 즉 중앙은행이 돈을 찍어 정부가 발행한 채권을 사줄 수가 없다.

은행들은 그리스가 소정의 이자를 지불하면 채무 기간을 연장해 주었다. 그리고 회수 가능한 한도 이상의 채권을 그리스로부터 샀다. 정상적인 경우 이런 채무는 문제가 생기면 채권단이 상환조건이나 기간을 조정해 주어야 한다. 또는 채무자가 갚을 수 있는 액수로 줄여주게 되어 있다. 그리고 이 과정에는 채권을 보유한 측의 투자손실분이 반영되는 헤어컷Haircut이라 불리는 증권의 평가절하도 포함된다. 하지만 지금의 은행가들은 자신들의 잘못에 의해 발생된 비용을 일반 대중에게 전가시킬 만한 충분한 권력을 가지고 있다.

그리스의 경우 은행들이 선호한 해결책은, 유럽중앙은행과 IMF가 그리스에게 충분한 자금을 빌려주고 그 돈으로 그리스가 사립은행들로부터 빌린 빚을 갚도록 하는 것이다.(이는 유럽중앙은행 헌장에 명시된 규정을 위반하는 것이다.) 하지만 그렇게 되면 그리스는 이전보다 더 많은 빚을 지는 것이므로 상황은 전보다 훨씬 더 나빠질 것이다. 자국이 발행한 채권도 보증할 수가 없는 형편인데 유럽중앙은행이나 IMF로부터 얻은 더 많은 차관을 어떻게 갚을 수가 있겠는가.

만약 작전이 계획대로 진행된다면 그리스 정부는 사적인 이익관계자들, 즉 은행과 은행의 고객들에게 손을 벌릴 것이다. 이는 그리스가 이들 이해관계자들에게 복권사업을 넘겨주고, 항만, 우편서비스, 수돗물 회사와 그리스의 섬들을 약탈해가도록 허락해 주는 것을 의미한다. 은행 혹은 은행의 자금을 차입한 사업체들은 그리스의 공공 부문을 유리한 조건으로 사들일 것을 기대하고 있다.

그 뿐만 아니라 그리스 정부는 조세수입으로 유럽중앙은행과 IMF의 차관을 갚기 위하여 공공 부문의 인력을 감축하고 연금을 삭감하며 세금인상과 더불어 남아 있는 공공서비스를 난도질하도록 요구받고 있다. 이렇게 되면 자본과 소득의 흐름이 그리스를 벗어나 외국 은행가들에게 흘러들어 가게 된다. 따라서 그리스의 경제는 더욱 더 깊은 침체에 빠지게 되고 채무 상환은 갈수록 불가능해질 것이다.

말할 필요도 없이 그리스인들은 긴축 프로그램에 대하여 저항하였다. 2011년 여름 〈뉴욕타임스〉의 표현대로, 그리스인에게 부과된 긴축 프로그램은 '구제금융이라는 상을 받기 위한' 숙제였던 것이다. 물론 그 상의 수혜자는 그리스가 아닌 독일, 네덜란드, 그리고 프랑스의 은행가들이다. 그리스인은 자신들의 사회주의 정부가 그리스 시민이 아닌 외국은행을 대변하고 있다는 현실을 깨달았다. 이것이 바로 거리에서 저항하던 그리스인들을 더욱 격분하게 만든 이유였던 것이다.

그리스 정부는 외국은행들과 제휴한 셈이다. 2011년 6월 23일 그리스 재무장관은 구제금융을 타내는 데 성공을 한다. 더 정확하게 말하자면 그리스는 소득세 감면 한계선을 이전의 연 수입 1만 2000유로가 아닌 연간 8000유로로 낮추고, 난방유 소비세를 인상하고 개인소득에 따라 1~5퍼센트까지의 추가 연대세금solidarity levy을 부과하는 5개년 긴축계획과 함께 구제금융 코스에 접어들게 되었다. 가난한 사람들이 부유한 은행가들의 실수를 확실히 뒤집어쓰게 된 것이다.

그러나 파판드레우 총리가 이 긴축 프로그램 안을 국민투표에 부쳐 결정하겠다고 발표하자 '받아놓은 상'인 줄 알았던 그리스 구제금융 계획에 지장이 생기고 말았다. 결국 유럽연합 엘리트들은 파판드레우를 총리직에서 물러나도록 했다. 그리스인들이 정신을 차려 보니 이미 새로운 총리가 지명되었는데, 그가 바로 유럽중앙은행의 전 부총재였던 루카스 파파데모스Lucas Papademos이다. 유럽의 엘리트들은 그리스 총리가 은행가들을 위하여 그리스 사람들을 재물로 바칠 것을 기대하고 있다.

내가 이 글을 쓰고 있는 시점에서 보자면, 유럽의 채무위기가 장차 어떻게 될지 알 수 없는 상황이다. 강압적인 긴축 프로그램과 불법적인 구제금융으로 은행, 유럽연합, 그리고 유로화를 구해 내려는 노력은 성공할 수도 있고 실패할 수도 있다. 그러나 이 글을 쓰는 순간까지 채무위기에 대한 가장 확실한 사실은 유럽의 엘리트들이 회원국의 예산, 세금, 그리고 지출에 관계된 자주적 권한을 제거하기로 마음 먹었다는 점이다.

2011년 11월까지 유럽중앙은행을 이끌었던 장클로드 트리셰 총재에 의하면 '민주주의를 작동시키기' 위한 다음 단계는 그리스 정부의 주권을 제거하는 것이라고 한다. 2011년 6월 2일의 연설에서 트리셰 총재는 앞으로의 임무는 '국가라는 제한된 개념'과 채무자를 보호해 주는 종래의 관행으로부터 유럽이 벗어나도록 이끌어내는 데 있다는 내용의 발언을 했다. 한 나라가 채무를 감당할 수 있는가에 관한 문제는 그 나라가 민영화할 수 있는 공공의 재산이 있는 한 더 이상 예산상의 문제로만 볼 필요가 없다는 것이다.

트리셰는 그리스가 빚을 갚도록 만들겠노라고 다짐하였다. 그는 말하기를 만약 그리스가 빚을 갚지 않는다면 다른 유럽연합 회원국들도 덩달아 채무를 구조조정해 주고 초과된 부채를 소각시켜 달라고 요구하게 된다는 것이다. 부채를 줄여주면 은행은 채권자로서 희생을 해야 한다. 이런 일이 연쇄적으로 확산되는 것을 방지하기 위하여 유럽중앙은행은 은행헌장에 명시된 규정에도 불구하고 '강력한 조정 프로그램의 맥락'에서 금지된 차관의 제공을 정당화시킬 수 있다고 한 것이다. 또한 만약 그리스 정부가 구조조정 프로그램을 충실히 이행하지 않고 공공재산을 적극적으로 매각하지 않는다면 '다음 단계'의 개입이 작동될 것이라고도 경고했다. 그것은 바로 유럽연합 당국이 그리스의 경제정책 결정에 직접적인 영향력을 행사하겠다는 뜻이다.

트리셰 총재에 의하면 유럽연합의 상호 의존성이란 "각 나라가 완전한 내부 권한을 실질적으로 가지고 있지 않은 것을 의미한다." 앞서 말한 '다음 단계'란 이런 내용을 법으로 명시하는 단계이다. 그렇게 된다면 유럽연합의 수뇌부는 그리스의 재정 문제를 지배하고 예산을 결정하게 될 것이다. 주권과 대의정치는 폐기될 것이며 결국 유럽연합 회원국들은 통치는 하되 책임은 지지 않는 지배자의 종주권宗主權 아래에 놓이게 되는 것이다.

미국도 이와 똑같은 일이 벌어지고 있다. 미국은 월 스트리트의 수뇌부가 재무부와 금융감독기관을 조종하고 있다. 공공자금과 연방준비제도의 통화수급은 책임감 없는 금융기관의 빚에 빚을 낸 투기적 도박을 구제해 주기 위하여 전용되고 있다. 이런 구제를 주선하는 정부 관료들의 대부분은 구제금융을 받는 은행들의 수장 출신이다. 수백 만 시민들이 집, 직장, 연금, 그리고 의료보험을 잃는 동안 엄청난 액수의 돈이 은행으로 들어갔다. 투표에 의하여 다수가 결정을 내리는 미국의 직접 민주주의는 이제 워싱턴 정부를 공공연히 사들인 이익집단의 지배를 위해서만 복무하는 듯 보인다.

사실 그리스는 그냥 국가부도를 선언하고 유럽연합에서 탈퇴하는 것이 가장 좋은 선택이었음에도 결국 굴복하고 말았다. 그렇다고 그리스의 위기가 진행을 멈춘 것도 아니다. 독일은 처음부터 통화연맹, 즉 유로존을 불안하게 생각했다. 왜냐하면 유로존 회원국이 된 이상 개별국가는 인플레이션 통제권을 가질 수가 없기 때문이다. 또한 유럽중앙은행이 그리스 같은 유럽연합 회원국을 구제금융해 주는 것은 EU 조약의 여러 규정을 위반하는 것일 뿐만 아니라 독일이 유럽연합에 가입한 전제조건을 뒤집는 것이다.

독일과 메르켈은 현실을 받아들이고 독일이 꺼리고 있는 그리스의 부채 화폐화를 승인하라는 압력을 받고 있다. 하지만 그렇게 되면 독일이 감당해야 할 부담이 너무 커진다. 트리셰 총재가 주장하는 바대로 만약 유럽연합이 그리스 예산을 장악하는 권한을 가지게 된다면, 유럽연합은 자신의 통제하에 모든 회원국들의 과세와 지출을 조종할 권한을 획득한 셈이 된다. 결과적으로 유럽연합 회원국들은 한때 독립국가들이었던 미국의 각 주와 마찬가지로 멀리서 지배하는 중앙권력에 종속당하게 되는 것이다.

강력한 힘을 가진 독일은 계속 독립된 나라로 남기를 바라는가? 아니면 인플레이션을 감수하고 기꺼이 피그스 나라들의 빚을 떠맡을 셈인가? 만약 이것이 유럽연합 회원국이 되는 독일의 대가라면 그에 대해 독일이 얻는 것은 무엇인가?

발표되지 않은
의제,
유럽연합의
속셈

지금 전개되는 그리스의 드라마는 터무니없고도 불길하다. 그리스에
게 제공되는 구제금융이 구제를 위한 금융이 아니기 때문이다. 그것
은 강자가 약자에게 휘두르는 실력 행사이다. 이번에 제공되는 차관
은 그리스의 누적된 채무를 줄일 수 있도록 설계되어 있지 않다. 그것
은 유럽연합과 IMF로부터 돈을 빌려 사립은행의 빚을 갚는 데 써야
하는 선택의 여지가 없는 패키지 프로그램일 뿐이다. 구제금융은 그
리스를 구제해 주기 위한 것이 아니라, 사립은행들의 채권 청산이 목
적이다. 이 은행들은 상환능력을 제대로 실사하지 않고 채무자의 능
력 이상으로 대출을 해준 과실이 있다. 만약 그리스가 은행 빚을 갚을
능력이 없다면 마찬가지로 유럽중앙은행이나 IMF에게 진 빚도 갚을
능력이 없을 것이다.

그리스는 1100만의 인구를 가진 나라로 2010년의 GDP 규모는 3100억 달러에 달했다. 그리스 통계청에 따르면 그 이듬해인 2011년에 그리스의 GDP는 7퍼센트나 감소하였다.* 예상보다 큰 폭의 GDP 감소와 늘어난 재정적자 탓에 그리스 정부는 구제금융 계획에 의해 명시된 GNP 대비 대외부채비율의 목표치를 맞출 수가 없게 되었다.

그리스의 GDP 감소는 경기위축 4년째인 2012년에도 예상되는 일이었다. 2012년 6월 8일 AP 통신 보도에 따르면, 그해 1사분기에만 그리스의 GDP는 6.5퍼센트가 감소했다. 이는 예측보다 상황이 훨씬 심각하다는 것을 보여준다.

정부의 긴축 수단에도 불구하고 구제금융이 설정한 예상치보다 GDP가 더 하락하고 재정적자가 더욱 늘어나면서 그리스의 GDP 대비 부채비율은 계속 상승하고 있다. 연금과 사회복지를 삭감하고 임금을 줄이며 공공인력을 정리해고하는 등의 긴축정책을 펴서 예산적자와 부채비율을 줄여보려는 그리스 정부의 시도는 총수요와 경제를 더욱 나락으로 떨어뜨려 결과적으로 GDP 대비 대외부채비율만 높였다.

케인스 이래로 경제학자들은 쇠약해진 경제와 늘어나는 재정적자에 대한 해결방안이 긴축은 아니라는 것을 잘 알고 있다. 그런데 지금 무슨 일이 벌어지고 있는 것인가?

---

* 그리스 통계청 자료
http://www.statistics.gr/portal/page/portal/ESYE/BUCKET/A0704/PressRe-leases/A0704_SEL84_DT_QQ_04_2011_01_P_EN.pdf

'그리스 채무위기'는 의제agenda를 진행시키기 위한 '대량파괴 무기' 계략이며 이런 의제들은 위기 하에서만 추진이 가능한 것이다. 우리는 이 의제가 무엇인지 알고 있다.

그것은 주주가 아닌 일반대중이 은행의 손실을 갚아주어야 한다는, 이미 미국과 아일랜드에서 확립된 원칙을 공고히 하기 위한 것이다. 유럽중앙은행에 주권국가의 부채를 화폐화시키도록 하는 권한을 주기 위한 것이다. 그리고 위기를 이용하여 유럽연합 회원국들의 주권을 소멸시키기 위한 것이다.

그리스 국가부채가 처리되는 방식은 지속적인 무역적자로 국제수지 문제가 생긴 제3세계 국가들에게 IMF가 강요하는 것들과 동일하다. 그리스는 국가채무에 관한 이런 식의 처리방식이 적용된 첫 번째 유럽 국가가 되었다. 그러나 그리스의 경우 채무 문제에 관한 정상적인 절차가 왜 적용되지 않는지에 관해서는 아무런 설명이 없다.

내가 '그리스 채무위기'는 계략이라고 결론짓는 이유는 문제를 해결하지 못할 게 뻔한 긴축과 약탈 과정을 군이 거치지 않고도 문제를 해결할 수 있는 방법들이 있기 때문이다. 정상적인 절차에 따르면 그리스의 채무는 그 나라가 갚을 수 있는 금액에 맞도록 재편되어야 한다. 채권자의 투자 실패에 대한 책임으로 나머지 채무에 대한 청구권은 취소되어야 하는 것이다.

만약 상각된 금액이 너무 큰 나머지 사립은행의 자본이 완전히 잠식되어 파산되게 생겼다면, 이 문제를 해결할 만한 몇 가지 쉬운 방법이 있다. 그중 한 가지는 은행의 이윤이 허락하는 만큼의 기간에 걸쳐 대손을 충당하는 것이다. 한꺼번에 모든 것을 떠안는 대신, 시간을 두고 채무자에게 상환 받을 수 있는 액수가 될 때까지 장부에서 회수불능 채권을 지워나가는 것이다.

또 다른 방안은 유럽중앙은행의 재원財源을 은행에 진 빚을 갚으라며 그리스에 차관으로 제공할 것이 아니라 유럽중앙은행이 직접 채권은행들에게 신규 자금을 투입해 주는 것이다. 유럽중앙은행이 그리스에게 주는 차관은 어차피 돌려받지 못할 공산이 크기 때문이다.

또 다른 방법은 독일, 프랑스, 그리고 네덜란드 정부가 그 나라 은행의 부실채권을 사주고 그 대가로 그 은행의 주식을 받는 것이다.

이 해결책들이 가지는 가치는 더 깔끔하고 적용도 쉬우며 비용도 덜 든다는 데 있다. 뿐만 아니라 이 방법들은 그리스의 부채를 줄여줄 수 있으므로 문제를 실질적으로 해결할 수 있다.

그러나 유럽연합은 그리스의 부채를 줄이려는 노력 대신 오히려 그리스의 GDP 대비 부채비율의 증가를 획책하고 있다. 강제긴축을 당하는 그리스 경제는 불황의 깊은 골에 빠져 허우적대는 중이다. 이것은 유럽연합 당국이 그리스 채무위기의 해결을 바라는 것이 아니라, 위기를 이용하여 회원국들에 대한 더 큰 권한을 가지려는 의도를 가리킨다. 유럽연합은 공동통화인 유로화가 유지되기 위해서는 브뤼셀 본부가 정한 공동세금과 공동예산 정책을 회원국들이 받아들여야 한다고 주장하고 있다.

장 클로드 트리셰 유럽중앙은행 총재는 2011년 6월 2일 연설에서 진정한 목적을 드러냈다. 그는 유럽연합이 발전해 나가야 할 다음 단계로 하나의 국가라는 제한된 개념에서 벗어나야 한다고 말했다.

이것이 바로 그리스 채무위기를 이용하여 도달하려는 진짜 목표이다. 그리스 경제가 지속적으로 기울게 되면 그리스의 GDP 대비 부채 비율은 날로 늘어날 것이고, 그렇다면 유럽연합은 그리스의 국정을 넘겨받는 것 외엔 그 어떤 구상권 행사도 있을 수 없다고 선언할 것이다. 그리스의 경우는 이탈리아, 스페인, 포르투갈, 그리고 (유럽연합이 프랑스—독일 제국으로 변하지 않는 한) 프랑스와 독일에게도 언젠가는 닥칠 사태의 선례가 될 것이다. 그렇게 되면 유럽연합 회원국들의 정치적인 주권은 사라지게 된다. 본질적으로 유럽연합의 관료체제는 책임을 지는 대표들이 아니다. 그러나 그들은 대표라는 이름을 제외한 그 밖의 모든 권력을 쥔 유럽의 실질적인 대표 정부가 되려는 데 목적이 있다.

미국 정부는 유럽의 이 같은 독재정치로의 이행을 돕거나 교사하고 있다. 워싱턴은 미국의 부실한 금융회사들이 유럽 국채에 대해 보증해줄 수 있는 한계 이상으로 CDS를 팔아온 것을 걱정하고 있었다. 원치 않는 빚 탕감이 포함된 그리스 국가부채의 구조조정은 CDS가 보장한 보험금 지불을 촉발하게 될 것이다. 물론 협상의 일환으로 은행이 자발적으로 부채를 감면해 주면 보험금 지불 사태는 벌어지지 않을 것이지만, 은행들이 그리스의 부채를 줄여준다면 스페인, 이탈리아, 그리고 포르투갈도 그와 같은 대우를 요구하게 될 것이고, 그럴 경우 은행의 손실은 점점 더 커지게 된다.

만약 미국 은행들이 CDS 보험금을 지불해야 한다면 미국의 금융위기는 더 악화될 것이다. 워싱턴은 파산시키기에는 너무 큰 은행들의 붕괴를 방지하기 위해 연방준비은행으로부터 수조 달러를 더 차입해야 하는 것은 아닌지 걱정하고 있다. 이런 이유로 워싱턴은 채무구조조정을 반대하는 데 있어 유럽연합과 공조하는 입장인 것이다. 즉 워싱턴은 미국의 금융위기가 심화되는 것보다는 차라리 유럽의 독재체제를 선호하기로 결정했다.

만약 그리스인들의 저항이 점점 더 강해져 조직적인 항쟁으로 변한다면 정부는 전복될지도 모른다. 그렇게 되면 후임 정부는 채무이행을 거부해야만 할 것이다. 그래야 회원국들의 정치적 주권에 대한 유럽연합의 공격을 당분간 멈추게 할 수 있을 테니 말이다. 실제로 유럽연합 당국은 그리스인들의 저항으로 2011년 마지막 달에 부분적인 부채탕감을 구제금융 협상의 일환으로 그리스 측에 제안했었다.

국가채무 위기는 회원국에 대한 유럽연합 당국의 지배력 증강으로 결론이 날 가능성이 크다. 헤르만 반 롬파위Herman Van Rompuy 유럽정상회의European Council 상임의장은 유럽연합 회원국들의 국가채무 위기로 말미암아 유럽연합 당국은 다음과 같은 사항들을 숙고하게 되었다고 말했다.

"제한적으로라도 조약 개정의 가능성을 타진해봄으로써 유로존 내의 경제융합을 더욱 공고히 해야 한다. 그래서 유로존의 재정적 규율을 증대시키고 경제공동체를 더욱 심화시켜 나가도록 한다."

헤르만 반 롬파위의 발언은 유럽연합 회원국들을 하나의 정치적 실체로 통합하면서 각자의 독자적인 결정을 줄이자는 것을 시사한다.

그러는 사이에 은행가들은 착실히 자리를 채워가고 있다. 유럽중앙은행 신임총재로 마리오 드라기Mario Draghi가 취임하였다. 이 사람은 골드만삭스 인터내셔널의 부회장이자 골드만삭스 경영위원회 위원 출신이다. 그는 또한 세계은행 이탈리아 측 상임이사, 이탈리아은행 총재, 유럽중앙은행 집행위원회 위원, 국제결제은행BIS 이사, 국제부흥개발은행IBRD과 아시아개발은행ADB 총재단 위원, 그리고 금융안정위원회FSB 의장을 지낸 인물이다. 당연히 드라기는 은행가 세력을 보호할 것이다.

선거에 의해 선출된 것이 아니라 지명을 받은 이탈리아 수상 마리오 몬티Mario Monti 역시 골드만삭스 국제 고문단을 지낸 사람이다. 몬티는 또한 유럽연합 행정조직인 유럽연합 집행위원회 위원으로 임명되었다. 몬티는 삼변회Trilateral Commission의 유럽 측 의장이기도 하다. 삼변회란 전 세계에 대한 미국의 패권을 증진시키려는 미국의 조직이다. 몬티는 빌더버그 그룹 회원이며, 유럽연합 통합을 목표로 2010년 9월 창설된 조직인 스피넬리 그룹의 창립회원이기도 하다. 뉴스보도에 의하면 몬티가 구성한 전문지식과 기술관료들의 '테크노크라트 내각technocratic cabinet'에는 선출된 정치인이라고는 단 한 명도 들어있지 않다. 은행은 매사를 철저히 하는 것을 좋아한다. 마리오 몬티는 경제금융장관 겸 수상이다.*

　선거에 의해서가 아니라 지명을 통해 임명된 이탈리아 수상이 은행가 출신이듯이, 그리스의 신임 총리 또한 은행가 출신이다.† 앞서 말한 루카스 파파데모스 그리스 총리는 그리스 중앙은행의 전 총재였다. 그는 2002년부터 2010년까지 유럽중앙은행 부총재를 지내기도 했다. 그 또한 삼변회 위원이기도 하다.

　유럽연합을 처음 설립한 자크 들로르Jacques Delors는 1988년 영국 노동조합회의에서 유럽연합 집행위원회 회원국 정부들에게 노동친화적인 입법을 도입하도록 하겠다고 약속한 바 있다. 그러나 모두가 알다시피 유럽연합 집행위원회는 임금과 사회복지를 줄이고 유럽노동자들의 퇴직 시기를 늦추도록 만들어 사립은행들을 구하고 있다.

　아마도 미래의 역사가들은 현대에 관하여 다음과 같은 결론을 내릴지 모르겠다. 군주와 귀족 그리고 통치포식자의 권력으로부터 벗어나기 위하여 한때 금전적 이해세력에 봉사했던 민주주의는, 그러나 점차 금권이 정부를 지배하게 되면서 장애물 취급을 당하게 되었다고. 역사가들은 왕권신수설에서 금권신수설로 이행된 역사를 말하게 될 것이다.

---

* 2014년 2월 마태오 렌지Matteo Renz가 이탈리아의 새로운 수상으로 취임했다. - 옮긴이

† 2015년 1월부터 그리스의 신임 총리는 시리자 당의 알렉시스 치프라스Alexis Tsipras이다. - 옮긴이

통합된 유럽은
흩어진 유럽보다
조종하기
쉽다

독일은 회원국들 간의 결속 유지에 필요한 재정 공급원으로 유럽연합에게 선택되었다. 유럽연합은 독일이 자신의 투표권 이상의 몫을 지불해 주기를 기대하며 구제금융 기금 마련에 나서고 있다. 유럽연합 당국은 통화팽창에 대한 독일의 우려가 시대에 뒤떨어진 것이며 유럽이 하나의 통합된 국가로 성장하는 데 걸림돌이 된다고 여긴다. 유럽연합이 중앙집권화되면 각 개별국가들은 당연히 사라질 것으로 생각하는 것이다.

권력을 중앙집권화시키려는 배후에는 엄청난 돈이 있다. 그 돈의 대부분은 미국에서 온다. 여기에는 통합된 유럽은 나누어진 상태보다 조종하기에 더 수월할 것이라는 미국의 의도가 숨겨져 있다. 이미 유럽은 미국에 의해 NATO로 조직되어 중앙아시아와 아프리카에서 제국의 패권 전쟁에 나가 싸워주는 보조단체가 되어 버렸다.

유럽인들은 무엇을 얻을 수 있는가? 워싱턴은 떠오르는 중국의 힘에 대응하기 위하여 해병대를 호주에 보내고, 핵무장을 한 러시아를 미사일과 군사기지로 포위하고 있다. 워싱턴의 제국주의적 야심은 유럽인과 수세기에 걸쳐 이룩한 아름다운 도시들을 러시아의 핵무기에 노출시키고 있다. 정치지도자들이 받는 보상 이외에 워싱턴의 패권주의로부터 유럽이 얻을 수 있는 것은 도대체 무엇이란 말인가?

유럽은 왜 러시아에 대항하여 결집하는가? 러시아는 유럽인들에게 에너지와 유럽산 제품의 소비시장을 공급해 주고 있지 않는가? 워싱턴은 미국이라는 제국을 위해 유럽의 병사들을 해외로 보내 전사자로 만드는 것 말고 무엇을 해주고 있는가?

미국 정부와 군사안보복합체 그리고 이를 조종하는 네오콘은 유럽 사람들을 순진한 얼간이로 여긴다. 다시 말해 유럽인들을 잘 조종하면 '세계 유일의 초강대국'의 이익집단을 위하여 몸 바쳐 희생할 것이라고 생각하는 것이다.

유럽인은 그들만의 고유한 정체성이 있다. 왜 유럽 사람들이 미국의 극소수 이익집단을 위하여 희생을 해야 한단 말인가? 만약 유럽이 단일시장을 만들기 위하여 경제적 통합을 원한다면 그 통합은 러시아로 뻗어나가야 한다. 독일은 미국을 조종하는 특별한 이익집단에 봉사하는 대신 자신의 독자적인 사명을 찾아야 한다.

미국의 민주주의는 망가졌다. 워싱턴은 자국 시민들의 복지나 인권에 관심이 없을뿐더러, 유럽 꼭두각시 국가들의 시민적 권리나 후생

따위에는 더더욱 관심이 없다. 워싱턴은 자신을 조정하는 이익집단들의 목적에만 복무하고 있을 뿐이다. 그리고 이 이익집단들은 금융사기와 전쟁에 전념을 다 하고 있다.

에필로그

★★★

가득 찬 세계를 위한
정상경제학을 바란다

나는 이 책에서 '비어있는 세계'의 경제이론은 그 유효기간이 다하여 폐기처분을 해야 하지만, 정책입안자들이 오히려 이 이론을 그들의 정책에 적용함으로써 자본주의 자체의 실패를 초래하게 되었다는 것을 보여주려고 했다.

제1세계 기업들이 해외의 낮은 임금을 찾아 절대우위를 추구하게 되면서 소득과 부의 흐름이 극소수의 손안에 집중되었고, 그러자 미국 같은 제1세계 노동자들의 미래 전망이 파괴되어 버렸다. 금융규제 철폐 탓에 시민들은 개인연금을 잃거나 노숙자로 전락했다. 수많은 전쟁과 은행구제로 사회안전망, 사회보장연금 그리고 노인의료보장 시스템이 위협당하고 있다. 전쟁 비용과 금융회사 구제기금 마련을 위하여 긴축을 강요당하고 있는 시민들은 이에 항거하며 맞서고 있다. 시민들의 저항에 대한 전체주의적 대응은 서구 민주주의와 인권을 위태로운 상황으로 몰아간다. 현실을 반영하지 못하는 서구의 경제이론은 제3세계의 경제 발전까지 가로막고 있다.

이것만으로도 우리 상황은 아주 나쁘다. 그러나 '비어있는 세계'의 경제학을 버리고 자연자본과 오염정화 능력이 소진되고 있는 지금의 '가득 찬 세계'를 위한 경제학으로 들어가게 되면, 우리가 생각했던 것보다 더 심각한 지경에 놓인 현실을 발견하게 될 것이다.

비록 아직도 몇몇 나라들이 '비어있는 세계'의 경제학적 방식으로 경제성장을 이루고 있기는 하지만, 그렇게 얻은 GDP가 성장을 위하여 소모된 비용보다 더 큰 가치를 갖는지 경제학자들은 알 수 없다. 그것은 소비된 자연자본 비용이 소득증가 계산에 산정되어 있지 않기 때문이다. 세계 GDP가 4퍼센트 올랐다고 하지만 여기에 희생된 자연자본이 비용으로 포함되지 않았다면 그것을 성장이라 부르는 것이 무슨 의미가 있는가?

경제학자 허먼 데일리가 적절하게 표현했듯, 결정을 내리는 엘리트들은 "자신의 이득은 어떻게 하면 잘 지킬 수 있는지 따지면서도 그에 대한 비용은 가난한 사람들과 미래 그리고 다른 종들과 나누어 내고 있다."[*]

인공자본을 쌓아올려 경제성장의 활성화를 강조하는 '비어있는

-----

[*] Herman E. Daly 〈Ecological Economics〉 vol. 72, p. 8

세계'의 경제학은 이제 종착지에 도달했다. '가득 찬 세계'의 경제학은 '정상경제학'이다. 이제 경제학자들은 가득 찬 세계를 위한 새로운 경제학에 매진할 때이다.

독일어판 서문

★★

유럽의 미래를 좌우할
역사적 전환기

※ 이 책은 미국에서 출간되기 전인 2012년 7월《절벽에 선 경제*Wirtschaft Am Abgrund*》라는 제목으로 독일, 오스트리아, 스위스에서 발간되었다. 독일어판 서문으로 경제학자이자 글래스하우스센터 회장인 요하네스 마르슈지크*Johannes Maruschzik*가 쓴 이 글은 조금 길지만 유럽 정세를 이해하는 데 시사하는 바가 있어 전문을 싣는다.

우리는 역사의 전환기를 목격하고 있다. 바야흐로 신세계 질서가 그 모습을 드러내고 있는 것이다. 경제적인 힘이 엄청난 보폭으로 브릭스BRICS(브라질, 러시아, 인도, 중국, 남아프리카공화국)와 다른 신흥국을 향하여 옮겨가고 있다. 중국과 러시아가 주도하는 유라시아 정치 · 경제 · 군사협의체인 상하이협력기구Shanghai Cooperation Organization(SCO) 같은 신생 동맹들이 새로운 세계경제 질서에 대비하고 있다. 이들 국가들이 세계경제에 있어 우세한 지위를 차지하게 될 것은 확실하다.

한편 지난 수십 년간 지구촌의 경제를 주도적으로 이끌어왔던 세력인 미국, 영국, 유럽, 일본은 생존을 위한 몸부림을 치고 있다. 그러나 이들의 경제는 해체 과정에 놓여 있다. 특히 미국과 유럽연합에서는 갈수록 더 많은 사람들이 빈곤의 수렁에 빠져들고 있고 사회복지는 더욱 뚜렷하게 축소되고 있다. 글로벌 경제체제 내에서 인구의 대부분은 자신의 미래를 발견하지 못하며, 수많은 국가들이 채무와 실업 때문에 정치적 혼란을 겪고 있다. 이런 시기에는 정치와 경제 시스템의 약한 부분에서 급진적인 정치세력이 부상할 수 있다. 그리고 이로 인하여 새로운 형태의 독재정치가 탄생할 위험이 있다.

경제학자들은 서구 경제의 몰락에 대해 일정 부분 책임이 있다. 그들은 세계경제의 변화를 공정하게 분석하여 대응책을 모색하기보다 각기 다른 경제학파에 속한 이념의 노예처럼 굴고 있다. 그들은 자기네 이론에 들어맞지 않는 사례들을 빈번히 외면한다. 한술 더 떠 많은 경제학자들이 사적인 목적을 위해 민주주의 시스템을 악용하는 정치가와 이익집단에게 봉사함으로써 타락해 버렸다. 양심을 가지고 과학적 임무를 성실히 수행하는 경제학자들은 아주 드문 존재가 되었다. 게다가 정책 수립자들은 이런 양심적인 경제학자들의 말은 거의 귀 기울이지 않는다.

이 같은 점들이 폴 크레이그 로버츠 박사가 이 책에서 제기하는 주요 문제들이다. 그는 미국 로널드 레이건 대통령 정권 초기 재무부 차관보로서 미국의 경제정책을 책임졌던 인물이다. 이 책에서 그는 오늘날 널리 인정받고 실행되고 있는 경제이론과 정책에 대하여 분석적이고 실증적인 방식으로 근본적인 이의를 제기하고 있다.

제1부는 경제학 이론의 성공과 실패를 살펴보고 있다. 그는 정부의 역할을 강조하는 케인스주의 경제학자나 정부의 그 어떤 규제도 거부하는 신자유주의 및 자유방임주의 경제학자libertarian economists 모두에게 공감을 보이지 않는다. 이 책의 첫 부분만 읽어보아도 종래의 타당성에 의문을 제기하는 것을 두려워하지 않는, 한 독립적인 사상가에 의해 이 책이 써졌다는 것을 명백히 알 수 있다.

폴 크레이그 로버츠는 정부가 경제를 지휘해야 한다고 믿는 것이 아니다. 그보다는 오히려 고전적 의미의 자유주의자libertarian에 가깝다. 레이거노믹스Reaganomics를 처음 만들어낸 당사자로서 그는 재정정책이 케인스주의 거시경제학이 가르치는 것처럼 단지 총수요곡선에만 영향을 미친다고는 생각하지 않았다. 그는 오히려 재정정책이 총공급곡선을 바꾸도록 이끌어내야 한다는 점을 간파하였다. 높은 세율은 근로와 투자의욕을 위축시켜 수요를 활성화시키려는 공급정책에 대한 기대를 꺾어 버린다. 독일 사회민주당과 녹색당의 적―녹red-green 연합정부가 내놓은 소득구간별 한계세율 인하조치를 포함한 '어젠다 2010년'의 개혁 프로그램은 폴 크레이그 로버츠에 의해 추진된 1980년대 초의 미국 조세정책의 변화가 아니었던들 생각지도 못했을 일이다.

"자유주의자들은 인간의 본성이 개인의 이름으로 일을 하는지 혹은 공공의 이름으로 일을 하는지에 따라 달라진다고 생각합니다. 그들은 사적인 권력이 공적인 권력만큼 남용될 수 있다는 사실을 인정하려 들지 않아요. 나는 자유주의자들이 자유를 방어해 주었다는 점을 높이 평가합니다만 사실 그런 것조차 아니었다면 그들에 대한 나의 인내심은 이미 바닥이 나고 말았을 겁니다."

이것은 우리가 이 책의 번역에 관한 일을 상의하고 있을 때 로버츠 박사가 나에게 보낸 글의 일부이다. 나는 이 부분을 읽으면서 노벨상을 수상한 프리드리히 하이에크Friedrich Hayek가 쓴, 이제는 고전이 된 그의 저서 《노예의 길The Road to Serfdom》에서 경고했던 한 유명한 구절을 떠올렸다.

"일부 자유주의자들은 특정한 경험으로부터 얻은 법칙을 아둔하게 고집함으로 자유주의의 대의에 손상을 입히고 있다. 그중에서도 자유방임 원칙에 관한 얼빠진 고집만큼 자유주의*의 대의명분을 해치는 일도 없을 것이다."

---

* 하이에크와 마르슈지크가 말하는 자유주의자liberal는 고전적 자유주의자classical liberal을 말하며, 즉 자유방임주의자libertarian와 같은 의미이다. 전후 미국의 진보주의자postwar american liberals들과 구분된다.

로버츠 박사는 자유방임 자본주의에 관하여 다음 세 가지 측면에서 문제 제기를 하고 있다.

첫째, 그는 '시장은 자동으로 조절된다'는 순진해 빠진 믿음을 비판한다. 시장은 하나의 사회적인 제도이다. 시장에서 작용하는 것은 인간에 의한 행위이며 이것이 바로 규제의 대상인 것이다.

둘째, 그는 글로벌리즘 시대에 자유무역을 맹신함으로 사회복지가 현저하게 감소하였고 개발도상국뿐 아니라 서구 세계에서도 빈곤이 번져가고 있는 사실을 보여준다.

셋째, 저자는 인공자본은 자연자본의 대체물이 될 수 없다고 말한다. 그는 단기적인 이윤을 위해 자연자본을 고갈시키는 것은 미래 세대에게 그 대가를 치르게 하는 일임에도 경제학자들은 이런 점을 완전히 무시하고 있다며 현실에 대해 개탄한다.

금융위기의 주범, 규제철폐

로버츠 박사는 미국 금융시장의 규제철폐가 최근에 일어난 글로벌 금융위기의 주된 요인이라고 말한다. 미국의 중앙은행 격인 연방준비제도 앨런 그린스펀 전 의장은 '시장은 자동으로 조절된다'는 믿음의 전도사였다. 새 천년을 전후로 해서 미국에서는 지난 1930년대 대공황의 교훈으로 제정된 법률들이 폐지되었다. 이에 따라 새롭게 등장한 고위험성의 투기적 금융상품이 규제가 풀린 시장에 방치되었고 글래스—스티걸법이 폐지됨으로써 상업은행과 투자은행이 서로 합병할 수 있게 되었다. 전문가들은 규제가 풀린 금융시장, 특히 CDS와 같은 파생상품의 위험성을 경고하였다. 그러나 이러한 경고들은 외면당했다. 그리고 금융시장은 일확천금을 노리는 카지노 도박장으로 변해 버렸다.

우리는 수많은 책들을 통해 미국 금융시장의 방종에 관한 아주 자세한 정보를 접할 수 있다. 사실 이런 정보는 범죄 소설에나 어울리는 악몽 같은 소재다. 그러나 이것은 소설이 아니라 실제로 일어난 일이었다. 좀 더 정확히 말하자면 범죄 에너지가 꾸민 일에 영문도 모르고 아무런 의심도 하지 않았던 수백만 명의 삶이 실제로 파괴된 것이다.

폴 크레이그 로버츠는 이 고통스러운 주제를 꺼내놓았다. 그것은 사적인 권력이 엄청난 규모로 남용된 일에 관한 것이다.

규제를 철폐하는 정치는 금융 분야에 전례 없는 권력집중화를 허용했고 위험의 문을 열어놓았다. 저자는 이렇게 적고 있다.

"미국과 유럽에서 일어난 금융경제 혼란이 대부분의 세계로 수출되고 있다. 이 혼란의 직접적인 원인은 바로 지나친 경제적 자유에 있다."

자유무역의 오류

저자는 자유무역을 논의함에 있어 그 주제를 보호해 주는 장벽을 무너트렸다. 데이비드 리카도의 자유무역 이론은 특정 전제들과 밀접하게 결부되어 있으나 오늘날의 글로벌 경제체제에서는 그 전제들이 성립되지 않으므로 타당성을 갖지 못한다. 따라서 이윤을 더 획득하겠다는 이유만으로 내수를 위한 상품과 서비스의 생산지를 임금이 싼 나라로 옮겨 역외생산을 하는 기업들의 관행은 자유무역과는 아무런 관련이 없다. 다시 말해 생산지의 역외이전은 발전상 차이가 나는 나라들 간에 벌어지는 노동임금의 차익거래에 불과할 뿐 그 이상도 그 이하도 아니라는 것이다.

생산기지를 해외로 이전시킨 나라는 일자리와 수입 그리고 이제껏 생산과 연결되어 있던 경제적 존재기반 자체가 사라진다. 세금을 내고 사회보장에 기여하는 취업자들이 점점 더 줄어드는 것이다. 동시에 국가로부터 도움을 받아야만 살 수 있는 사람의 숫자가 점점 늘어나게 된다. 즉 기업이 일자리를 해외로 이전시킴으로써 사회적인 비용이 발생되고 있지만 기업들은 그 비용을 사회에 떠넘기고 있는 것이다.

세계화에 반대하는 사람들 대부분은 후진국들이 당하는 수탈에 관하여 비판한다. 그러나 그들은 선진 산업국가들 역시 글로벌리즘에 의한 주요 희생자 중 하나라는 사실을 인식하지 못하고 있다. 글로벌리즘의 옹호자들이 추진해 왔던 서비스 산업 사회로의 이행은 치명적인 망상으로 판명되었다.[*] 국가는 오직 세계시장에서 팔 수 있는 상품과 서비스를 통해서만 부를 창출해낼 수 있다. 그러나 이런 사실은 잊혀졌다.

로버츠 박사는 역외이전이 초래할 결과에 대해 경고해 왔다. 이 책의 2부에서 그는 미국 경제의 어두운 전망을 예견하는 암담한 사실들을 전하고 있다.

우리 유럽인들은 미국의 변화를 자세히 살펴봄으로 더 현명해져야 할 것이다. 유럽 대륙에도 산업공동화가 확산되고 있는 것은 아닐까? 남유럽 국가들의 높은 (청년) 실업률은 혹시 산업공동화에서 기인하는 것은 아닐까? 모든 것을 감안해 보더라도 독일 역시 제조업 계통의 일자리가 줄어들고 있다. 독일의 산업은 통일 전과 비교해 보면 전반적으로 줄어든 수의 일자리를 제공하고 있다. 독일 연방고용청의 2010년 12월의 월간보고서는 "제조업 분야에서 여전히 소폭의 고용감소가 일어나고 있다."고 적고 있다.

보고서는 이런 변화에 관하여 소위 진정제 역할을 할 수 있는 해명, 즉 현재 독일은 서비스 산업 사회로 향하는 구조조정이 진행되고 있다는 점을 잊지 않고 말하고 있다.

독일 역시 사회보험에 기여하는 직업 중 서비스 분야가 차지하는 몫이 점점 늘고 있는 반면, 제조업 분야 종사자들이 기여하는 몫은 감

---

[*] www.EconomyInCrisis.org와 같은 사이트를 참조하기 바란다.

소하고 있다고 말이다. 연방고용청의 2011년 12월의 월간보고서에 의하면, 2011년 6월까지 사회보험금이 부과되는 취업자 중 서비스 분야에 종사하는 인력이 69퍼센트(2008년에는 67.7퍼센트)였고, 제조업 분야의 종사자들은 30.2퍼센트였다(2008년에는 31.5퍼센트). 미국과 비교해 보면, 그래도 제조업 분야의 취업인구가 30퍼센트를 차지하는 독일의 형편이 제조업 종사자가 단 11퍼센트 언저리에 불과한 미국보다는 나은 셈이다.

그뿐 아니라 고용이 줄어든 2009년과 2010년 이후, 2011년에 독일의 제조업 종사자(건설업 제외) 수는 13만 1000명(1.7퍼센트)이 늘어났다(2012년 1월 2일 연방통계국 발표자료).

그러나 의심할 여지 없이 유럽도 역외이전으로부터 위협을 받고 있다. 신흥 개발국가들이 불러일으키는 저임금의 흡입력이 너무나 강력하기 때문이다. 그런데 이런 문제에 대하여 글로벌 경쟁을 통해 신흥 개발국가와 서구 산업국가들 간의 소득이 결국은 균등해질 것이라는 세상 모르는 주장이 제기되고 있다. 가령 중국의 임금이 비록 오르고 있다고는 하지만, 신흥 개발국가들의 시간당 임금은 2유로가 채 되지 않는다. 반면 유럽의 임금은 그것의 15배에 달한다. 임금의 균형을 맞춘다는 말은 무엇을 의미하는가? 어느 쪽으로 균등해진다는 것일까?

아마도 신흥 개발국가들의 임금은 오르고 유럽 국가들의 임금은 떨어지게 된다는 의미가 될 것이다. 그러나 임금하락에 맞춰 물가도 내려가지 않는다면 유럽의 인구는 심각한 소득감소에 직면하게 될 것이다. 이것은 사회보장제도를 위한 조세기반을 축소시키는 인구통계학적 변동으로 이어질 것이고, 이에 따라 유럽인들의 소득감소는 더욱 악화될 것이다. 이런 현실에도 불구하고 세계적 차원의 임금균등화 현상이 벌어진다면 우리는 이것을 어떻게 감당할 것인가?

정실자본주의와 금권정치의 부상

미국 중산층의 상층이동 사다리와 장래에 대한 전망은 산업공동화로 인한 조직적 파괴로 해체되어 버렸다. 가난뱅이가 갑부로 성공하는 아메리칸 드림은 이제 옛 이야기일 뿐이다. 갈수록 더 많은 시민과 가족들이 안락한 중산층의 생활로부터 떨어져 나가고 있다. 물가상승률을 감안한 대다수 미국인들의 실질소득은 과거 수년 전과 비교하면 갈수록 더 낮아지고 있다.[*]

경기호전을 뒷받침할 만한 근거는 거의 없다. 미국 기업들은 수백만 개의 제조업 및 전문 서비스 분야 일자리를 해외로 이전시켰다. 소비가 주도하는 경제체제에서 소비자들의 소득이 줄어든다면 경제성장은 어떻게 될까? 당연히 저하될 것이다. 2000년대 이후 미국 경제의 완만한 성장세는 실질소득 증가에 바탕을 둔 실질적인 성장이 아니었다. 그것은 인위적으로 이자율을 낮추고 소비자의 부채를 증가시킴으

---

[*] 관련 기사 http://www.nytimes.com/2012/06/12/business/economy/family-net-worth-drops-to-level-of-early-90s-fed-says.html

로써 만들어낸 가짜 성장이었다. 결국 소비자들이 얻을 수 있는 부채가 한계에 다다르자 경제는 불황으로 추락해 버렸다.

미국인들은 경제적인 면에서만 손실을 입은 것이 아니다. 그들은 자유도 잃어가고 있다. 적어도 국내 정책적으로 미국의 얼굴은 근본적인 변화를 겪고 있다. 이른바 테러 위협에 맞선 전쟁을 이유로 불과 수년 만에 헌법이 보장하는 중요한 시민적 권리들이 조직적으로 제거되고 있다. 폴 크레이그 로버츠는 미국이라는 나라가 전쟁 분위기나 조성하는 경찰국가로 전락해 버린 현실을 보여준다.

간단히 말해 20세기 후반에 유럽인들이 알고 있던 미국이라는 나라는 더 이상 존재하지 않는다. 이것이야말로 우리가 동시대에 목격하고 있는 가장 중요한 시대적 변화인 것이다. 유럽인들은 미국인들이 언제나 스스로 일어서왔기 때문에 앞으로도 회복할 것이라고 믿는다. 그러나 이번에는 다를지 모른다. 미국 행정부는 자국의 법률과 국제법을 지켜야 할 의무를 스스로 내려놓은 상태이기 때문이다.

"역사를 돌아보면, 모든 국가는 결국 파산 상태가 되어 망하거나 정복을 당해 왔습니다. 지금의 정치가들이 그들의 전임자보다 더 똑똑하다고 믿고 있는 우리의 오만함은 어디에서 비롯된 것인가요?"

1993년 9월, 그의 워싱턴 사무실에서 열린 회합에서 로버츠 박사가 이 같은 발언을 했을 때만 하더라도, 그는 20년이 채 되기도 전에 자신이 한 말이 그의 나라에서 현실화되리라고는 거의 예상하지 못했을 것이다. 미국은 사실상 파산했을 뿐만 아니라, 군산복합체와 금융과두제*가 권력을 장악하고 전례를 찾아볼 수 없을 정도로 최상층을 향한 소득과 부 그리고 권력의 재배치를 주도해 나가고 있다. 슈퍼리치들은 거대 양당인 공화당과 민주당 모두를 후원하며 무제한적인 재정수단을 가지고 대통령 선거뿐 아니라 의회선거 결과 역시 결정하고 있다.

선거결과에 관한 이익집단들의 막대한 영향력 행사에 관하여 이것이 단지 '의사표현의 자유를 행사하는 것'에 해당한다는 최근의 미 연방대법원 판결은 결과적으로 이익집단이나 개인이 미국 정부를 사적으로 매수해도 좋다는 승인인 셈이다. 정실자본주의†에서 발생한 금권정치의 권력 집단들이 지금 워싱턴의 임무가 무엇인지를 정해 주고 있다.

매트 타이비는 이렇게 적고 있다.

"사실 미국은 두 개의 나라로 나뉘어져 있다. 하나는 사기꾼 종족의 나라이고 다른 하나는 나머지 모든 사람들의 나라이다. (…) 나머지 모든

---

* 자본이 집중되면서 은행자본과 산업자본은 밀접한 관계를 가지게 된다. 이 과정에서 소수의 금융자본가 집단이 한 나라의 주요 경제와 정치체제까지 지배하게 되었는데 이런 상태를 금융과두제financial oligarchy라고 한다. – 옮긴이

† 정실자본주의crony capitalism란 혈연, 학연 및 특정지역 집단의 족벌기업과 정경유착의 패거리 경제활동을 가리킨다. – 옮긴이

사람들의 나라에서는 정부란 피해야 할 그 무엇이다. 그러나 사기꾼들의 세상에서 정부라는 것은 금융회사들이 돈 버는 도구로 이용하는 비굴한 애완견이다. 사기꾼들은 두 가지 입장이 나머지 모든 사람들의 머릿속에서 혼동되는 것에 기대어 살아가고 있다. 그들은 보통의 미국 사람들이 정부가 자기네에게 하듯 JP모건 체이스나 골드만삭스에게도 똑같이 대한다고 믿기를 원하고 있다."

달러화의 위기

이슬람 국가들에 대한 군사적 개입은 별개로 하더라도 미국은 나머지 세계에 대해, 특히 유럽을 상대로 경제전쟁을 치르고 있다. 세계준비통화로서뿐만 아니라 세계 금융체제의 기축통화로서 미국 달러화의 역할은 위기에 놓여 있다. 이러한 위기는 세계에서 가장 강한 권력을 유지하기 위한 재정상의 뒷받침과 소비에 대한 갈증 그리고 미국의 엄청난 부채에서 발생된 문제이다. 20세기 중반 이후 미 달러화가 세계준비통화가 되면서 미국은 매우 편안한 위치를 차지해 왔다. 미국은 수입품에 대해 자국의 화폐를 지불하면 그만이다. 수입물품의 대가를 위해 수출로 외화를 벌어들일 필요가 없다. 무역상대국은 공산

---

* Matt Taibbi 《Griftopia : A Story of Bankers, Politicians, and the Most Audacious Power Grab in American History》, 2011

품이나 원유 같은 실재상품을 가져다주고 그 대가로 명목화폐†를 받아 다시 그 금액의 대부분을 미국 정부가 발행한 채권으로 교환한다. 미국의 무역 상대국들이 이와 같은 방법으로 미국의 무역적자와 재정 적자를 계속 충당해 주려면, 무역 상대국들이 제공하는 실재 상품과 서비스에 대하여 미국 달러가 정당한 상응가치를 지녔다는 확신을 주어야 한다. 하지만 재앙이 내재된 오늘날의 미국 경제상황을 고려해볼 때 이런 확신은 무너지고 있다.

미국 달러가 독보적인 지위를 차지하는 화폐 중의 화폐였던 시대는 지나갔다. 특히 유로화는 미 달러화에 위협이 되고 있다. 장차 중국 위안화도 유로화처럼 달러화에게 위협이 될 가능성이 더욱 분명해지고 있다. 중국 정부는 '인민폐Renminbi'라 부르는 위안화를 국제무역의 공식통화로 자리 잡도록 하기 위하여 온 힘을 기울이고 있다. 불과 얼마전 중국은 이 문제에 관하여 몇몇 나라들과 쌍무협약을 맺었다. 예를 들면 중국과 일본이 2012년 6월 1일부터 달러 환율을 배제하고 양국 통화를 직접 교환하기로 합의한 것이다. 게다가 중국 정부는 위안화 채권시장을 설립하고 미국 달러화에 묶여 있는 위안화를 자유태환自由兌換†이 되도록 분투하고 있다. 중국은 세계의 지지를 기대해볼 만하다. 몇몇 신흥 개발국가들이 미 달러화로의 편중 현상을 끝내겠다는

---

† 명목화폐fiat money란 금 같은 실제 가치에 근거를 두지 않는 신용화폐를 말한다. - 옮긴이

‡ 자유태환은 국제무역에서 결제수단으로 사용할 수 있다. - 옮긴이

목표를 표명해 오고 있기 때문이다. 이들 나라는 미국의 재정방침에 따라 자신의 운명이 갈리는 것을 원치 않고 있다.

미국 정부는 자신의 지위를 보존하기 위하여 미국이 처한 심각한 경제상황을 최대한 변장시키려 할 것이다. 로버츠 박사는 정부의 공식적인 통계마저도 조작되고 있다고 말한다. 그러는 한편 연방준비제도 및 미국 금융상층부와 밀접한 협력 관계에 있는 미국 정부는 세계 금융시장에서 유로화에 개입할 수 있는 기회를 거의 놓치지 않고 있다. 미국의 목적은 명백하다. 유로화가 약해 보일수록 미국 달러화는 더욱 강해지고 신용도가 올라갈 테니 말이다. 그러면 더 많은 투자자들이 미국 채권으로 몰릴 것이고 이에 따라 미국의 재정적자와 전쟁에 충당할 자금을 공급받을 수 있을 것이다.

유럽이 걸어온 길

이런 배경에서 유럽의 변화는 갈수록 뚜렷해지고 있다. 유럽은 어느 길을 취할 것인가? 이 질문에 대한 답이 우리가 동시대에 목격하고 있는 또 하나의 역사적 전환의 방향을 결정지을 것이다.

다음의 사항은 아주 명백해 보인다.

유럽의 정치 엘리트들은 유럽 각국에서 발생한 재정위기를 이용하여 유럽의 여러 민족국가들 (특히 독일의) 자주적인 주권을 없애려고 한다. 그리고 그들은 관료적인 중앙정부에 의하여 사회와 경제가 통제를 받는 유로존 단일국가를 만들려고 한다. 즉 그들의 목표는 자주적 민족국가들로 이루어진 유럽을 유럽합중국United States of Europe이 차지하도록 만들려는 데 있다.

그러나 유럽통일의 선구자들은 유럽의 통합과정을 이와는 아주 다르게 구상했었다. 그들은 회원국들 사이의 동등한 경쟁을 확립하고 보장해줄 수 있는 자유주의적 규제정책이라는 바탕 위에 유럽의 통합과정을 세우려 했던 것이다. 유럽경제공동체를 설립한 1957년의 로마조약* 제3조는 다음과 같이 말하고 있다.

"제2조에 명기된 목표들을 위해 조약에 의거하고, 정해진 시간표에 따라 이행될 유럽경제공동체의 활동은 다음을 포함한다. 즉 공동시장 내의 경쟁이 왜곡되지 않도록 이를 보장하는 장치를 제도화하도록 한다."

이것은 좋은 접근이었다. 왜냐하면 유럽은 수세기에 걸쳐 성장한 다양성으로 구별되기 때문이다. 유럽 대륙은 독특한 문화와 음식, 언어, 사회, 그리고 정치적인 특수성을 지닌 매우 다른 여러 지역들로 이루어져 있다. 게다가 다양한 사고방식과 삶에 대한 인식이 존재한

---

* 로마조약Treaties of Rome은 프랑스, 서독, 이탈리아, 벨기에, 네덜란드, 룩셈부르크의 6개국 대표들이 유럽경제공동체European Economic Community(EEC)라는 단일 공동시장을 설립하기 위하여 1957년 3월 25일 로마에서 체결한 조약이다. 이 조약에서 1969년 말까지 역내 관세철폐, 자본과 인력이동의 자유 및 경제와 농업정책의 연계성강화에 관한 사항들이 정해졌다. - 옮긴이

다. 이러한 다양성에 유럽의 힘과 창조성 그리고 매력이 있는 것이다.

그러나 브뤼셀 당국과 유럽의 정치 엘리트들은 이와 같은, 즉 자유주의를 근간으로 한 규제정책을 통해 각 지역의 특수한 개별성을 보호하면서 자치 지역들 간의 경쟁을 촉진시키기보다는 사회와 경제를 통제하는 관료주의적 통합 프로그램을 근 50년 동안이나 추구해 오고 있다. 이 프로그램은 사회와 국가 그리고 경제활동에서 개인의 자발성뿐 아니라 인간정신의 풍요로움과 다양성의 범위를 점점 더 제한한다. 중앙집권을 지향하는 브뤼셀은 꾸준히 자신의 권력과 영향력의 범위를 확장시켜 왔다. 이에 관해 독일의 경제학자인 알프레드 쉴러 교수는 2011년 〈ORDO 연보〉에 기고한 '모두를 같은 사이즈에 맞추려는 정책적인 도구들*the tools of the one size-fits-all policy*'이라는 기사에서 아래와 같이 요약하고 있다.*

"시장과 여타의 생활 영역은 기획된 방식으로 통제받게 될 것이다. 이 것은 경제 하부구조상의 '미시적인 조직'을 그보다 우위를 차지하는 '전체 구조적'인 목표들에게 종속시키기 위해서이다. 기술적 · 경제적 효율성 기준에 의해서, 최적입지 선정 기준에 의해서, 최저임금과 기타 사회적 표준에 의해서, 환율규제에 의해서, 표준화된 이자율 및 세율 과 보조금 비율에 의해서, 유럽구조기금 · 지역개발기금 · 협력기금에

---

* 〈ORDO Yearbook of Economic and Social Order〉는 1948년부터 발간된 현대 경제정치 제도에 관한 전문 학술지로 영어와 독일어로 발간되고 있다.

의해서, 그리고 유럽 재정보상금과 국가채무 문제에 집단적인 책임을 형성시킴으로써 시장과 그 밖의 생활영역은 통제를 받게 될 것이다."

이렇게 브뤼셀의 관료들은 각기 다른 유럽 민족의 모든 일에 대한 조치를 일괄적으로 결정하고 판단하는 책임을 장악해 나가고 있다. 이제 유럽 전체는 평준화되고 표준화되어갈 것이다. 심지어 과일이나 채소조차도 브뤼셀의 고액 급료를 받는 관료들이 노심초사 정해놓은 기준에 맞추어야 할 것이다.†

이렇게 되면 유럽의 다양성이 훼손되지 않겠는가? 브뤼셀이 미리 정해놓은 법과 행동규칙들, 그리고 기타 지침들이 시민들의 활동범위를 갈수록 제한시켜 나갈 테니 말이다. 사업활동에 저해되는 요소와 장애물들을 설치해 나가며 중앙집권을 지향하는 브뤼셀은 사람들의 생계를 대규모로 파괴하고 있다. 그리고 이것은 유럽대륙의 경제력을 약화시킬 뿐이다.

오직 브뤼셀의 중앙정부를 비롯한 유럽연합 관료들과 정치 엘리트들만이 '유럽합중국'의 수혜자가 될 것이다. 사람은 실수를 하기 마련이다. 사람으로 이루어진 정부도 실수를 저지르게 되어 있다. 정부가 더 큰 권력을 가지고 결정의 범위를 넓힐수록 그 잘못에 의한 파급

---

† 일례로 계량 단위의 사용에 대한 규제를 비롯해 바나나 굴곡 정도에 관한 기준까지 마련되었다. 또한 1등품 이상의 오이의 경우 10센티당 굴곡이 10밀리미터를 넘을 수 없다는 오이규정Commission Regulation(EEC) No 1677/88까지 있었으나 이 규정은 2009년 폐지되었다.

효과는 점점 더 확대될 수밖에 없다. 본 대학University of Bonn의 에리히 비더Erich Weede 명예교수는 바로 이런 점을 지적하고 있다. 그는 브뤼셀의 중앙정부가 실수를 저지르면 유럽 전체가 그로 인한 고통을 받을 것이라고 말한다. 이런 이유로 우리는 브뤼셀로의 중앙집권화가 더 이상은 진행되지 않도록 저항하여야 한다. 브뤼셀의 중앙집권화된 권력은 워싱턴의 중앙정부와 똑같은 방식으로 변해 나갈 수 있고 그렇게 된다면 유럽 또한 금권정치로 타락해 버리는 엄청난 위험에 처할 수 있는 것이다.

이미 1970년대 유럽의 일부 국가들 사이에 '스네이크 체제'*와 '유럽통화제도'†를 통해 환율과 통화정책을 조정하려는 시도가 있었

---

* 스네이크 체제snake in the tunnel란 역내의 안정적인 통화시스템 구축을 위하여 1972년 스위스 바젤에서 체결된 환율시스템이다. 즉 역내의 환율변동 폭을 1퍼센트 이내로 제한하기로 하고 역외통화에 대해서는 공동변동환율제를 취하기로 한 것인데, 유럽이 환율 변동 폭을 제한하기로 한 것은 그 당시 달러화의 평가절하와 환율동 폭을 확대하기로 한 미국의 정책에 대응하기 위해서였다.
이 환율시스템을 스네이크 체제라고 부른 이유는 달러의 변동 폭을 터널로 하고 유럽 역내 국가들 사이의 환율변동 폭을 그 안에 들어 있는 뱀으로 비유했기 때문이다. 무너져가는 고정환율제를 지키려는 이 같은 시도는 그러나 각국의 경제사정과 통화정책에 따라 곧 포기될 수밖에 없었다. 이로써 1944년부터 유지되어왔던 미 달러화에 대한 고정환율제와 금본위제로 대표되는 브레튼 우즈체제는 1971년 8월 15일 닉슨 대통령이 금 태환제를 폐지한 이후 몇 차례 충격완화를 시도하면서 결국은 와해되었다. – 옮긴이

† 유럽통화제도European Monetary System(EMS) 역시 1979년 유럽공동체 국가 간에 창설된 환율안정을 위한 제도이다. 미 달러화에 대해서는 변동환율제를 채택하지만 유럽 내 환율은 인위적으로 변동 폭을 제한하기로 하자는 내용이었다. 그러나 EMS가 성공하려면 회원국들이 금융정책상의 국가주권을 유럽통화제도에 이양해야 하므로 성공하지 못했다. – 옮긴이

다. 그러나 당시에도 조정장치를 통한 인위적인 환율 안정화란 이미 불가능한 일이었다. 각 나라의 경제 성과와 정치적 지향점들이 너무 달랐던 것이다. 이런 실험이 실패하였다는 것은 결코 놀랄 일이 아니다. 역사적 사실들을 들여다보기만 했어도 충분히 예상할 수 있는 일이다. 프랑크푸르트 대학의 경제사회사학의 베르너 플럼프Werner Plumpe 교수는 다음과 같이 말한다.

> "역사를 돌이켜보건대 정치적 힘으로 안정화시킨 환율은 대부분 오래
> 지속될 수 없는 속성을 지닌다."✝

그럼에도 1999년 1월 1일 유럽의 정치 엘리트들은 가상화폐로서 공동통화인 유로화를 도입하기로 결정했고, 2002년 1월 1일부터 현금으로 유통시키기 시작했다. 돌이켜보면 이 일이야말로 중앙집권화된 유럽합중국을 향한 결정적인 첫걸음이었다. 독일 마르크화가 유지되기를 선호했던 대다수의 독일인들은 유로화에 대한 회의적인 생각을 가지고 있었다. 마르크화가 도입된 1948년 이래 물가상승으로 화폐 구매력이 90퍼센트 정도 하락했긴 하지만, 독일인들은 공동화폐인 유로화가 마르크화만큼 안정적이지 못할 것을 염려하고 있었다. 1992년 2월 7일 마스트리히트 조약이라 불리는 '유럽연합조약Treaty

---

✝ Werner Plumpe 《Wirtschaftskrisen – Geschichte und Gegenwart》, p.103

on European Union'이 서명 발효되었다. 회원국들은 이 조약에서 유로화 공용화폐 지역인 유로존을 안정적 궤도에 올려놓기 위한 '통화동맹의 충족조건'(마스트리히트 기준)을 정하고 이 법을 준수하기로 약속했다.*
그러나 이 협정을 위반한 나라를 예외 없이 제재할 수 있는 장치를 마련하지 못했다. 이는 마치 눈 가리고 아웅하는 것과 같은 일이었다.

다음은 1996년 4월 독일연방 재무부가 발간한 조약 안내책자에 적힌 내용이다.

"연간 예산적자의 한계와 국가부채의 최대 수준에 관한 동의가 이루어졌다. 이 기준을 넘어서는 나라에 대하여 유럽연합 당국은 의무적으로 부채를 줄이도록 권고할 수 있으며 벌금을 강제할 수 있다. 이는 회원국들이 유로존에 가입한 이후에도 계속해서 건전한 재정정책을 유지하도록 하기 위한 것이다. (…) 유로화는 마르크화만큼 강하다. (…) 또한 유로존이 시행된 이후 안정과 건전성이라는 경로에서 어떤 회원국들도 벗어나는 일이 없도록 유의해야 한다. 유로존의 충족조건에 관한 조약은 반드시 준수되어야 하며 규정이 흐지부지되어 버리는 일이 없도록 해야 한다."

---

* 통화동맹의 충족조건(마스트리히트 기준)은 유로존에 들어가기 위한 조건으로 대표적인 두 개 항이 있다. 첫째, 회원국들은 총 GDP 대비 재정적자의 하한선을 3퍼센트로 이내로 해야 하며, 둘째, 회원국 국가부채 규모는 총 GDP의 60퍼센트 이내가 되어야 한다.

오늘날에 이르러 이 안내책자의 많은 문구들은 헛소리로 들릴 뿐이다. 남부 유럽의 재정위기 사태 이후에 계약은 파기되었다. 독일의 적—녹연합 연방정부 역시 계약을 지키지 않았다. 마찬가지로 2010년 봄 신용 리스크가 높아진 개별국가들의 채권을 매입함으로써 유로화의 인플레이션을 유발시킨 유럽중앙은행의 인위적인 개입은 명백한 법률위반이다. 이런 맥락에서 조지 소로스George Soros가 2011년 7월 〈파이낸셜타임즈〉에 기고한 논평 중 다음 대목은 상당히 흥미롭다.

"(유로화의 설계자들은) 잘못된 생각에 근거하여 유로화 체계를 만들었다. 그들은 민간 금융시장이 과열되면 스스로 바로잡을 수 있다고 생각했다. 그래서 규정들이 오직 예산적자나 국가부채 같이 공공 부문이 방만해지는 것을 제어하기 위하여 설계된 것이다. 그러나 그것조차도 국가별 자치정책에 그냥 맡겨 버렸다."

유럽 주권국가들의 종말

유로존은 마스트리히트 기준을 기반으로 한 유로존 회원국들의 경제정책 규제법인 '안정화 협정The Stability and Growth Pact'으로 중앙집권을 향한 또 하나의 결정적인 통합절차를 밟게 되었다. 이로써 유럽경제의 미래는 또 다른 헛된 약속 위에 놓여졌다. 1998년 독일 통일에 앞서 유로화의 도입을 승인한 헬무트 콜 수상의 연방정부처럼, 앙겔라

메르켈 정부는 명백히 허상에 불과한 희망에 기대고 있다. 메르켈 정부는 회원국 정부 수장들이 동의한 안정화 정책이 유로존 내에서 장기적으로 준수될 것이라고 믿고 있다. 그런데 이 협정은 유럽연합에게 돌이킬 수 없는 결정적인 사건이 될 것이다. 새로이 출범한 유로존 상설 금융 구제기관인 '유럽재정안정화기구European Stability Mechanism(ESM)'와 동반하기 위하여 유로존 회원국들은 자국 재정주권의 상당 부분을 브뤼셀 본부에게 양도해야 하며 이렇게 양도된 주권은 환원이 불가능하게 된다. 롤프 폰 호엔하우Rolf von Hohenhau 유럽납세자협회 회장은 이렇게 말하고 있다.*

> "이번 유럽재정안정화기구 조약은 분별력과 이성뿐 아니라 유럽의 사법적 전통과도 동떨어진 엉터리이며 조소의 대상이다. 이 조약을 지키기 위해서는 소수인 정부집단이 다수인 자국민에 맞선 반역을 해야 한다."

> "그리스 경제의 토대가 되는 사회기반 환경은 결코 우리 경제의 토대와 비교할 수 없을 것입니다. 그리스 해외무역과 유로존 무역 흐름 사이의 상호 관련성은 매우 적습니다."

....

* 유럽통화제도의 법률적 경제적 분석 및 요약과 비평적 평가" 롤프 폰 호엔하우, 2012년 2월 14일(ESM.Rechtliche und wirtschaftliche Analyse, Zusammenfassung und kritische Würdigung vom 14. Februar 2012) http://www.taxpayers-europe.com/images/stories/ESM_-_Zusammenfassung__und_kritische_Wrdigung_der_TAE.pdf

윗글은 유로체제에 비판적인 인사의 말을 인용한 것이 아니라 유로존 재무장관 협의체인 유로그룹Eurogroup의 의장이었던 장클로드 융커†가 2012년 2월 말 인터뷰에서 한 발언이다.‡ 그렇다면 그리스 경제의 토대만이 유럽의 다른 나라들과 다르고 기타 유럽 회원국들은 서로 비교가 가능한 경제적 토대를 가지고 있을까? 왜 우리는 서로 다른 나라들을 기어이 비슷하게 만들려고 애써야만 하는가?

또한 융커는 유럽집행위원회가 "그리스 경제구조의 재건축을 담당할 유럽집행위원들§을 임명하여 그리스의 경제정책을 구상하고 미리 생각해두자고 주장한다. 즉 브뤼셀이 보낸 관료가 그리스의 개인과 사업가들에게 지침을 내리겠다는 것이다. 만약 그리스를 제외한 남부 유럽 나라 중 향후 선거에서 이들 정부가 제시하는 '안정화 정책'을 시민들이 거부하게 된다면 그 나라엔 어떤 일이 일어날 것인가? 유럽집행위원들이 이 모든 나라들의 경제정책을 접수하려 들 것인가? 시민

---

† 장 클로드 융커Jean-Claude Juncker는 룩셈부르크의 수상(1995~2013 재임)이자 재무장관이었으며 유럽 재무장관들의 모임인 유로그룹의 의장이었다. 2014년 11월부터 유럽연합의 행정부 격인 유럽집행위원회 의장으로서 호세 마뉴엘 바로소 전 의장의 뒤를 이어 5년간의 임기 중에 있다. – 옮긴이

‡ 장클로드 융커의 〈Tageszeitung Die Welt〉 지와의 인터뷰 "우리는 아테네 문제를 해결해야만 한다", Wir müssen in Athen mit anpacken, 2012년 2월 29일

§ 유럽집행위원회European Commission의 각 회원국들에서 온 약 28명의 집행위원들은 임기 5년 동안 개별국가를 대표하지 않고 유럽연합의 전체적 이익을 위해서 일하도록 유럽사법재판소에서 취임선서를 하고 맡은 분야의 정책을 담당한다. – 옮긴이

들의 뜻에 맞서면서까지? 유럽중앙은행 장클로드 트리셰 총재는 그의 생각을 굳이 감추려 들지 않았다. 그는 극단적인 경우 유럽연합 회원국들은 국가파산을 선언해야만 할 것이며 유럽집행위원회는 그 나라의 재정정책을 넘겨받게 될 것이라고 말했다.

이 여정이 어디로 향하려는 것인지는 분명해 보인다. 그 무엇보다도 호세 마뉴엘 바로소 유럽집행위원회 의장, 프랑수와 올랑드 프랑스 대통령, 마리오 몬티 이탈리아 총리, 그리고 올리 렌Olli Rehn 유럽집행위원회 통화담당위원은 유로채권을 통해 유로존 각 나라들의 채무를 통합하자고 요구한다. 장 마르크 에로Jean-Marc Ayrault 프랑스 국무총리가 또한 유럽중앙은행이 위기에 봉착한 나라에 직접 자금을 투입하여 유럽의 재정을 하나의 정책 아래 통합시켜야 한다는 데 의견을 모으고 있다.

패러다임의 이동이 일어나고 있다. 자신의 문제에 스스로 대처할 수 있는 유럽의 주권 국가들이 하나씩 제거되는 중이다.

폴 크레이그 로버츠는 이렇게 말한다.

"유럽의 여러 나라들은 한때 독립적이었지만 멀리 떨어져 있는 중앙 권력에 굴종해 버린 미국의 주들과 같은 모습으로 변해갈 것이다."

유럽 민중들은 브뤼셀 중앙권력의 핵심적인 대표들을 직접 선출하지 않는다. 예를 들어 임기 5년의 유럽집행위원회 의장은 유럽연합 회원국 정상들의 모임인 유럽이사회European Council에서 후보 지명을 받아 유럽의회가 선출하게 된다.

특히 독일에게 이런 간접 선거제도는 부작용을 가져올 것이다. 독일의 경제정책은 갈수록 브뤼셀을 통해서 결정될 것이며 재정 문제의 해결책을 생각해 내지 못하는 남유럽 회원국들로부터 영향을 받게 될 것이기 때문이다. 유럽 최대의 경제강국인 독일은 장차 실패가 뻔히 보이는 실험에 대한 비용을 치러야만 할 것이다.

유로화는 처음부터 경제적 기반이 결여된 정치적인 통화였다.* 일부 경제학자들은 참여 국가들 간의 경제적인 성과가 큰 차이가 있는 환경에서는 공용통화가 도저히 작동될 수 없다고 경고했다. 그러나 그 경고는 묻혀 버렸다.

정치 엘리트들이 유로화에 내재된 파괴성을 인정하지 않으려는 것은 명백하다. 그러나 유로화의 지지자들조차도 부지불식간에 공용통화에 불리한 주장을 하고 있다. 매킨지 독일이 펴낸 연구 보고서 〈유로화의 미래*The Future of the Euro*〉는 유로화로 인하여 유로존 주변부에 전통적으로 자리잡아온 조선업 같은 노동집약적 산업들의 붕괴가 가속화되고 있다고 말한다.

"유로화는 통화가치가 강세적 경향을 가지는 경화hard currency이다. 경

---

* 독일이 유로화를 받아들인 주된 이유는 독일의 통일을 방해 받지 않기 위해서였다. 독일은 통일에 대한 대가로 독일 마르크화와 금융주권을 포기했다. 참조 : Philipp Bagus의 'the tragedy of the €uro'(Die Tragödie des €uro von Philipp Bagus)

화인 유로화를 도입한 모든 나라는 노동집약적 산업에서 경쟁력을 확보하기 위하여 인건비 제한을 강조해야만 한다. 결과적으로 유로화는 부상하는 저임금 국가들과의 가격경쟁을 피하기 위하여 생산비용이 덜 중요한 새로운 산업으로의 즉각적인 구조조정을 필요하게 만들었다."*

그런데 글로벌리즘 시대에 들어와 신흥 개발국가들의 커져가는 경쟁력 압박을 비켜갈 새로운 산업이란 도대체 무엇이란 말인가?

그럼에도 불구하고 유로화는 글로벌 통화정책에 있어 미 달러화의 대안으로서의 입지를 상당히 확보하게 되었다. 도입된 이래로 구조적인 적자 상태에서 벗어나지는 못하고 있지만 말이다. 지난 2006년에 현금으로 유통되는 유로화의 총 가치가 미 달러화를 앞질렀고(물론 이렇게 된 이유 중 하나는 갈수록 미국이 현찰로 구매를 하지 않기 때문이기도 하다), 글로벌 준비통화로서 유로화가 차지하는 비중 역시 이미 25퍼센트를 상회하고 있다.

유로화 옹호론자들은 공용통화 도입의 주된 장점으로 무엇보다도 유로존 회원국가들 간의 무역에서 환율 변화로 인한 예상치 못한 가격변동의 위험성인 환위험currency risk이 제거되었고 환전수수료도 없어졌다는 점을 들고 있다. 그뿐 아니라 이들은 유로존이 경제성장에 기여했고 유로화가 평화 형성에 이바지하는 영향력을 가지고 있다고

* "The future of the euro: An economic perspective on the eurozone crisis", McKinsey Germany, 2012년 1월, p.12

주장한다. 그러나 여기에는 중요한 사실이 누락되어 있다. 바로 유로화가 미국의 불안한 경제상황을 배경으로 미국 달러화를 대신하여 세계준비통화로서의 잠재력을 지니게 되었다는 점이다. 만약 그렇게 되면 유럽은 유로화로부터 진정한 혜택을 받게 될 것이다. 구대륙은 자신이 들여오는 상품의 수입이나 채무를 (마치 미국처럼) 스스로 인쇄한 돈으로 지불할 수 있는 편안한 입장이 되는 것이다. 그렇다면 유로화는 명목화폐를 찍어냄으로 실재적인 부를 창출할 수 있게 된다.

그러나 유럽연합의 정치 지배체제는 자유주의적인 규제정책과 건전한 재정정책을 바탕으로 통합절차를 만들어나갈 능력이 없는 것으로 드러나고 있다. 유로화는 이런 이유로 과연 미래에도 존속이 가능한가라는 회의에 시달리고 있다. 미국의 금융과두제와 정부당국은 국제금융시장에서 유로화에 불리한 유인책들을 쓰고 있다. 유로화의 문제가 부각되면 미국 달러화가 처한 현실에 주의가 집중되는 것을 분산시킬 수 있기 때문이다.

부동산 거품이 한창이었을 때 미국 금융기관들이 수많은 악성 부실 채권을 유럽의 은행들에게 팔아넘겼다는 사실을 명심해야 한다. 미국의 부동산 거품이 꺼지기 시작하자 유럽의 주요 은행들은 파산위기에 직면하게 되었다. 그러자 유럽 각국은 월 스트리트의 악성 쓰레기로부터 은행들을 구제해 주기로 결정하였으며, 이로 인하여 주권국들에게 무리하게 대출을 해준 은행들을 구제해 버린 선례가 만들어졌다.

워싱턴은 중앙집권화된 유럽합중국을 더 선호한다고 폴 크레이그 로버츠는 말한다. 다양하고 독립적인 민족 국가들로 이루어져 있는 데다 이따금씩 실질적인 국내 지도력을 탄생시키기도 하는 흩어진 유럽과 비교하여 볼 때, 백악관 입장에서는 브뤼셀의 중앙정부를 조종하는 편이 훨씬 더 쉬운 일일 것이다. 워싱턴이 러시아 정부를 도발하는 이유 중 하나는 유럽이 러시아의 대응을 두려워하게 만들어 워싱턴의 요구에 보다 더 고분고분해지도록 하려는 데 있다.

유로화의 미래는 미지수이다. 폴 크레이그 로버츠는 독일이 유로존에서 탈퇴해야 한다고 권고한다. 독일은 파산에 직면한 이웃나라들과 엮여 유럽의 통합과정에서 이용당할 위험을 겪지 말고 경제력을 가진 나라로서 자주적인 경제강국으로 부상하여 특히 러시아 같은 천연자원이 풍부한 나라와 협력관계에 들어서는 것이 더 바람직하다는 것이다. 만약 이와 같은 협력관계가 가능해진다면 적어도 동유럽 국가들에 대한 흡인요인이 생겨나 자동적으로 이들 나라들을 끌어당기게 된다. 이런 협력 하에서 민족국가들은 자신들의 경제주권을 지키고 공용통화를 포기하게 될 수도 있다.

성장모델을 비판한다

로버츠 박사는 공급중심의 경제학이 인플레이션과 실업이 동시에 발생하는 스태그플레이션 현상을 극복하고 경제성장을 재개시킬 수 있다고 미국 의회와 레이건 대통령을 설득하였다. 그런 그가 이제 와서 무슨 이유로 경제성장이 해결책이 아니라 문제가 된다는 글을 쓰고 있는가? 다음의 인용은 이에 대한 그의 대답이다.

"나는 내가 살고 있는 시대의 문제와 상대한다. 공급중심의 경제학은 제대로 작동하였으며 당시 악화일로에 있던 인플레이션과 실업의 상충현상은 그로부터 20년 동안 사라졌다. 그러나 오늘날의 문제는 과거의 것들과 다르다. 나는 이 책에서 그 문제들을 다루고 있다."

성장모델에는 이론적인 문제만 있는 것이 아니다. 우리가 '국가부채 문제'라고 짧잖게 부르는 민간은행의 부주의한 대출로 발생된 문제에 정작 필요한 성장모델은 적용이 되고 있지 않는데, 이것이 또 다른 문제인 것이다. 은행에 지불할 재원 마련을 위해 긴축이 강요되고, 이런 긴축정책으로 성장은 바닥으로 치닫고 있다. 바꾸어 말하면 서구 스스로는 자신들이 만들어놓은 성장모델이 이 문제를 해결해줄 방안이라고 믿지 않는 셈이다.

또 다른 문제는 성장모델이 더 이상 다수 사람들에게 효력을 발휘하지 못한다는 점이다. 예를 들어 미국에서 소득증가는 최상층 몇 퍼센트의 소수에게만 일어나는 현상이 되었다. 대부분의 제3세계 나라에서 성장모델은 주민들의 독립과 자급자족 능력을 박탈하는 단일경작을 강요한다. 또한 성장모델은 자연자본을 고갈시키고 우리가 살고 있는 지구를 오염시킨다는 점에서 지속 가능하지 않다. 사람이 만든 인공자본이 자연자본을 대체할 수 있다는 경제학자들의 가정을 곰곰이 들여다본다면, 아마 당신은 솔로―스티글리츠의 생산함수 이론으로 알려져 있는 이런 비현실적인 가정이 사실은 '경제성장은 무한히 지속될 수 있다는 믿음'으로부터 나왔다는 사실을 깨닫게 될 것이다. 유한한 지구의 자원을 가지고 무한히 성장을 한다는 것은 불가능하다. 로버츠 박사는 말한다.

"그러므로 우리는 자연자본이 고갈되기 전에 새로운 생각을 해야 한다. 장기적인 면을 고려하는 사고가 반드시 단기적 사고방식을 대체해야만 한다."

수많은 산업과 농업 그리고 식량생산의 공정에 있어 공기와 물 그리고 토양이 오염되고 있다. 기업들은 이런 오염을 환경에 부과하면서도 그에 대한 비용은 피하려고만 한다. 어떤 경우에는 환경오염 같은 외부비용이 기업이 생산해낸 가치를 압도해 버린다. 식품의 품질, 영양가치, 그리고 안전이 이윤을 위해 희생되고 있는 것이다.

자연자본의 고갈로 인한 악영향이 곳곳에서 나타나고 있다. 지표수와 지하 대수층은 수압파쇄, 자원채굴, 그리고 여기저기 흘러넘치는 화학비료로 위협받고 있다. 심지어 일부 목초지는 소떼에게 치명적인 곳이 되었다. 대기오염이 수많은 도시 사람들의 건강을 위협한다. 전 세계가 20세기 미국인들이 누리던 소비수준으로 살 수 있을 것이라는 생각은 황당무계하고 달성 불가능하지만 이것은 여전히 세계의 정책입안자들의 목표로 남아 있다. 로버츠는 세계은행의 수석경제학자이자 생태경제학의 선구자인 허먼 데일리를 인용하여 '정상경제steady state'가 유일하게 지속 가능한 경제모델이라고 말한다. 정상경제란 대량소비사회를 지양하며 자연자본을 보존하고 적정한 물질적 수단으로 삶에 필요한 물질들을 마련해 나가는 경제를 말한다.

확신하건대, 실증적인 관찰에 기초하여 이론적으로 문제를 제기하는 이 책은 우리 시대에 가장 중요한 저작물 중의 하나가 될 것이다.

★★★

신자유주의 이면의 진실을 찾다

우리는 진실이 도발적으로 여겨지는 시대에 살고 있다. 도발적인 글을 쓰는 데 있어 실수나 허위기재의 여유는 허락되지 않는다. 내가 주류 기관과 한 통속이라면 98퍼센트 진실과 다른 것을 말하더라도 아무런 문제 없이 살 수 있을 것이다. 그러나 불편한 진실을 말하는 사람이 실수를 저지르면 그에게 허락되는 자비란 없다.

당신은 진실을 구하는 열린 마음이 있고 그것을 알기 원한다. 그리고 진실을 알려는 당신의 동기는 자신의 망상과 착각을 보호하거나 정서적 안정을 강화하기 위한 것이 아닐 것이다. 그것이 바로 내가 당신을 위해 글을 쓰는 이유다.

만약 아무도 진실을 모르고 존중하지도 않는다면 이 세계는 가망이 없다. 그러나 소수의 사람들은 세상을 바꿀 수 있다. 문화인류학자 마가

렛 미드는 이렇게 말했다. "소수그룹일지라도 사려 깊고 헌신적인 사람들이 세상을 바꾼다는 사실을 결코 의심하지 마십시오. 세상은 오직 그렇게 바뀌어왔습니다."

— 폴 크레이그 로버츠

이 책은 폴 크레이그 로버츠의 《자유방임 자본주의의 실패와 서구 경제의 해체(가득 찬 세계를 위한 새로운 경제학을 위하여)》*를 번역한 것이다.

'자유방임'이라는 말은 1681년 루이 14세 때, 중상주의 정치가이자 프랑스 재무장관이었던 장 밥티스트 콜베르가 사업가들과 나눈 대화에서 비롯되었다고 한다. 콜베르가 산업을 발전시키기 위해 국가가 무엇을 해 주어야 하는가라는 질문을 하자 사업가들이 "우리를 내버려 두시오 *Laissez-nous faire.*"라고 답했다는 것이다.

저자인 폴 크레이그 로버츠 박사는 버지니아 대학, 캘리포니아 대학 버클리 캠퍼스, 그리고 옥스퍼드 대학의 머튼 칼리지 등에서 역사와 경제학을 전공했다. 1970년대 공화당 정책 참모를 거쳐 1980년대 초 로널드 레이건 행정부의 재무부 차관보로서 레이거노믹스를 처음 입안한 인물이다. 그는 조지타운 대학의 경제학 교수와 〈월 스트리트 저널〉 지의 부편집장 및 〈비즈니스위크〉 지의 논설위원을 지냈다.

....

* 《The Failure of Laissez Faire Capitalism and Economic Dissolution of the West : Towards a New Economics for a Full World》

보수적인 정치집단과 언론매체에서 일을 해온 로버츠 박사의 저술과 그의 웹사이트가 오늘날 왜 우리에게 중요하게 읽혀져야 하는가? 로버츠 박사는 2000년대 이후 주류 매체와는 전혀 다른 목소리를 내기 시작했다. 그는 글로벌리즘(세계화)이 추구하는 신경제를 반대했다.

1980년대와 1990년대는 미국의 산업이 제조업에서 동부의 금융과 서부해안의 정보통신 산업으로 옮겨간 시기였다. 그리고 1990년대 후반 클린턴 정부 막바지에 이르러 발전된 정보통신 환경을 바탕으로 언론산업의 집중화와 금융산업의 주요 규제가 풀리게 된다. 경제는 활황으로 고성장 상태였고 저물가 현상이 이어졌다. 경제학자들은 이런 현상을 만든 시스템을 가리켜 기존 경제의 패러다임이 바뀌었다는 의미로 '신경제' 시대라고 불렀다.

주류 경제학자들이 신경제를 받들고 있는 동안 로버츠 박사는 신경제의 동력인 규제철폐와 역외이전이 제1세계에서는 중산층의 몰락을 초래할 것이며 제3세계에는 환경재앙과 대외 의존적인 단일산물 경제체제를 가져올 것이라고 경고했다.

그는 9/11 사태에 의문을 제기하는 소수의 편에 섰고, 에드워드 스노든, 줄리안 어샌지, 그리고 첼시 매닝 일병 같은 내부 고발자들에게 경의를 표했다. 9/11 사태 직후 이라크를 시작으로 시리아, 레바논, 리비아, 소말리아, 수단, 그리고 이란의 7개국 정부를 5년 안에 바꾸겠다는 계획을 미 국방부에서 들었다는 웨슬리 클라크 전 나토 최고사령관의 2007년 양심고백을 언급했으며, 예멘, 이라크, 파키스탄, 그리고 아프가니스탄에서 미국이 벌이고 있는 '테러와의 전쟁'이 부도덕한 전쟁이라고 반대해 왔다.

로버츠 박사는 어느 한 당파나 주의에 속해 있다고 볼 수 없는 자유사상가이다. 그는 진보나 좌파운동가가 결코 아니며 그렇다고 보수우파도 아니다. 그는 서구 세계의 엘리트들이 소위 기득권 언론사들 Presstitutes*을 통해 대중을 세뇌시키려는 뉴스 뒤에 있는 진실을 말하는 극소수 언론인 중 한 명이다.

한국의 정치지도자들과 엘리트들은 1990년대 말부터 2000년대 중반에 이르기까지 소련과의 체제 대결에서 승리를 거둔 미국의 번영을 목격한 후 신자유주의를 선진적인 개혁으로 생각하고 이를 경제모델로 삼아왔다. 그러나 여기에는 간과된 것이 있다. 그것은 미국 중산층의 실질소득이나 행복지수가 신자유주의가 본격화된 시기부터 하락하게 되었다는 점이다. GDP나 전체 경제 규모로 평균을 내는 공리주의적 계산은 허구적인 수치만을 보여줄 뿐이다. 경제 규모는 해마다 성장하고 있지만 서민 대중들이 체감하기에 경기는 갈수록 예전 같지 않은 이유가 바로 여기에 있다.

폴 새뮤얼슨 교수는 작고하기 바로 얼마 전인 2009년 12월에 '다시 만날 날을 기약합니다'라는 마지막 칼럼에서 다음과 같은 말을 한국의 독자들에게 남겼다.

---

* 언론Press + 매춘Prostitute의 합성어로 트렌드 평론가인 제럴드 셀런트가 처음 말했다. - 옮긴이

"미국과 중국의 국제협조 노력에 협력은 하되 맹종하지는 말며 한국의 지도자들과 국민들에게 앞으로 선량한 행동을 하도록 주문하십시오. 한국은 덴마크, 스위스, 핀란드, 노르웨이, 스웨덴 같은 나라들이 중도주의로 어떤 혜택을 받고 있는지 배우십시오."

—《새뮤얼슨 교수의 마지막 강의》

메가 FTA라고 불리는 환태평양경제동반자협정TPP 같은 세계무역협정은 글로벌 기업들이 주권국을 상대로 공해, 식품안전, GMO 식품, 그리고 최저임금에 관한 규제를 소송을 통해 풀어버릴 수 있도록 하여 주권 국가의 권한 행사를 제약하려는 것이다. 로버츠 박사는 지금의 세계경제 문제를 바라보는 데에 있어 단순히 부자들에게 세금을 더 받아 빈곤층을 돕자는 식의 단순한 대내적 해결책을 믿지 않는다. 그보다는 제1세계 중산층을 망가트리고 제3세계 환경파탄의 주범인 글로벌리즘의 신경제를 벗어나 새로운 경제학으로 진로를 바꿔야 한다고 주장한다.

저자는 미국과 더불어 서방 세계 국가들이 신경제를 계속 추구해 나간다면 이들의 장래는 비관적이라고 말한다. 제조업은 줄어들고 서비스업만 늘어나며 자영농이 급속히 줄고 있는 한국 역시 로버츠 박사의 충고를 귀담아 들어야 할 것이다.

'모든 것이 잘되고 있다'는 주류 언론의 매트릭스를 넘어 지금 무슨 일이 벌어지는지 알고자 하는 독자들에게 이 책은 좋은 출발점이 될 것이다. 로버츠 박사의 웹사이트*http://www.paulcraigroberts.org/*도

함께 추천한다.

- 이 책을 번역하도록 추천해 주시고 지도해 주신 분은 강성종 박사입니다.
- 번역자로서 이 책을 읽고 준비하는 데 저자인 로버츠 박사의 직접적인 도움을 받았습니다.
- 탈고하기 전 이 책을 꼼꼼히 읽어주시고 수정해 주신 김대규 교수님께 감사드 립니다.

남호정

★★

경제는 회복되지 않았다

2010년 국립경제조사국NBER은 2007년 12월에 시작된 경기불황이 2009년부터 회복되기 시작한 것으로 잡고 있다.* 경제회복에 대한 근거는 호전된 GDP에 있다. 그러나 이 GDP는 물가상승을 품질향상으로 해석해 인플레이션을 낮게 평가하여 뽑아낸 수치일 뿐이다.

통계학자 존 윌리엄스는 애매한 헤도닉 특성†에 의한 조정치를 제거

....

* http://www.nber.org/cycles/sept2010.html

† 헤도닉Hedonic 특성이란 소비자물가지수CPI를 계산할 때 상품의 질적인 향상을 반영하기 위해 상품의 가격변동분을 조정하는 것으로, 예를 들어 식품의 품질이나 전자제품의 성능이 가격에 반영됐을 때 이것을 단순 물가상승과는 구분해 가격상승분을 조정한다. 자의적 해석이라는 비판이 있다. – 옮긴이

한 실제 GDP 그래프를 다음과 같이 작성했다. 인플레이션을 감안한 실질소매판매real retail sales 지수, 신규 주택착공, 소비자들이 체감하는 경제상황과 구매 의사를 조사한 소비자신뢰지수, 취업인구 등과 같은 다른 모든 경제지표들은 경기불황이 지속되고 있음을 나타낸다. (그래프들은 Shadowstats.com의 존 윌리엄스 씨가 제공해 주었다.)

물가상승분을 감안한 실질 GDP(분기별 지표)

계절적 요인 제거, 2011년 3분기까지(ShadowStats, 미 경제분석국)

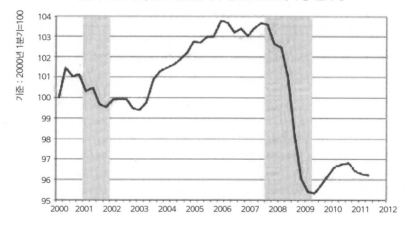

다음은 실질소매판매와 신규주택 착공 수를 나타내는 그래프이다.

물가상승분 감안한 실질소매판매

원래의 1990년대 방식을 기본으로 한 물가상승분을 감안한 소비자물가지수CPI 적용

계절적 요인 제거, 2013년 4월까지(ShadowStats.com, 상무부 센서스 자료)

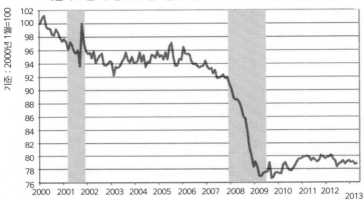

착공된 주택(1년을 월별로 나누어 측정)

계절적 요인 제거, 2000~2013년 4월까지(ShadowStats.com, 상무부 센서스 자료)

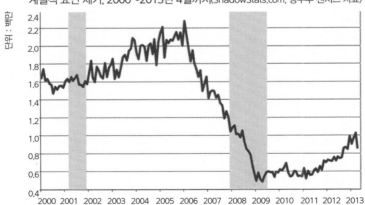

다음은 소비자신뢰지수와 비농업취업인구를 나타내는 그래프이다.

(소비자신뢰지수란 소비자가 체감하는 경제상황과 구매의사를 반영하는 수치를

말한다)

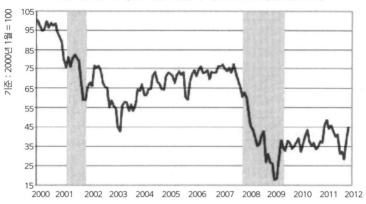

소비자신뢰지수(월별)

계절적 요인 제거, 2011년 12월 까지(ShadowStats, 컨퍼런스보드)

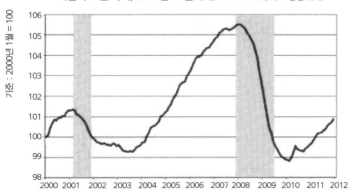

비농업취업인구 지수(월별)

계절적 요인 제거, 2011년 12월까지(ShadowStas, 미 노동통계국)

아래 그래프는 소비자물가지수 측정에 있어 고정된 장바구니 품목에
의한 원래의 물가상승분(위쪽 선)을 측정한 것과 새로 도입된 대체재
에 의한 물가상승분(아래쪽 선)을 측정한 것 사이의 차이를 보여준다.

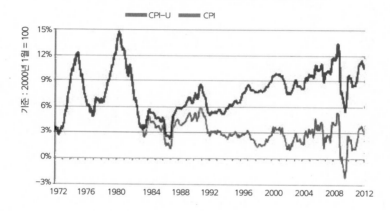

연도별 소비자물가상승

원래 방식인 1980년대 방식을 기반으로 한 소비자물가지수(파란선)와
대체재 개념을 도입한 새로운 방식의 소비자물가지수(회색선)
기간 : 1972~2011년 12월 (ShadowStats, 미 노동통계국)

* CPI-U : 대체제 방식의 도시물가지수
CPI : 원래 방식의 ShadowStats

다음 그래프는 평균적인 주단위 수입을 나타낸다.

평균 주단위 소득 (1967 도시 임금노동자의 소득(CPI-W))
2011년 12월까지

아래의 그래프는 2001년 이후 금값과 스위스 프랑 대비 미국 달러화의 하락을 나타낸다.

금 vs 스위스 프랑
월 평균 가격 혹은 교환 비율, 2013년 4월까지

(ShadowStas, Kitco, FRB, WSJ)

찾아보기

★★★

옮긴이 **남호정**

서울에서 태어나 이화여대 철학과를 졸업하고
건강, 시사, 역사 관련 영어권 책을 번역하거나 기획하고 있다.

제1세계 중산층의 몰락

신경제가 약속한 일자리는 어디에 있는가

초판 1쇄 발행 2016년 8월 30일
초판 2쇄 발행 2016년 12월 10일

지은이 폴 크레이그 로버츠
옮긴이 남호정
펴낸이 윤주용

펴낸곳 초록비책공방
출판등록 2013년 4월 25일 제2013-000130
주소 서울시 마포구 월드컵북로 400 문화콘텐츠센터 5층 19호
전화 0505-566-5522   팩스 02-6008-1777
메일 jooyongy@daum.net

ISBN 979-11-86358-17-7 (03320)

제1세계 중산층의 몰락 : 신자본주의와 새로운 미국의 선택 /
지은이: 폴 크레이그 로버츠 ; 옮긴이: 남호정. —— 서울 : 초록비
책공방, 2016
   p. ; cm

원표제: Failure of laissez faire capitalism and economic diss
olution of the West : towards a new economics for a full wor
ld
원저자명: Paul Craig Roberts
참고문헌 수록
영어 원작을 한국어로 번역
ISBN 979-11-86358-17-7 03320 : ₩15000

자본주의 경제[資本主義經濟]

322.01-KDC6
330.122-DDC23   CIP2016019075